천종호 판사의
선, 정의, 법

천종호 판사의 선, 정의, 법

지은이 | 천종호
초판 발행 | 2020. 5. 13
5쇄 발행 | 2020. 8. 18
등록번호 | 제1988-000080호
등록된 곳 | 서울특별시 용산구 서빙고로 65길 38
발행처 | 사단법인 두란노서원
영업부 | 2078-3352   FAX | 080-749-3705
출판부 | 2078-3331

책값은 뒤표지에 있습니다.
ISBN 978-89-531-3745-5 03230   Printed in Korea

독자의 의견을 기다립니다.
tpress@duranno.com   www.duranno.com

두란노서원은 바울 사도가 3차 전도여행 때 에베소에서 성령 받은 제자들을 따로 세워 하나님의 말씀으로 양육하던 장소입니다. 사도행전 19장 8-20절의 정신에 따라 첫째 목회자를 돕는 사역과 평신도를 훈련시키는 사역, 둘째 세계선교(TIM)와 문서선교 (단행본·잡지) 사역, 셋째 예수문화 및 경배와 찬양 사역, 그리고 가정·상담 사역 등을 감당하고 있습니다. 1980년 12월 22일에 창립된 두란노서원은 주님 오실 때까지 이 사역들을 계속할 것입니다.

천종호 판사의

선 - 정의 - 법

하나님의 선은
어떻게
인간 공동체에
구현되는가

천종호 지음

40th
두란노

| 3부 |

공동체를 위한 법

잃어버린
선을 찾는 여정

법조인으로서 우연한 계기에 철학적인 문제, 다시 말해 윤리학, 정치철학, 법철학 문제에 발을 들여놓게 되었다. 통상적으로 법의 목적은 정의의 실현이라고 말한다. 그런데 정작 대학교에서 법학을 배우는 동안 '정의란 무엇인가'라는 주제는 배운 기억이 없다. 그때는 실무에 필요한 법 해석학 공부에 전념하느라 정의를 따로 고민할 시간이 없었다.

판사가 되어 경력이 쌓여 가는 동안, 정의에 관해서 알고 싶어 관련된 책들을 읽어 나갔고, 이후 신문에 소년범의 정의 문제를 다룬 칼럼도 실었다. 책을 읽고 공부해 나갈수록 필자의 지식이 일천함을 알게 되었다. 법의 목적이라는 정의를 이해하기 위해서는 정치·철학적 지식뿐만 아니라, 선(善)과 덕(德)을 연구하는 학문인 윤리학과 신학의 기초 지식이 없으면 안 된다는 것을 깨달았다. 그래서 법학, 정치학, 윤리학, 신학을 조금씩 공부해 나갔다. 그러다 전체 학문을 동시에 바라볼 수 있는 '통섭적인 관점'이 없이는 선과 정의와 법에 관한 일관성 있는 견해를 가질 수 없을 뿐만 아니라 선과 정의와 법의 문제를 이해할 수 없다고 생각하기에 이르렀다.

그러던 중 지앤엠(Grace&Mercy)글로벌문화재단에서 2019년 6월에 개최한 '일과 영성(Faith&Work) 콘퍼런스' 중 사회 공익/공동선의 비영리 세션의 패널로 참석하게 되었고, '선, 정의, 법'이라는 제목으로 짧은 글을 준비했다. 콘퍼런스를 마친 뒤 '공동체를 위한 선, 정의, 법'이라는 제목을 붙인 다음, 콘퍼런스를 위해 썼던 글을 확장해 나갔다.

같은 주제를 담고 있을 것 같은 책들을 닥치는 대로 읽었고, 독서하는 동안 많은 것을 배웠다. 다양한 관점의 책들을 읽다 보니 제자리를 찾지 못했던 생각들이 자리를 잡아 나가기 시작했고, 한 가지 깨달음을 얻게 되었다. 1985년 부산대학교 법과대학 법학과에 입학한 이후 지금까지 23년간 판사직을 수행해 오는 동안, 머릿속에서 떠나지 않던 문제의 해답을 찾게 된 것이다.

그동안 필자를 괴롭혀 왔던 문제는 바로 '왜 법학에서는 정의와 선에 관한 문제를 가르치지 않는가?'였다. 정의는 주로 정치학에서 가르치고, 선은 주로 윤리학과 신학에서 가르치고 있다. 그런데 법의 근본을 탐구하다 보면, 정의와 선의 문제에 이르지 않을 수가 없다. 그런데도 우리나라 법학계에서는 이 문제가 제대로 거론되지 않고 있다. 그동안 그 이유를 알 수가 없었다. 그런데 이번에 공부하는 동안 그 이유를 나름대로 정리하게 되었다. 그 이유는 바로 개인의 자유와 권리를 우선시하는 '자유주의적 정의관'과 최대 다수의 최대 행복을 위해 사회적 효용의 극대화를 강조하는 '공리주의적 정의관' 때문이었다. 그것을 알고 나니 혼돈과 흑암이라는 긴 터널을 달리다가 저 멀리에서 빛나는 한 줄기 광명을 보는 기분이었다.

법과 정의의 관계는 크게 세 가지 주장으로 나눌 수 있다.

첫째, 법의 분석에서 정의에 대한 고려를 배제할 수 있다고 믿는 주장.

둘째, 법이 정의와 무언가 관련이 있다는 점을 부인하지는 않지만, 정의를 개인적 효용의 극대화와 동일시하는 주장.

셋째, 법이 정의와 직접적이고 밀접한 관련이 있다는 주장.

첫 번째 주장은, 법의 해석과 적용에서 선과 정의에 관한 논의는 필요 없다고 말한다. 사건을 해결할 때 실정법 체계에 따른 합법성(규범 체계상 최종적으로는 헌법 적합성 또는 합헌성) 여부만 판단하면 되고, 정당성(헌법을 비롯한 모든 실정법 규범이 정의에 합치하는 것) 여부는 판단할 수 없다는 것이다. 다시 말해서 법은 그 취지대로 적용만 하면 되므로 선이나 정의와 아무 관련이 없다는 것이다. 주로 '법실증주의'의 입장이라고 할 수 있다. 참고로 법실증주의란 형법, 민법 등과 같이 '성문화되어 있는 법(제정법 또는 성문법)*'이나 법원에서 정립되는 판례법만을

---

* '제정법(制定法)'이란 형법, 민법, 상법 등과 같이 명문화된 법을 의미하는데, 문서화된 법이라고 해서 '성문법(成文法)'이라고도 한다.

법으로 인정하고 신법(神法)이나 자연법은 법으로 인정하지 않는 입장을 말한다.

두 번째 주장은, '최대 다수의 최대 행복'이라는 명제를 내세우는 '공리주의'를 바탕으로 하는 법경제학적 입장이라고 할 수 있다. 이 주장에 관해 알랭 쉬피오(Alain Supiot)는 다음과 같이 비판한다.

이는 법경제학의 방향이기도 한데, 이 학설은 모든 법률을 그 정당성의 원천이자 척도인 효용성 계산에 따라 수치화한다. 오늘날 학계에서 크게 유행하고 있는 이 학설은 프랑스 대법원이라는 원군을 발견했고, 프랑스 대법원은 열심히 이 이론을 전파한다. 이렇게 법률가들조차도 계산의 열정에 사로잡혀 있으며, 이젠 자기들이 나서서 인간 사회를 개인 이익의 총합으로 국한시키고자 한다.

이러한 관점에서는 개별적 권리들밖에 남지 않고, 모든 규칙은 주관적 권리로 '감형'된다. 안전에 관한 권리, 정보에 관한 권리, 사생활 존중에 관한 권리, 존엄성에 관한 권리, 아동에 관한 권리, 공정한 절차에 관한 권리, 기원의 인식에 관한 권리 등 마치 무기를 분배하듯이 권리를 분배하는 것이다. 그다음에는 가장 뛰어난 자가 승자의 지위에 오른다. 이렇게 개별적 권리들로 토막이 난 법은 공공재처럼 소멸된다.[1]

세 번째 주장은, 법이 정의와 직접적이고 밀접한 관련이 있다고 말한다. 이 주장은 정의를 논할 때, '선'의 포함 여부를 둘러싸고 다시 두 가지 주장으로 나뉜다. 그것이 바로 '선이 없는 정의론'과 '선이 있는 정의론'의 대립이다. 먼저, '선이 없는 정의론'은 '자유주의적 정의론자'의 주장으로, 그 핵심은 정의를 논할 때 선의 문제는 '괄호를 쳐야 한다(bracket)'는 것이다. 그들은 자신들이 최고의 선(가치)으로 내세우는 '자유와 평등'이라는 특정한 선을 제외한 나머지 선의 문제는 정의를 논할 때 고려 사항에서 배제하는 한편, 공정이라는 절차적 정의에만 관심을 집중시킨다.

이에 비해 '선이 있는 정의론'은 '공동체주의적 정의론자'의 주장으로, 그 핵심은 정의를 논할 때 개인이나 공동체가 추구하는 가치도 포함시켜야 하며, 절차뿐만 아니라 실질적 가치도 포함시켜야 한다는 것이다.

대한민국 형법 제257조 제1항은 상해죄 처벌 규정으로 "사람의 신체를 상해한 자는 7년 이하의 징역, 10년 이하의 자격정지 또는 1천만 원 이하의 벌금에 처한다"고 규정하고, 제2항은 존속 상해죄 처벌 규정으로 "자기 또는 배우자의 직계존속에 대하여 제1항의 죄를 범한 때에는 10년 이하의 징역 또는 1천500만 원 이하의 벌금에 처한다"고 규정하여 상해죄보다 가중하여 처벌할 수 있게 한다. 그런데 사람이나 직계존속은 모두 평등한 인간에 해당하므로, 상해의 정도가 동등하다면 상해범이든 존속 상해범이든 동등한 처벌을 받아야 한다는 것이 평등의 이상에 부합한다.

더 나아가 평등한 인간이라는 전제에 선다면 상해죄로 인한 피해자의 고통이나 존속 상해죄로 인한 피해자의 고통도 동등하게 평가받아야 한다. 따라서 상해죄에 비해 존속 상해죄를 가중하여 처벌하는 우리 형법 규정은 자유주의나 공리주의의 입장에서는 합리적인 해석을 하기 어렵다. 존속 상해죄의 가중 처벌 규정은 인간 개인이 아니라 가족 공동체 구성원에게만 부여되는 효(孝)와 같은 특수한 선을 인정하는 공동체주의적 입장에 설 때만 비로소 정당화될 수 있다.

위와 같은 규정뿐만 아니라 많은 경우에 법을 해석하고 적용할 때 선의 문제를 배제할 수 없다. 그런데 앞서 본 바와 같이 우리 법학계에서는 선과 정의의 문제를 제대로 가르치지 않고 있고, 법 실무계에서도 선과 정의의 문제가 심도 있게 논의되지 않고 있다. 특히, 헌법 재판에서도 선과 정의를 둘러싼 논의보다는 권리를 둘러싼 논쟁이 우선되고 있다. 그렇게 된 가장 큰 이유는 우리나라 법학이 자유주의적 입장에 기울어져 있기 때문이라고 생각한다. 바로 이것이 그동안 필자의 머릿속을 떠나지 않던 문제의 대답이다.

그렇다면 어떻게 특히 법학에서 선과 정의에 관한 논의가 사라져 버리게 된 것일까? 이는 유럽, 특히 독일과 프랑스에서 오랜 역사적 노정 끝에 정립된 근대법 체계를 수입한 우리나라 법학계 자체로는 답을 내릴 수 없는 질문이다. 이 질문에 답하기 위해서는 서양 법철학사를 살펴보아야 하지만, 가장 큰 이유는 서양의 중세 시대까지 가장 중요한 지위를 차지했던 '신의 존재'가 철학, 윤리학, 정치학, 법학에서 사라져 버렸기 때문이라고 생각한다.

고대 헤브라이즘 문명과 헬레니즘 문명에서 신은 최고선(最高善), 지고선(至高善) 또는 절대선(絶對善)으로 여겨졌다. 그렇기 때문에 신의 존재는 신학, 철학, 윤리학, 정치학, 법학에서 당연히 전제가 되었을 뿐만 아니라 학문을 할 때도 신과 인간과 자연을 따로 떼어 놓을 수가 없었다.

하지만 근대에 이르러 이신론(理神論)이 대두하더니 점차 무신론(無神論)으로 나아갔다. 이러한 무신론적 태도, 이른바 '세속주의'가 심화된 현대에 이르러서는 학문을 할 때 신의 존재 문제는 부득이한 경우가 아니고서는 더 이상 언급할 수 없게 되었다. 이러한 영향을 가장 크게 받은 것이 독일과 프랑스 법학계이고, 그러한 법체계를 계수한 우리나라 법학계에서도 '권리와 인권 문제'는 심도 있는 논의가 진행되고 있으나 '선과 정의의 문제'는 제대로 이루어지지 않고 있다.

세계와 인간을 이해하기 위해 필수적인 신과 인간과 자연이라는 존재 중에서 신의 존재를 제거한 인간은 그동안 신이 누리던 자리를 차지했다. 하지만 그것도 성에 차지 않았는지 나중에는 왕위를 자연에 물려주고 자신은 '겸손하게도' 동물의 지위로 내려갔다. 이는 인간에게 동물과 특별히 구분되는 삶의 의미와 목적이 없다는 것이다. 인간을 이해하기 위해 진화론이나 생물학 같은 자연과학만 있으면 되고 신학, 철학, 윤리학은 실질적인 필요성이 없다고 하기에 이른 것이다(신과 자연과 인간 → 인간과 자연 → 자연으로서의 인간).

이러한 시대의 흐름에 발맞추어 법에 관한 생각들도 크게 변화하게 되었다. 서양의 중세 시대까지는 법의 범위에 신에 관한 법으로서 존재(is, '-이다')와 당위(ought, '-해야만 한다')가 통합된 '신법'[2], 당위에 관한 법으로서의 '규범(도덕규범과 실정법)'*, 존재에 관한 법칙으로서의 '자연법칙'이 있었고, 그중 최고 지위를 차지했던 것은 신법이다. 그런데 당시에는 도덕규범과 자연법칙을 합해 '자연법'이라고 불렀는데, 이러한 의미를 가진 자연법을 전제로 하면, 법은 신법, 자연법(도덕규범과 자연법칙), 실정법으로 나눌 수 있게 된다.**

이후 근대 계몽주의 시대에 이르자 신의 존재를 부정하거나 회의하는 사람들이 등장했고, 이들은 신법을 인정하지 않고 규범(도덕규범과 실정법)과 자연법칙만 법으로 인정했다. 하지만 현대에 이르러서는 자연법칙이 이성의 산물인 규범까지 몰아내고 주권자의 지위를 차지하려고 혈안이 되어 있다. 그 대표 주자가 생물학자와 진화론자이고, 진화론자 중에는 도덕과 실정법이 진화라는 자연법칙의 산물에

---

* 실정법은 뒤에서 보겠지만, '책임의 원리'에 의해 법적 강제가 가능한 법을 말하는데, 독일, 프랑스, 우리나라와 같은 대륙법 계통의 국가는 '판례법'을 실정법에 포함하지 않으나, 영국, 미국과 같은 영미법 계통의 국가는 판례법을 실정법에 포함한다. 따라서 대륙법계 국가는 원칙적으로 문서화되어 있는 제정법이 실정법이 되나, 영미법계 국가에서는 제정법 외에 판례법도 실정법에 포함된다. 이하에서는 용어 사용의 혼란을 막기 위해 특별한 경우가 아니면 '실정법'으로 통일해서 쓰기로 하고, 제정법이라는 용어를 사용한 경우는 의회가 제정하여 문서화되어 있는 법만을 의미함을 염두에 두기 바란다.

** '자연법론'은 자연법의 존재를 긍정하는 이론이다. 자연법론자가 말하는 자연법이란 인간의 본성(이성)이나 자연의 본성에서 유래하는 법으로서, '도덕규범'과 '자연법칙'이 포함된다. 자연법론자 중에는 신의 존재를 긍정하는 사람들과 부정하는 사람들이 있다. 먼저, 신의 존재를 긍정하는 자연법론자(유신론적 자연법론자)는 법을 신법, 자연법(도덕규범과 자연법칙), 실정법으로 분류한다. 하지만 신의 존재를 부정하는 자연법론자(범신론적 자연법론자)는 자연법(도덕규범과 자연법칙)과 실정법만 법으로 인정한다. 유신론적 자연법론자와 범신론적 자연법론자는 모두 자연법론자로 분류되지만, 전자는 신이 창조한 자연을 통해 최고 규범인 하나님의 의지와 우주의 질서를 확인할 수 있다고 주장하고, 후자는 규범의 정당성의 근거인 최고 규범은 신이 아닌 자연 그 자체에서 비롯된다고 주장하므로, 양자가 주장하는 자연법의 의미는 동일하지 않다.

불과하다고 주장하는 사람도 있다(신법, 규범, 자연법칙 → 규범, 자연법칙 → 자연법칙).

이렇게 나름의 결론을 내리고 보니, 선을 찾는 여행을 해 봐야겠다고 생각하게 되었다. 선을 잃어버리게 된 것은 최고선인 신의 존재를 망각한 데 있으므로 잃어버린 선을 찾는 여행은 결국 잃어버린 신을 찾는 여행이라고 생각한다.

이러한 문제의식을 바탕으로 수많은 사상가의 훌륭한 구상들을 빌려 와 선과 정의와 법의 관계를 이해하기 위한 기본 틀을 짜 보았다. 일종의 스케치다. 앞으로 또 다른 스승을 만나면, 글의 오류와 착오가 수정될 것이고, 스케치는 더욱 정밀해져 하나의 작품으로 완성될 것이다. 혼돈과 흑암이라는 긴 터널을 벗어나 큰 광명 앞에서 멋진 작품을 감상할 날을 기대한다. 그 빛의 온기를 쬐고 있을 나는 더없이 행복할 것이다.

그런 희망을 품고 있기에 부족한 글이지만 염치를 무릅쓰고 독자들에게 내놓는다. 이 책이 필자에게 그러했듯이 독자들, 특히 법학이나 철학을 공부하려고 하는 분들과 기독교 신앙과 사회 문화 사이에 가교를 놓기 위해 애쓰고 있는 분들에게도 조금이나마 길잡이가 된다면 참으로 기쁠 것이다.

책을 쓰도록 격려해 주신 그레이스앤머시재단(Grace & Mercy Foundation)의 창립자인 빌 황(Bill Hwang) 대표, 한국 지앤엠글로벌문화재단 김영목 대표와 김승환 전무에게 감사드린다. 또 부족한 초고를 읽고 고견을 제시해 준 고산교회 최윤식 목사, 로고스서원 김기현 목사, 해

피가정사역연구소 서상복 목사와 글의 교정을 도와준 민경현 군과 천동영 군에게도 감사드린다. 그리고 정신없이 사느라 제대로 챙겨 주지 못한 처와 아이들에게 늘 미안한 마음뿐임을 고백한다.

하나님을 찾는 여정의 끝에서 인생의 문제가 끝이 나기를 소망한다.

2020년 5월 부산에서

천종호

법이 정의가 되고,
정의가 사랑이 되는 공동체를 꿈꾸다

이 교훈의 목적은 청결한 마음과 선한 양심과 거짓이 없는 믿음에서 나오는 사랑이거늘 사람들이 이에서 벗어나 헛된 말에 빠져 율법의 선생이 되려 하나 자기가 말하는 것이나 자기가 확증하는 것도 깨닫지 못하는도다 그러나 율법은 사람이 그것을 적법하게만 쓰면 선한 것임을 우리는 아노라(딤전 1장 5-8절).

인간은 '고독한 존재'다. 죽은 사람과 산 사람을 함께 매장하는 고대의 순장 풍습이 사라진 지금, 인간은 누구나 시공간 세계에서의 마지막 순간에 홀로 죽음을 맞이해야만 한다. 이처럼 인간은 죽음이라는 공포를 품고 살아가야만 하는 존재다. 대다수 사람에게는 죽음이 불행일 수밖에 없는데, 그럼에도 불구하고 사람들은 오히려 행복을 최고의 가치로 생각하며 살아간다. 행복의 추구는 어쩌면 죽음이라는 절대적 조건을 잊기 위한 삶의 선택일지도 모른다.

인간은 '행복을 추구'하는 존재다. 어떤 것이 행복한 삶인가? 이에 대해서는 사람마다 자라 온 공동체와 개인사에 따라 각각 다른 의견을 제시한다. 어떤 사람들은 욕구 충족이나 자아실현을 행복의 잣대로 삼기도 하고, 어떤 사람들은 진리 그 자체인 신의 명령을 따르는 삶을 행복의 기준으로 삼기도 한다. 어떤 사람은 진리를 따라 사는 것이 행복한 삶의 조건이라고 하고, 어떤 사람은 아름다움(美)을 추구하는 것이 행복한 삶에 도달하게 해 준다고 하고, 또 어떤 사람은 좋은(善) 삶을 사는 것이 행복한 삶이라고 한다.

그런데 진리를 따르는 삶과 아름다움을 추구하는 삶과 좋음을 지향하는 삶이 공존할 수 없는 것은 아니다. 진리를 추구하면서 아름다움과 좋음을 지향할 수도 있다. 그렇다면 완벽한 행복은 진리와 아름다움과 좋음이 각각 고유의 모습을 잃지 않으면서도 통합될 때 이루어진다고 말할 수 있을 것이다.

인간은 '사회적 존재'다. 두 사람 이상의 인간이 관계를 맺는 곳에서는 사람의 모임인 사회가 형성된다. 인간은 본성상 사회적 존재인가? 이를 긍정하는 견해는 인간은 천성적으로 사회성이 있으므로 사회에서 사는 것이 혼자 사는 것보다 자연스럽다고 주장한다. '인간은 정치적 동물'이라는 아리스토텔레스(Aristoteles)의 명제에도 근본적으로 이러한 전제가 깔려 있다. 이에 대해 고대 그리스 철학자 에피쿠로스(Epikouros)는 "인간은 본성적으로 사회에서 사는 데 적합하지 않다"고 하여 아리스토텔레스의 명제에 반대한다. 2천 년 전에 시작된 인간의 본성에 관한 논의는 현대에 이르러서도 계속되는데, 정치에서의 '자유주의'와 '공동체주의'의 대립이 바로 그것이다.

인간에게는 출생과 동시에 사회가 주어진다. 사회적 존재인 인간의 일상은 파문의 연속이다.

古池や(후루이케야)
蛙飛び込む(카와즈 토비코무)
水の音(미즈노 오토)

이 시는 일본 에도 시대 작가 마츠오 바쇼(松尾芭蕉)의 유명한 하이쿠(俳句)로, "고요한 연못, 개구리 뛰어드는 소리 풍덩"이란 뜻이다. 개구리가 고요한 연못에 뛰어들면 '풍덩' 하는 소리와 함께 연못에는 동심원의 파문이 일고, 그 소리에 또 다른 개구리가 연못에 뛰어들면 또 다른 파문이 인다. 사회적 존재인 인간의 삶도 이와 같은 파문의 연속이다. 우리의 발걸음 하나도 미생물과 곤충과 식물과 동물에게는 초자연적인 울림이 되어 파문을 일으킨다.

또한 우리의 시시한 행위조차도 다른 사람들에게 파문을 일으킬 수 있다. 인간은 자신과 자신이 발을 딛고 있는 인적·물적 환경에 끊임없이 파문을 던지며 살아간다. 한 사람이 만들어 내는 파문은 또 다른 사람이 만들어 내는 파문과 충돌하기도 한다. 충돌하는 두 사람의 파문은 서로의 힘을 죽이며 소멸해 가고, 연못은 다시 잔잔해진다. 반대로 두 사람이 함께 연못에 뛰어들면, 그 파문의 크기는 혼자서 연못에 뛰어들었을 때와는 비교가 되지 않는다. 충돌보다는 연대가 필요한 때도 있다.

인간은 '약속의 존재'다. 사회적 존재인 인간 상호 간에 충돌을 방지하거나 연대를 추구하기 위해서는 약속이 필요하다. 약속은 사회를 이루는 보이지 않는 울타리다. 약속에는 '언약'과 '계약'이 있다. 언약은 원칙적으로 깨트릴 수 없는 약속이고, 계약은 관계 소멸에 따른 배상이나 보상을 전제로 깨트릴 수 있는 약속이다. 약속은 존재 사이의 특정한 관계를 성립시킨다. 약속의 내용에 따라 가족, 지역 주민, 회사 사원, 단체 회원, 국민과 같은 기본적인 지위가 부여된다. 현재 사회 공동체 중에서 언약의 모습이 가장 잘 드러나는 것은 가족 공동체다.

성경에 따르면, 인간 사회는 하나님의 섭리에서 시작되었다. 다시 말해, 인간 사회(공동체)의 출발점인 부부 관계는 인간에 의해서가 아니라 하나님에 의해 만들어졌고, 이를 바탕으로 국가를 넘어 지구촌이라는 공동체가 만들어졌다. 이러한 관점에서 출발하면, 인간에게 가족과 국가를 포함한 모든 사회(공동체)는 근원적으로 이미 주어진 것이라 볼 수 있고, 인간은 '서사적(narrative) 존재'로 볼 수 있게 된다.

하지만 사회 계약론자들은 인간 본성에 대해 비현실적인 자연 상태의 인간을 전제한 다음, 국가를 비롯한 사회의 성립이 이러한 자연 상태의 인간 상호 간의 자발적 계약에서 비롯된다고 말한다. 이러한 주장을 '사회 계약설'이라고 하는데, 대표적 사회 계약론자로는 토머스 홉스(Thomas Hobbes), 존 로크(John Locke), 장 자크 루소(Jean-Jacques

Rousseau) 등이 있다. 이들의 이론은 윤리학, 정치학, 법학에 단골손님처럼 소개되고 있으므로, 그 간략한 개요만이라도 이해해 두면 좋다. 그들의 사회 계약론의 요점은 다음과 같다.

토머스 홉스의 사회 계약설 : 자연 상태의 인간들이 만인의 만인에 대한 투쟁 상태에서 벗어나기 위해 사회를 만든다. 사회를 만든 목적을 달성하기 위해 인간들은 자신의 자연적 권리(자연권)를 포기하고, 제3자(주권자)에게 자발적으로 전부 양도하는 계약을 체결한다. 이렇게 양도한 권리는 되찾을 수 없고, 인간들에게는 더 이상의 권리가 없으므로 주권자의 폭정에 저항할 권리조차 없다.

존 로크의 사회 계약설 : 자연 상태의 인간들은 생명, 자유, 재산을 더 잘 보호하기 위해 사회를 만든다. 인간들이 자신의 권리 중 어느 것을 양도할지는 자유롭게 판단할 수 있기 때문에 사회 계약의 형태는 매우 다양하다. 사회가 구성되더라도 시민들은 자신의 권리를 지키기 위한 저항권을 보유하고 있으므로, 통치자가 폭정을 휘둘러 시민의 권리를 위협하면 그것으로 통치자의 권리(통치권)는 상실되고, 시민들은 자연 상태로 되돌아가므로 자기 보호권의 일환으로서 통치자에게 저항할 수 있다.

장 자크 루소의 사회 계약설 : 인간을 자연 상태에 그대로 두면 불평등해진다. 이를 방지하기 위해 인간들은 사회를 만든다. 사회를 만들 때 인간들은 자신의 권리를 공동체에 이양하지만, 그와 동시에 공동체 구성원으로서 전체에 불가분하게 매여 있는 다른 모든 구성원의 권리를 선물로 받는다. 이로 인해 주권인 일반 의지와 시민의 권리가 탄생한다. 하지만 사회가 성립된 이후에도 인간들은 인간의 권리를 보유한다. 일반 의지에 구속되는 것은 시민의 권리이지 인간의 권리는 아니다. 따라서 일반 의지는 인간의 권리에서는 한계를 지닌다.

한편, 인간이 약속을 하는 목적은 다양하겠지만, 가장 근본적인 것은 약속하는 당사자들의 안녕과 번영이다. 사회를 그 목적에 따라 분류하면, 공동체와 집합 사회로 나눌 수 있다.[3] 안녕과 번영 같은 선이 1차적으로 공동체 자체에 귀속되는 경우를 '공동체의 선'이라고 하고, 위와 같은 선이 1차적으로 공동체 구성원 개인에게 귀속되는 경우를 '개인선'이라고 한다. 공동체란 원칙적으로 공동체의 선을 추구하는 사회를 말하고, 집합 사회는 원칙적으로 구성원 개인의 선을 추구하는 사회를 말한다.

가장 중요한 공동체는 가족인데, 국가는 가족 공동체만큼의 결속력을 가지지는 못하지만, 집합 사회라기보다는 정치적 공동체라고 보아야 한다. 가족을 제외한 공동체에는, 공동체의 조화로운 질서를 강조하며 구성원의 직업이나 사회적 지위 등의 변동을 허용하지 않는 공동체가 있는가 하면, 공동체 구성원 개개인이 발견한 소명(calling)을 강조하며 개인의 삶 속에서 자신의 소명을 이루기 위해서라면 직업이나 사회적 지위는 얼마든지 변동될 수 있다는 공동체도 있다. 앞의 공동체는 중세 가톨릭 사회가 대표적인 예이고, 이러한 사회는 직업 선택의 자유를 제한한다. 뒤의 공동체는 16세기 장칼뱅(Jean Calvin)이 종교 개혁을 통해 탄생시킨 제네바시 공동체가 대표적인 예이며, 이러한 공동체에서부터 직업 선택의 자유가 인정되기 시작했다. 장 칼뱅의 사상과 이를 통해 탄생한 공동체는 근대 자본주의를 가능하게 했다고 평가받는다.

인간은 '규범적 존재'다. 약속의 존재인 인간에게는 약속이 이행될 수 있도록 하기 위해 법과 도덕률 같은 규범이 필요하다는 뜻이다. 법은 사회가 지켜야 할 '공동체의 선'과 '개인선'으로 짜인 그물(網)인데, 각 사회의 사정에 따라 법망(法網)이 정치하게 짜인 곳이 있는가 하면 그렇지 못한 곳도 있다.

실정법이 지배하는 법(강제적 정의)의 영역에서는 법적 권리와 의무가 사람들을 규율한다. 그런데 실정법으로 규율되어야 할 사항임에도 불구하고 사회의 사정상 아직 그러지 못한 부분이 있다. 이른바 '정의(자발적 정의)의 영역'으로, 이 영역에서는 정의의 원리, 다시 말해 자연적 권리와 의무, 책무(obligation), 연대 의무와 같은 자발적인 도덕적 권리와 의무가 공동체를 규율하는 규범이 된다. 한편, 법과 정의의 원리로도 규율할 수 없는 영역이 있는데, 이러한 영역을 '호의 또는 선의의 영역'이라고 할 수 있다. 이 영역에서는 윤리적 실천이나 종교적 헌신이 사람들을 규율하게 된다.

정의		호의(선의)
법(강제적 정의)	정의(자발적 정의)	(자발적 실천)
-법적 권리·의무	-도덕적 권리·의무 -자연적 권리·의무 -책무 -연대 의무	-윤리적 실천(의무) -종교적 헌신(의무)

법과 정의와 호의(선의)에 따른 행위의 기본적인 차이는, 법적 행위는 의무자가 반드시 그것을 이행해야만 하고 그러지 않을 경우에는 법적 강제력을 동원할 수 있는 데 비해, 정의와 호의(선의)에 따른 행위는 자발적 행위의 영역으로 그 이행을 위해 강제력을 동원할 수가 없다는 점이다. 정의와 호의(선의)는 종교적인 측면에서 접근하면 종교의 규율에 따라 반드시 이행해야 하는 의무로 보기도 하지만, 여전히 국가 기관의 강제력은 사용할 수가 없다.

공동체는 공동체 구성원 상호 간의 관계에 따라 '정의의 공동체'와 '사랑의 공동체'로 나눌 수 있다. 정의의 공동체는 공동체 구성원 상호 간의 법적 권리·의무와 자연적 권리·의무, 정의의 책무 및 연대 의무와 같은 도덕적 권리·의무로 이루어지는 공동체이고, 사랑의 공동체는 법적으로 강제되지는 않지만 윤리적·종교적 실천(의무)까지도 요구되는 공동체다.

정의의 공동체는 원칙적으로 사회 계약을 바탕으로 법적 권리·의무 및 도덕적 권리·의무로 규율되는 사회다. 강제력을 동원할 수 있는 법의 영역은 이기심을 바탕으로 경쟁이 권장되는 영역이다. 경쟁에는 반드시 승패가 있을 수밖에 없는데, 경쟁의 결과를 적정하게 조정하지 않고 방치하는 것은 구성원 상호 간의 분배 격차를 심화시켜 공동체의 통합과 연대를 무너뜨릴지도 모른다.

법의 영역으로 편입되지 않은 정의의 영역과 호의의 영역은 원칙적으로 구성원의 도덕적 의무와 윤리적·종교적 의무 이행으로 분배의 조정이 이루어지는 영역이다. 하지만 도덕적 의무와 윤리적·종교적 의무에 따른 행위는 행위자의 자발적 선택에 좌우되므로, 이런 행위를 통해 분배 격차를 줄이려는 정책은 실효성을 거두기 어렵다.

한편, 사랑의 공동체인 가족 공동체는 원칙적으로 호의의 영역은 없다고 할 것이다. 언약을 바탕으로 한 사랑의 공동체는 특히 부모가 자녀에게 베푸는 모든 것은 법적으로 강제할 수 있든 없든 관계없이 의무로 인식해야 한다. 그렇지 않은 가족 공동체는 정의의 공동체로 전락하여 가족 구성원 상호 간에 사회적 가치의 분배와 향유를 둘러싸고 권리와 의무를 따지기에 급급하게 될 것이다.

정의의 문제를 논할 때 대부분의 견해는 '특정 공동체'를 전제로 한다. 다시 말해, 정의의 문제는 원칙적으로 특정 국가 내의 공동체 구성원 상호 간의 대우 문제를 전제로 한다. 하지만 지구촌 공동체가 확대되면서 국가 공동체 상호 간에 미치는 영향력이 커지고 있고, 이를 감안하여 정의의 문제를 논할 때 공동체의 범위를 글로벌 공동체로 확장해야 한다는 주장이 제기된다. 이러한 주장을 하는 사람들은 공동체의 범위를 개별 국가 공동체로 한정하게 되면, 예컨대 지구촌의 기아, 빈곤, 억압 등의 문제를 해결할 길이 없다고 한다.

법은 정의의 도구로서 정의의 실현을 목적으로 한다. 법의 기능을 이해하기 위해서는 정의가 무엇인지를 알아야 한다. 정의는 인간이 공동체의 구성원으로서 다른 구성원에게 대우받기를 원하는 방식으로 그들을 대우하는 것이다. 공동체 구성원은 다른 구성원을 그의 재능이나 역량과는 관계없이 인간 그 자체로 존중해야 할 뿐만 아니라 그들이 보유하며 누리는 사회적 가치인 생명, 자유, 재산도 존중해 주어야 한다. 이러한 사회적 가치를 '외면적 선'이라고 한다. 법은 '공동체의 선'과 '개인선'으로 짜인 그물이다. 한 공동체의 실정법 규정이라는 그물과 그 공백을 들여다보면 그 공동체가 생명, 자유, 재산이라는 선을 어떻게, 어느 정도 보호하고 있는지 알 수 있다.

법은 정의의 최소한이다. 따라서 법을 탐구하려면 정의와 선에 대한 어느 정도의 이해가 필요하다. 그래야만 우리는 더 깊은 법의 세계로 여행할 수 있다. 법의 영역과 정의의 영역과 호의의 영역이 합치되는 사회가 바로 유토피아(Utopia)다. 다시 말해, 유토피아는 법이 곧 정의가 되고, 정의가 곧 사랑이 되는 공동체 속에서 개인들이 각자에게 주어진 몫의 삶의 행복을 누리는 곳이다. 하지만 이는 그야말로 이상일 뿐이고, 현실은 선, 정의, 법, 사랑의 의미와 그들 상호 간의 관계를 제대로 음미하지 못한 채 뒤죽박죽된 상태다. 법을 의지해 삶을 살아가는 법조인으로서 선과 정의와 법의 의미에 관해 얄팍하지만, 기본적인 이해라도 가지려고 노력하는 것은 그런 노력조차 하지 않는 것보다는 낫다고 생각한다.

여호와 하나님이 그 사람에게 명하여 이르시되
동산 각종 나무의 열매는 네가 임의로 먹되
선악을 알게 하는 나무의 열매는 먹지 말라
네가 먹는 날에는 반드시 죽으리라 하시니라
_창세기 2장 16-17절

그러므로 주께서 친히 징조를 너희에게 주실 것이라
보라 처녀가 잉태하여 아들을 낳을 것이요
그의 이름을 임마누엘이라 하리라
그가 악을 버리며 선을 택할 줄 알 때가 되면
엉긴 젖과 꿀을 먹을 것이라
_이사야 7장 14-15절

악에게 지지 말고 선으로 악을 이기라
_로마서 12장 21절

1부

공동체를 위한 선

—

1장

하나님이 보시기에
좋았던 우리 삶

—

우주 전체에서 보면 먼지 한 톨도 채 되지 않는 인간은 우주의 창조주가 만든 영혼을 가진 피조물인가, 아니면 단세포 동물에서 진화된 이성적 동물에 불과한가? 이 질문은 인간 삶의 의미에서 가장 중요한 질문이고, 이 질문에서부터 출발해 사람들은 자신의 인생관과 인간관과 세계관을 형성해 나간다.

모든 인간은 자신이 스스로 선택해서 지구라는 시공간 세계에 오게 된 것이 아니다. 다시 말해, 모든 인간에게는 살아 내야 할 삶이 자신의 의지와는 상관없이 주어진다. 진화론자라고 하더라도 이 점은 결코 부인하지 못한다. 이렇게 주어진 삶을 어떻게 살아갈지는 각자의 자유 의지에 따르는 것이겠지만, 인간에게 삶이 주어졌다는 점은 부인할 수 없는 진실이다.

그런데 인간을 괴롭히는 것은 인간에게 주어진 삶에 끝이 있다는 것이다. 시공간 세계에 올 때도 내 의지가 전혀 반영되지 않았는데, 극단적인 선택을 하는 경우를 제외하고는 나의 의지와 상관없이 시공간 세계를 떠나야 한다. 인간의 삶에 시작과 끝이 주어졌고, 시작과 끝 사이의 기간이 길어 봐야 100년밖에 안 된다는 사실은 인간을 무기력하게 만들기도 하고 겸손하게 만들기도 한다.

삶의 끝에는 죽음이 버티고 있다. 죽음이란 인류 공통의 악이다. 죽음 앞에서 나약해지지 않는 인간은 없을 것이다. 죽음이라는 악이 있다면 그 대항으로서 삶이라는 선이 있음은 분명하다. 선이 없다고 한다면 죽음은 그냥 죽음일 뿐 악이라고 할 수 없다. 삶의 마지막에 맞게 될 죽음을 염두에 둔 채 인간은 삶의 방식을 선택해야만 한다. 죽음이라는 악에 굴복해 허무주의적이거나 염세주의적인 삶을 살 것인지, 아니면 그럼에도 불구하고 '영원한 생명'이라는 선을 지향하며 의미 있는 삶을 살 것인지는 각자가 선택할 몫이다.

한 인간이 의미 있는 삶을 살았다면 그 삶은 행복했다고 평가할 수 있다. 삶이 의미 있었는지는 인생의 종착역에서 드러난다. 그의 죽음을 애도하는 사람이 있고, 생전의 모습이 그리워 그 이름이라도 불러 주는 사람이 있다면 비록 고난과 역경이 많은 굴곡진 삶을 살았다고 할지라도 그의 삶은 의미 있고 행복한 삶이었다고 할 수 있다. 죽었을 때 정성껏 장례를 치러 주는 사람들과 공동체가 있다는 것만으로 감사해야 한다.

앞서 완벽한 행복은 진리(眞理)와 아름다움(美)과 좋음(善)이 각각 고유의 모습을 잃지 않고 통합되어 있을 때 이루어진다고 언급했다.

'좋은 삶'은 행복한 삶의 필요조건이다. 구약성경에는 "하나님이 지으신 그 모든 것을 보시니 보시기에 심히 좋았더라"(창 1:31)고 되어 있다. 피조물인 인간은 하나님이 '좋다'고 선언한 의미를 온전히 이해할 수 없다. 하지만 인간이 가진 언어로서 그 뜻에 접근해 보면, 좋다는 것은 본성적·기능적으로는 탁월하고, 규범적으로는 올바르며, 정서적으로는 사랑스럽다는 뜻으로 이해할 수 있다. 여기에 미학적으로 아름답다는 의미를 덧붙여도 될 것이다.

그런데 우주의 모든 존재 중에서 자신이 만든 작품에 객관적으로 '매우 좋다'고 평가 내릴 수 있는 존재가 과연 있을까? 감히 말하지만, 인간 중에는 그런 존재가 있을 수 없다고 생각한다. 하지만 전지전능하고 정확무오한 우주의 창조주라면 자신의 작품에 그런 평가를 내릴 수 있고, 또 내려야만 한다. 성경은 그런 창조주가 인간에게 '좋다'라는 평가를 내렸다고 한다. 그리고 특별한 문제가 없으면 계속 그럴 것이라고 한다.

더구나 인간은 최고선인 '하나님의 형상(Imago Dei)'대로 창조되었다(창 1:27). 이는 인간은 본성상 선하다는 것을 뒷받침해 준다(性善說). 이와 같은 인간, 다시 말해, 하나님으로부터 '좋다'는 평가를 받았고, 하나님의 형상대로 만들어진 인간의 삶은 '좋음'을 추구하고 또 추구함이 마땅하다. 결국, '좋음'은 우주에 있는 모든 존재, 특히 인간에게 삶의 궁극적 의미와 목적이 된다.

그러므로 인간은 좋은 삶을 지향할 수밖에 없고, 지향해야만 하며, 아울러 인간이 만들어 가는 공동체도 선(공동선)을 지향해야만 한다. 이러한 점에서 보면, 하나님 또는 최고선은 우리의 사랑과 헌신의 대상으로서의 선이고, 하나님의 형상을 닮은 인간이 지향하는 선은 선한 삶이라는 의미에서의 선이라고 할 수 있다.[1] 우리가 악한 인간보다는 선한 인간을 선호하고, 악한 양심보다는 선한 양심을 장려하며, 악한 이웃보다는 선한 이웃을 존경하고, 악한 공동체보다는 선한 공동체를 추구하는 것도 이러한 인간의 본성 때문이다.

하지만 아담과 하와가 선악과나무의 열매를 따 먹음으로써 하나님의 명령을 어긴 이후에 인간은 전적 타락(total depravity) 상태에 놓였다. 이는 인간의 노력으로는 더 이상 최고선을 지향할 수 없고, 지향해도 목표점에 도달하거나 그 선의 부분으로 참여할 수 없게 되었다는 뜻이다. 하지만 인간이 다시 선을 지향할 수 있고, 선에 이를 수 있는 길이 있다. 그것은 하나님의 형상을 회복하는 것인데, 바로 예수를 그리스도(메시아, 구세주)로 믿는 것이다. 예수를 향한 이 믿음은 인간으로 하여금 하나님의 형상을 회복하게 만든다.

그 결과, 인간 공동체는 하나님의 형상을 회복한 사람들과 그렇지 못한 사람들로 나뉘게 된다. 하지만 하나님의 형상을 회복한 사람들은 공동체의 선, 즉 공동선을 이루는 데 하나님의 형상을 회복하지 못한 사람들을 배제시킬 수는 없다.[2] 반대의 경우도 마찬가지다. 같은 공동체의 구성원이라면 하나님의 형상을 회복했든 그렇지 못하든 관계없이 공동체의 선을 위해 함께 노력해야 한다. 이것은 모든 인류에게 주어진 회피 불가능한 공동체의 조건이다.

규범(도덕과 실정법)을 지키며 살면 옳은 삶이 보장된다. 하지만 법의 기능은 거기에서 그치지 않는다. 규범 중 법은 공동선과 개인선으로 짜인 그물이다. 그 의미는 법이 공동선과 개인선을 보호하기 위해 존재한다는 것이다.[*] 법이 보호하는 개인선은 크게 생명, 자유, 재산으로 나눌 수 있다. 생명, 자유, 재산이 정당하게 보호되는 삶은 '좋은 삶'의 기초다. 그렇다면 법의 목적은 옳은 삶뿐만 아니라 좋은 삶도 보장하는 것이다.

공동체를 위한 이해 1단계 : 좋은 삶의 기초

- 좋은 삶은 행복한 삶의 필요조건이다.
- 피조물을 향한 창조주의 '좋다'는 선언과 '하나님의 형상대로의 창조'는 인간이 좋은 삶을 지향해야 하는 신학적인 근거다.

문제의식 1

- 당신에게 좋은 삶이란 무엇인가? 좋은 삶을 위해 어떤 노력이 필요한가?

---

[*] 자유주의 입장에서는 '공동체의 선'과 '개인선'이라는 표현보다는 '공익(공적 가치)'과 '사익(사적 가치)'이라는 표현을 사용한다. 자유주의와 공리주의의 영향을 강하게 받는 법학계에서도 공동체의 선과 개인선이라는 용어는 사용되지 않고 있다. 예를 들어, 행정법에서는 '사익(私益)'과 '공익(公益)'이라는 용어를, 형법에서는 '개인적 법익', '사회적 법익', '국가적 법익'이라는 용어를 사용한다. 자유주의와 공동체주의의 구분을 전제로 한다면, 공동체의 선과 개인선은 공익 및 사익과는 개념상 구분해야 할 것으로 생각한다. 왜냐하면 공동체의 선, 특히 공동체주의자가 지향하는 공동선의 경우에는 공동체 구성원의 도덕성까지도 포섭하는 개념이나, 공익이라는 개념에는 그런 의미가 포함되어 있지 않기 때문이다. 이 점에 관해서는 다음을 참조하라.-김비환, '가치다원사회와 공동선 그리고 한국의 경우' <법철학연구 제2권>, 175-204쪽.

2장
—
선이란
무엇인가
—

앞서 우리는 '선'의 배경 개념으로 진(眞), 미(美), 의(義) 등이 있음을 살펴보았다. 이제 선이라는 개념의 의미가 무엇인지를 개관하고자 한다. 선이라는 개념은 주로 신학, 윤리학, 정치학에서 다루고 있다.

제정법(制定法)을 해석하는 것이 목적인 해석 법학의 차원에서는 선의 의미를 깊이 이해하지 않아도 실무를 처리하는 데 별다른 어려움이 없다. 왜냐하면 우리나라 해석 법학에서는 공리주의나 자유주의 영향으로 선이라는 용어가 '가치'나 '이익'이라는 용어로 대체되어 있기 때문이다.

다만, 우리나라 법률 중에는 간혹 선이라는 개념이 사용되기도 하는데, 바로 민법의 '선의(善意)'라는 용어가 한 예다. 민법에서 총칙 부분을 공부하기 시작하게 되면 가장 먼저 이해해야 할 용어가 '선의'다.* 민법의 '선의'라는 용어는 일반인들이 보통 생각하듯이 좋은 의도나 선한 의도라는 뜻이 아니라 '일정한 사실을 모른다'는 의미로 사용되고 있다. 이러한 사실을 모르고 선의라는 용어가 들어간 법전이나 법서를 읽게 되면 그 내용을 정확히 이해하기 어렵다.

예컨대 민법 제249조는 '선의 취득'이라는 제목 아래 "평온, 공연하게 동산을 양수한 자가 선의이며 과실 없이 그 동산을 점유한 경우에는 양도인이 정당한 소유자가 아닌 때에도 즉시 그 동산의 소유권을 취득한다"고 규정하고 있다. 이 규정에서 선의의 의미는 다음과 같은 사례를 보면 이해가 쉽다. X가 A의 휴대폰을 훔쳐 Y에게 팔았는데 Y가 그 사실을 모를 경우에 Y에 대해 '선의'라고 한다. 만약 Y가 휴대폰이 도난품인 것을 '알았다면' '형법상으로는 고의(故意)'가 인정되어 장물죄로 처벌을 받고, '민법상으로는 악의(惡意)'로 판단을 받아 A에게 휴대폰을 돌려주어야 한다. 만약 Y가 그 휴대폰을 구입할 때 장물이라는 사실을 몰랐고, 그에 대해 과실이 없으며, 휴대폰 구입일로부터 2년이 지났다면 돌려주지 않아도 된다. 이러한 예외적인 경우를 제외하고는 선이라는 용어는 해석 법학자들에게는 자주 활용되는 용어가 아니다.

하지만 해석 법학을 넘어 법의 목적인 정의를 공부하기 시작하는

---

* 민법 총칙에만 '선의로 한 행위의 효력에 영향을 미치지 아니한다'(민법 제29조 제1항), '선의인 경우에는 그 받은 이익이 현존하는 한도에서 반환할 의무가 있고'(민법 제29조 제2항), '선의의 제3자에 대하여 책임을 진다'(민법 제60조의2 제2항), '전항의 의사표시의 무효는 선의의 제3자에게 대항하지 못한다'(민법 제107조 제2항, 제108조 제2항), '전항의 의사표시의 취소는 선의의 제3자에게 대항하지 못한다'(민법 제109조 제2항, 제110조 제3항), '대리권의 소멸은 선의의 제3자에게 대항하지 못한다'(민법 제129조)는 규정들이 있다.

순간, 우리나라 민법의 선의라는 개념과는 별개의 뜻을 지닌 선에 관한 이해가 필수임을 깨닫게 된다. 좋음이라고 풀이되는 선은 학문적으로는 최고선, 공동선과 개인선, 본래적 선과 수단적 선, 선의지, 선이 있는 정의, 위선(僞善) 등에 사용된다. 이런 용어들에서 선은 어떤 의미로 사용되고 있는가?

좋음(善)이란

선과 악이라는 단어만큼 기본 개념을 규정하기 어려운 말은 없다. 선(善)이라는 한자는 보통 '좋다' 또는 '착하다'는 뜻으로 풀이되나, '좋다'의 의미를 사전에서 한 줄의 문장으로 제시할 수 없어 아래와 같이 말의 용례를 나열해 두고 있을 뿐이다. 이는 선과 악의 판단이 시대와 장소와 상황에 따라, 또 개인이나 공동체의 관념이나 가치관에 따라 달라질 여지가 매우 높아서 그 의미를 일의적으로 규정해 둘 수가 없기 때문이다. 이로 인해 대부분의 사람은 선과 악, 다시 말해 좋음과 나쁨을 어떻게 구분해야 할지 혼란스러워한다.

'좋다'라는 말은 좋은 차, 좋은 물, 좋은 작품, 좋은 눈, 좋은 발, 좋은 키, 좋은 머리, 좋은 양, 좋은 말, 좋은 시간, 좋은 계절, 좋은 기분, 좋은 성품, 좋은 사람, 좋은 선생님, 좋은 학생, 좋은 연주자, 좋은 관계, 좋은 가정, 좋은 학교, 좋은 직장, 좋은 국가, 운수가 좋다, 금실이 좋다 등 아주 다양한 사용례를 가지고 있다. 이들을 유형화하면 다음과 같다.

첫째, '당신의 이번 작품은 매우 좋다'고 할 때와 같이 어떤 창작품이 '미학적으로 높이 평가될 수 있다'거나 '아름답다(美)' 또는 '훌륭하다'는 뜻으로 좋다는 말이 사용된다. 둘째, '물이 좋다'고 할 때와 같이 사물이 인간에게 유익을 준다는 효용성의 측면에서 좋다는 말이 사용된다. 셋째, '그 사람이 너무 좋다'고 할 때와 같이 감정적이거나 정서적인 면에서 '좋다(好)' 또는 '사랑한다(愛)'는 뜻으로 좋다는 말이 사용된다. 넷째, '눈이 매우 좋다' 또는 '그 축구 선수 매우 좋더라'라고 할 때와 같이 기능적인 면에서 뛰어나다는 뜻으로 좋다는 말이 사용된다. 다섯째, '그 사람은 성품이 좋다'고 할 때와 같이 어떤 사람이 도덕적으로 성품이 탁월하다는 뜻으로 좋다는 말이 사용된다.

그런데 전체 쓰임새를 잘 살펴보면, '좋다'라는 단어가 평가 주체의 이익(예컨대 평가자에게 유익을 주는 의미에서 '사람이 좋다'고 하는 경우)과는 상관없이 판단 대상인 인간 자체의 평가가 전제된 경우에는 두 가지 용도로 사용된다. 첫 번째 뜻은 기능적으로 좋다는 것이고, 두 번째는 성품상이나 본성상 내적(내면적, 윤리적) 또는 외적(관계적, 도덕적, 규범적)으로 좋다는 의미로 사용되는데, 우리말로는 '착하다' 또는 '선하다'가 바로 그 예다.

두 가지 의미의 실제적 차이를 톰 크루즈(Tom Cruise) 주연의 영화 〈어 퓨 굿 맨〉(A Few Good Men, 1992)을 통해 보자. 'a few good man'은 맥락에 따라 그 의미가 달라지는데, 미국 해병대에서는 '소수 정예'라는 뜻으로 사용하고 있다. 하지만 이 영화에서는 전투에 임해 탁월한 기능을 보여 주는 소수 정예의 병사를 의미하는지, 아니면 충성과 복종 등 군인에게 요구되는 도덕적 성품이 뛰어난 병사를 의미하는지가 명확하지 않다. 만약에 후자의 경우라면, 'a few good man'을 한글로 소수 정예로 번역하는 것은 제목만으로 영화의 내용을 압축해서 전달하기가 어렵게 된다. 그 때문인지 한국에서 영화를 상영할 때 제목을 원어 그대로 사용했다.

따라서 우리는 '좋다'고 표현하거나 '좋다'는 표현이 쓰인 글을 읽을 때는 이 말이 사용된 맥락을 좇아 의미하는 바를 제대로 파악해야 한다. 보통은 '좋은 선수'라고 하면 보통 기능이 좋다는 의미일 것이고, '좋은 사람'이라고 하면 성품이나 도덕성이 좋다는 의미일 것이다. 하지만 '좋은 학생'이라고 했을 때는 그 의미에 주의해야 한다. 이 말이 공부를 잘하거나 재능이 좋은 학생이라는 뜻일 수도 있고, 친구들이나 교사와 관계가 좋거나 성품이 좋은 학생이라는 뜻일 수도 있기 때문이다.

좋다는 의미가 이중적으로 사용된 한 가지 일화를 보자. 그리스 견유학파의 거장 디오게네스(Diogenēs)와 알렉산드로스 대왕(Alexandros the Great) 사이의 대화에 나온 것이다. 알렉산드로스 대왕은 그리스 북부 마케도니아 출신으로 그리스, 페르시아, 인도에 이르는 광대한 제국을 건설하여 헬레니즘을 퍼뜨린 사람이고, 디오게네스는 인간의 내면만이 중요하다는 생각에 세속적인 것은 극단적으로 무시하고 정신이나 영혼에만 관심을 보이는 철학자였다.

알렉산드로스 대왕은 디오게네스가 일반 사람들로서는 도무지 이해할 수 없는 기행을 하고 있다는 소문을 듣고, 어느 겨울날 디오게네스를 찾아갔다. 마침 디오게네스가 자신의 거처인 술통에서 나와 따뜻한 볕을 쬐고 있기에 디오게네스에게 말을 걸어 다음과 같은 대화를 나누었다.

"나는 알렉산드로스, 대왕이다."
"나는 디오게네스, 개다."
"내가 무섭지 않은가?"
"당신은 좋은 사람인가?"
"그렇다."
"좋은 사람이면 내가 왜 두려워해야 하는가?"
"소원이 있으면 말하라."
"햇빛을 가리지 말고 비켜 달라."

알렉산드로스와 디오게네스의 대화를 듣고 있던 부하들이 디오게네스가 무례하다며 당장 처형하라고 했지만, 알렉산드로스는 "내가 만약 알렉산드로스가 아니었다면, 디오게네스가 되고 싶었을 것이다"라고 말하며 그들을 말렸다.

디오게네스가 알렉산드로스 대왕에게 "당신은 좋은 사람인가?"라고 물었을 때, 좋다는 의미가 대왕으로서 탁월한 능력을 지녔다는 의미에서 좋다는 것일까? 아니면 인간으로서 성품이 탁월하다는 의미에서 좋다는 것일까? 한번 생각해 보기 바란다.

선과 악의 구분

선과 악이라는 단어가 이처럼 우리를 혼란에 빠뜨림에도 불구하고, 모든 언어권에서 필연적으로 만들어지고 사용되는 이유는 무엇일까? 그 이유는 인간 삶에 최소한의 의미라도 부여하고, 인간으로 하여금 정체성을 갖도록 하기 위해서는 선의 방향 감각이 필요하기 때문이다.[3] 그뿐만 아니라 선을 통해 삶의 가치를 측정할 수 있으므로[4] 선이 직접적이든 간접적이든 삶에서 판단과 선택의 기준을 제공해 주기 때문이다.

인간이 행위를 하려면 판단하고 선택해야 하는데, 규범(도덕과 실정법)이 없는 상황에서 또는 규범이 필요 없거나 규범을 무시하고 싶은 상황에서는 악(나쁨)보다는 선(좋음)이, 선 중에서는 보다 큰 선이 판단이나 선택의 기준이 된다. 예컨대, 비가 내리면 우산 장수는 우산을 파는 데 좋은 날이라고 생각하고 우산을 들고 거리로 나갈 것이고, 반대로 짚신 장수는 짚신을 팔기에 나쁜 날이라며 비가 그치기를 기다리며 집에서 쉴 것이다. 만약 비가 오더라도 모든 상인은 장사를 해야 한다는 규범이 있다면, 우산 장수든 짚신 장수든 그들은 규범을 지키기 위해 거리로 나가야 한다.

그러면 선택해야만 하는 선과 선택해서는 안 되는 악을 구분할 수 있는 기준을 정할 권위를 누구에게 부여할 것인가? 이를 개개인에게 맡길 것인가, 구성원 전부의 합치된 의사에 따를 것인가, 아니면 최고선인 신의 뜻에 따를 것인가? 쉽지 않은 문제일 것이다. 우산 장수를 하는 장남과 짚신 장수를 하는 차남을 둔 어머니가 비가 오면 차

남을 걱정하고, 비가 그치면 장남을 걱정하는 것과 비슷한 형국이다. 하지만 기독교는 신에게 선택의 최종 권위가 있음을 인정한다.

한편, 선과 악의 구분 기준은 무엇인가? 이와 관련해서는 선과 악의 구분은 시대와 상황에 따라 달라지므로 그 구분 기준을 정할 수 없다는 '(가치)상대주의'와 판단 기준이 존재한다는 '(가치)절대주의'가 대립하고 있다.

시대와 상황에 따라 선악의 구분 기준이 다르다는 상대주의는 아우슈비츠 수용소에서의 대학살도 세월이 흘러 시대 상황이 바뀌면 악이 아닌 것으로 판단될 수도 있다는 논리적 문제점을 안고 있다.[5] 나아가 "가치에 관한 주장을 타당하다고 선언하는 기준은 지역적인 것, 즉 그 주장이 개진되는 특정한 문화의 도덕 코드에 상대적이라고 하는 상대주의"에 따른다면, 특정한 문화에서 악이라고 평가한 행위를 다른 문화에서는 악이라고 주장할 수 없게 된다.

만약 그런 주장을 한다면, 자신이 주장하는 가치가 더 옳다는 전제에 선 것으로서 '절대주의'에 이르는 모순에 빠지게 된다.[6] 뿐만 아니라, 이러한 상대주의가 다른 특정한 문화의 도덕 코드를 가지고 와서 자신의 주장을 관철하는 근거로 삼게 된다면(예컨대 낙태를 금지하는 A국에 사는 낙태 찬성론자가 낙태를 허용하는 B국의 입법을 근거로 A국의 낙태 금지 규정의 철폐를 주장하는 경우) 이는 '보편적인 가치'를 전제로 하는 절대주의적 입장을 취하는 것으로 일관성을 결여하는 것이다. 선과 악의 구분 기준을 정하기 어렵다는 것은 인정할 수 있지만, 그 기준이 없다는 것은 구분 기준을 정하는 문제와는 전혀 다른 차원에서의 문제임을 기억해야 한다.

그렇다면 절대주의의 입장에 설 때 선과 악을 판단하는 기준은 무엇인가? '일원론'과 '다원론'으로 기준을 나눌 수 있다.

일원론은 선을 본래적 선(가치)과 본래적 선의 수단인 수단적 선(가치)으로 나누고 본래적 선에 합치되면 선이라고 하고, 그렇지 않으면 악이라고 한다. 본래적 선은 더 이상 선을 보탤 필요가 없고, 다른 선에 의존할 필요가 없는 최고선이므로 논리적으로는 하나밖에 있을 수 없다. 그것을 아리스토텔레스는 '행복(eudaimonia)'*이라 하고, 공리주의자는 '쾌락(hedone)'이라고 하며, 어떤 자유주의자들은 '자유'라고 한다.[7]

한편, 종교라는 이름도 붙이지 않고 전통 종교를 대신해 종교의 지위를 구축해 나가는 진보 종교(진보를 믿는 신앙)에서는 발전이나 성장[8]이 궁극적인 선이 된다. 하지만 기독교의 최고선은 하나님(God)이다. 하나님은 신성 자체이시므로 선을 가지고 있는 분으로 표현하기보다는 '선 자체'로 표현하는 것이 옳다.[9]

이에 비해 다원론은 선 상호 간의 위계질서를 부정하고 본래적 선이 여러 가지 있을 수 있다는 전제하에, 거기에 행복과 쾌락뿐만 아니라 자유, 욕구 충족, 아름다움, 지식, 도덕적 성품 등도 포함시켜야 한다고 주장한다.

절대주의 중 일원론의 입장에서 선의 의미를 풀이해 보면, 인간의 본성적 행위와 도덕적 행위가 최고선에 합치되면 선하다고 할 것이

---

* 문자적으로는 신(다이몬)에 홀린 상태라는 뜻이지만, 보통의 경우에는 행복으로 번역된다.

고, 그렇지 않으면 악하다고 할 것이다. 기독교의 입장에서는 존재와 당위를 통합한 최고선인 하나님의 명령에 부합하면 선이고, 그렇지 않은 경우에는 악이라고 할 수 있다. 이렇게 정리하고 나면 기독교에서의 선한(좋은) 삶이란, 하나님의 명령을 깨닫고 내면화하여 그 명령을 실천하는 것이 된다.

악은 무엇인가

사람들은 보통 나쁨의 정도가 심할 때 악하다고 표현한다. 그럼 악의 실체는 있는가? '최고선이신 하나님이 계시다면 왜 악을 허용하는가'라는 질문은 그 질문을 받는 사람들을 매우 곤혹스럽게 만든다.

근대 계몽주의 이후 진화론을 기반으로 하는 진보주의가 인류의 최고 종교가 되고,* 과학의 방법만이 진리에 도달할 수 있는 유일한

---

* 진화론은 종교적이다. 진화론은 일반적인 의미에서의 '종교'는 아니지만 기독교와 같은 창조론을 바탕으로 하는 종교를 반대할 뿐만 아니라 적대시하기 때문에, 다시 말해 '반종교적'이기 때문에 '종교적'이라고 할 수 있다. 게다가 많은 사람이 진화론이 그 자체로 종교적이라고 한다. 교주나 제사장이 과학의 사원에 거주하며 '물리학의 신비'나 '복수 나선의 기적'을 시연할 뿐만 아니라 자연주의적 방식이 아닌 연구는 과학이 아니라며 위반자에게 준엄한 심판을 내린다. 그렇다면 초·중등 교육과정에서 교과서에서 진화론만 가르치는 것은 "모든 국민은 종교의 자유를 가진다. 국교는 인정되지 아니하며, 종교와 정치는 분리된다"는 헌법 제20조의 '종교의 자유'에 위반될 소지가 있다. 다른 한편, 진화론을 종교가 아니라 학문으로 본다면 진화론이 절대 진리로 증명되지 않았음은 분명하므로 초·중등 교육과정에서 진화론만 교육하는 것은 "모든 국민은 학문과 예술의 자유를 가진다"는 헌법 제22조의 '학문의 자유'에 위반될 소지가 있다. 결론적으로 초·중등 교육과정에서 진화론과 창조론(창조과학)을 모두 가르치게 하든지, 그렇지 않다면 모두 교육과정에서 배제하는 것이 종교와 학문의 자유에 부합한다고 생각한다. 이에 대해 마이클 샌델은 "(블랙 연방대법관은) 창조에 대한 성경적 설명을 가르치지 않는 한, '진화론이라는 주제를 가르치지 않게 되면 정부는 이 상호 경쟁하는 종교적 학설과 반종교적 학설에 대해 중립적인 위치에 서지 않겠는가?"라고 한다.―마이클 샌델, 《민주주의의 불만》(동녘), 94-95쪽.

방법이라고 생각하는 과학주의가 진보주의 종교의 최고 교리가 되었다. 발전과 성장이 최고선으로 자리를 잡았을 때, 사람들은 이제 인류에게 남은 것은 과학의 발전을 통한 진보가 가져다줄 행복을 누리는 것뿐이라고 믿었다. 그리고 그에 따라 인류에게 중세 시대의 종교에서 발생한 마녀사냥이나 종교 전쟁과 같은 악의 문제는 더 이상 발생하지 않을 것이라고 예언했다.

그런데 바로 그때 제1차 세계대전과 제2차 세계대전이 발발했고, 특히 제2차 세계대전 중 유대인에게 자행된 홀로코스트(Holocaust)는 진보주의 종교의 믿음을 붕괴시켜 버렸다. 그 이후에도 그들의 믿음을 붕괴시키는 최악의 참사들이 발생하고 있으나 여전히 그들은 자신들의 신앙을 버리지 못하고 있을 뿐만 아니라 그 물결은 점점 더 거세지고 있다.[10]

악의 문제는 수많은 사람이 탐구했으나, 결론은 우리의 짧은 지식으로는 악의 실체를 다 알 수 없다는 것이다. 하지만 그래도 악의 실체에 좀 더 근접하는 명제도 있다. 아리스토텔레스의 철학에 깊이 영향을 받은 토마스 아퀴나스(Thomas Aquinas)는 '악은 선의 결여 또는 결핍'이라고 했다.[11] 그 의미는 어둠이 빛이 없는 곳에서 그 세력을 발휘하듯이 악은 선이 없는 곳에서 그 모습을 드러낸다는 것이다. 이는 어둠을 물리치려면 빛이 와야 하듯이 악을 물리치려면 선이 꽃을 피워야 한다는 뜻이기도 하다.

악은 물리적 악과 도덕적 악으로 나눌 수 있다. 먼저, 물리적 악에는 자연 및 인적 재해로 인한 부상과 질병(신체적 및 정신적), 죽음과 일상의 삶 속에서 발생하는 부상과 질병(신체적 및 정신적), 죽음이 있다. 이들을 총칭해서 '해악(害惡)'이라고도 한다. 다음으로, 도덕적 악은 도덕적 규범이나 법과 같은 인간이 맺는 관계에서 지켜야 할 준칙을 위반하여 초래된 악이다. 이를 보통 '죄악(罪惡)'이라고 한다.

이나가키 료스케(稻垣良典)는 이러한 토마스 아퀴나스의 악의 이해에 대해 "그의 주장은 모든 존재물은 존재하는 한 선하다고 주장하는 것이며, 이것은 현실 도피의 낙관론에 지나지 않는다"는 비판이 제기되고 있다고 한 다음, 그러한 비판에 대해 다음과 같이 밝히며 토마스 아퀴나스의 견해를 옹호한다.

우선 다음과 같이 답할 수 있을 것이다. 모든 존재물은 존재하는 한 선하다는 주장은 우리를 괴롭히는 '해악'과 우리를 속박하며 삐뚤어지게 하고 결국에는 파탄에 이르게 하는 '죄악'이 현실의 세계에 존재하고 있다는 것을 부정하는 것은 절대로 아니라는 것이다. 오히려 그들이 해악·죄악으로 부르는 것은 존재론적으로는 선에 기생하며 당사자인 선을 공허하게 하고 있는 것이다. 즉 악은 자기가 붙잡고 좀먹고 공허해진 선이 있을 때만 비로소 존재하는 것으로서 그 자체로서는 존재하지 않는다는 것이 '악의 존재의 결여'라는 토마스의 악에 대한 정의(定義)의 진의인 것이다.[12]

소련 정권으로부터 오랫동안 박해를 받던 러시아의 소설가 알렉산드르 솔제니친(Aleksandr Solzhenitsyn)이 망명 생활을 끝내고 고향으로 돌아가기 위해 러시아를 횡단하면서 자신을 탄압하여 망명길에 오르게 한 사람들을 포함해 만난 모든 사람에게 인사를 건넸다. 이에 대해 사람들이 불만을 토로하자 솔제니친은 그들에게 "아니다, 선과 악의 경계선이 우리와 그들 사이에 있지 않다"고 했다.

이 말의 뜻을 영국 신학자 톰 라이트(Thomas Wright)는 "선과 악의 경계선은 우리 각 사람을 관통하고 있다"고 풀이한다.[13] 이 말에서 우리는 다시 선이 악의 결여라는 것을 이해할 수 있다. 다시 말해, 우리 영혼과 정신은 선으로 채워질 수도 있고 악으로 채워질 수도 있다. 선으로 우리 영혼과 정신을 채우면 악이 설 자리가 없게 될 것이고, 반대로 악으로 우리 영혼과 정신을 채우면 선이 발붙일 자리가 사라지게 된다. 우리가 광분했을 때 거침없이 악을 토해 내는 것은 우리 영혼과 정신을 악이 점령하고 있기 때문이다.

'선은 악의 부재'라는 명제는 '인간의 전적 타락'의 교리를 전제로 한다.[14] 성경은 아담과 하와가 하나님 앞에서 죄를 저질렀고, 그 결과 전적 타락 상태에 이르게 되었으며, 그들의 혈통을 물려받게 될 인류까지도 전적 타락 상태에 놓인다고 선언한다. 그렇다면 왜 직접 범죄를 저지르지 않은 아담과 하와의 후손이 선조들의 책임을 져야 하는가? 여기에는 다양한 해석이 이루어지고 있으나, 그 의미를 공동체적으로 해석하면 다음과 같다.

아담과 하와의 범죄(원죄)로 말미암아 아담과 하와는 하나님과 화해가 불가능한 적대 관계가 되었는데, 아담과 하와의 혈통을 물려받은 인류는 피상속인인 아담과 하와의 지위를 포괄적으로 상속받게 되므로 하나님과의 적대 관계뿐만 아니라 아담과 하와가 받았던 전적 타락이라는 벌도 상속받는다고 해석할 수 있다.[15]

전적 타락의 대표적인 예로 친동생을 살인한 인류 최초의 살인자인 가인이 있다. 자신의 제사가 받아들여지지 않은 것에 분노하는 가인을 향해 하나님이 "네가 분하여 함은 어찌 됨이며 안색이 변함은 어찌 됨이냐 네가 선을 행하면 어찌 낮을 들지 못하겠느냐 선을 행하지 아니하면 죄가 문에 엎드려 있느니라 죄가 너를 원하나 너는 죄를 다스릴지니라"(창 4:6-7)라고 했던 것도 원죄에서 비롯되는 악이 가인의 마음을 지배하지 못하도록 선으로 물리치라는 맥락에서 이해할 수 있다.

신약성경의 "악에게 지지 말고 선으로 악을 이기라"(롬 12:21)는 구절도 내면적으로는 우리 힘만으로 악의 실체를 이길 수 있다는 것이 아니라 우리 영혼과 마음속에서만이라도 선을 충만하게 채워 악한 생각들을 물리쳐야 하고, 외면적으로는 잘못이나 범죄의 징계권 내지 형벌권의 행사와 관련해 그 수단이 악한 것이 되어서는 안 된다는 뜻으로 해석해야 한다.

하나님은 최고선이고, 최고선은 충만 그 자체이므로 자신을 채우려고 하지도 않고 채울 필요도 없다. 오히려 물이 차면 흘러넘치듯이 끊임없이 자신을 나누어 주려고 하고, 나누어 주고 난 뒤에도 결핍이 존재하지 않는다. 자신을 채우려고 하는 것은 부족함이 없는 최고의 상태가 아니다. 하나님은 부족함이 없는 충만이니 하나님에게는 선의 부재라는 것이 있을 수 없으므로 선의 부재 상태인 악은 하나님으로부터 초래될 수가 없다. 즉 악은 하나님이 만든 것이 아니다.

악이 하나님의 피조물들에게 발생한 선의 부재 상태라면, 이는 피조물들의 본성에서 선이 박탈되어 초래된 결과다. 그런데 악은 빛이 존재하지 않는 흑암처럼 선이 존재하지 않는 상태이므로 선을 나누어 줄 수 없을 뿐만 아니라 자신에게 존재하는 악의 상태도 나누어 줄 수 없다. 다만 악에 지배된 존재는 하나님의 피조물인 인간들을 유혹해 그들 속에서 선한 것을 밀어내게 하여 선의 부재 상태를 만들어 낼 뿐이다. 따라서 최고선이 되는 하나님과 동등한 지위를 갖는 최고악은 존재할 수 없다. 비록 우리가 지극히 악한 상태를 최고악이라고 표현한다고 해도 그것은 그야말로 우리의 표현에 불과할 뿐 하나님과 맞먹는 존재를 의미하는 것은 아니다.

공동체를 위한 이해 2단계 : 선과 악
- 기독교에서 선과 악을 구분하는 기준은 최고선인 신에게 있다.
- 선한 삶이란 하나님의 명령을 내면화하여 실천하는 것이다.
- 악은 하나님으로부터 초래된 것이 아닌 피조물들의 본성에서 선이 박탈되어 나타난 결과다.

문제의식 2
- 당신은 어떤 일의 선과 악을 판단할 때 그 기준을 어디에서 찾는가?

3장

인간 삶의 목적인
선과 덕

—

목적은 '내적 목적'과 '외적 목적'으로 나눌 수 있다.

먼저, 내적 목적은 사물이나 생명체의 그 본래적 의미에서의 목적으로서 사물이나 생명체의 본래적 기능(쓰임새)이나 본성을 의미한다. 한편, 외적 목적은 어떤 사물이나 생명체 자체의 목적을 위해 다른 사물이나 생명체를 이용하거나 이용되는 것과 같은 수단으로서의 목적을 의미한다.

예컨대 플루트의 경우를 보자. 플루트를 만든 본래적 목적은 연주를 위해서다. 이것이 바로 플루트의 내적 목적이다. 그런데 어느 악기장이 세상에서 가장 탁월한 플루트 연주자에게 선물하기 위해 세상에서 단 하나뿐인 플루트를 만들었다고 하자. 이 경우 악기장에게는 플루트를 만든 목적이 외적 목적이 된다.

무생물과 생물(식물, 동물, 인간)의 경우에도 각자 고유의 내적 목적이 있다. 하지만 무생물과 생물뿐만 아니라 생물끼리도 고립되어 있지 않고 서로 유대를 맺고 있으며, 한 개체의 목적은 상위 개체의 목적에 기여하도록 되어 있는 것이 우주의 질서이므로, 어떤 사물이나 생명체는 다른 사물이나 생명체를 위해 외적 목적이 되기도 한다. 예컨대 식물은 동물과 인간의 먹이가 되고, 동물의 일부도 인간의 먹이가 되기도 한다. 이러한 외적 목적으로 인해 물리적 악의 문제가 발생한다. 월터 패렐(Walter Farrell)은 다음과 같이 설명한다.

신앙인도 누구나 의심 없이 하느님은 물리적인 악을 허용하셨다고 생각할 수 있다. 최소한 그분이 자연을 창조하시면서 자연법칙의 운용도 함께 허락하셨다고 보는 점에서 말이다. 그런데 자연 속에서 경험되는 물리적인 악도 종종 하느님의 섭리를 보증하기에 충분하다. 우리는 식물(풀이나 열매 등)이 동물의 먹이로 사라진다는 사실을 알고 있다. 그러한 동물들 가운데 일부는 또 인간의 먹이로 죽음을 맞이한다. 우리는 그런 경험적인 대자연의 사건들을 일련의 질서 체계로 이해한다.[16]

하지만 인간이 다른 인간을 외적 목적으로 삼는 것은 허용되지 않는다. 왜냐하면 그것을 허용했다가는 인간의 존엄성에 치명적인 손상을 입힐지도 모르기 때문이다. "너의 인격과 다른 사람의 인격을 단지 수단으로서만이 아닌 항상 동시에 목적으로 대우하라"고 한 독일 철학자 임마누엘 칸트(Immanuel Kant)의 '정언 명령'은 우리가 인간과의 관계를 맺을 때 항상 배경이 되어야 한다.

인간에게는 텔로스가 있는가

그리스어로 '텔로스(telos)'는 '목적, 목표, 끝, 궁극, 최고, 최선'이라는 뜻을 지니는데, 그중 목적이라는 의미로 사용될 때는 내적 목적을 의미한다. 텔로스는 아리스토텔레스의 철학에서 핵심 개념으로 등장한다. 아리스토텔레스는 플루트로서의 본연의 기능은 소리를 내는 것인데, 이것이 바로 플루트의 텔로스라고 말한다. 마찬가지로 어떤 존재가 이루어야 할 본연의 본성이나 기능 또는 객관적·궁극적 기준을 그 존재의 텔로스라고 한다.

그런데 인간 본성에 객관적·궁극적 성취 기준이 있는지 여부는 견해가 나뉜다. 기준이 있다는 사람들은 인간 본성을 우연히 있는 미교육 상태의 인간 본성과 자신의 목적을 실현할 수 있는 인간 본성으로 나눈다.[17] 이러한 주장을 기초로 하면, 인간에게는 이루어야 할 성취 기준인 텔로스가 주어진 것이 된다.

이와 달리, 인간 본성은 객관적으로 이루어야 할 성취 기준이 없으므로 인간은 있는 그대로 받아들여져야 한다는 사람들도 있다. 이들은 인간의 텔로스가 허구에 불과하다고 하는데, 대표적인 철학자가 이사야 벌린(Isaiah Berlin)이다. 그는 다음과 같이 주장한다.

인간의 지식은 원칙적으로 결코 완전할 수 없고 언제나 오류일 가능성을 담고 있다. 누구의 눈에도 보이는 단일한 진리는 없다. 각 사람, 민족, 문명은 각기 나름의 목표에 도달하기 위해 각기 나름의 길을 택할 수 있는데 그 목표나 길들이 반드시 서로 조화를 이루지는 않는다. 사람들은 새로운 경험과 자신의 행동에 따라서-밀의 표현을 빌리면, '삶을 통한 실험'에 의해서- 바뀌고 마찬가지로 그들이 믿는 진리도 바뀐다. 그러므로 아리스토텔레스주의자에서부터 수많은 기독교 스콜라 철학자를 거쳐 무신론적 유물론자까지 공유하는 확신, 겉모습은 변화하지만 그 저변에는 언제나 어느 곳에나 어떤 사람에게나 똑같이 하나인 기본적인 인간 본성이 있고 인간이 그것을 알 수 있다는 확신, 인간의 본성은 고정되고 불변적인 내용으로 이루어지고 모든 인류에게 똑같은 하나의 패턴 또는 목표에 의해 통솔되기 때문에 인간에게 무엇이 필요한지도 그처럼 영원히 보편적으로 하나라는 확신은 틀렸다.[18]

진화론은 자연이 유전적 변이라는 우연과 자연 선택이라는 법칙에 의해 작동된다고 하므로, 인간을 포함한 생물들에게는 텔로스가 없다고 하게 된다.* 아니, 유신론적 진화론자라면 몰라도 유물론적 진화론자로서는 텔로스 개념이 우주 만물을 창조한 신을 전제로 하는 것이므로 인간과 자연에 고유의 텔로스가 있다는 것 자체를 받아들일 수 없다. 하지만 그들은 무생물에서 단세포 생물이, 단세포 생

---

* 로널드 드워킨은 "진화를 통해 인간은 생존뿐 아니라 번성을 도와주는 태도와 성향을 발전시키게 되었다는 점을 우리가 납득한다고 가정해 보자. 그럴 때 우리는 적합한 규범과 태도를 파악하는 우리 자신의 능력을 신뢰하는 것이 아니라, 자연 선택이나 그와 유사한 무언가를 통해서 그러한 파악을 할 수 있는 자연의 능력을 신뢰하게 될지 모른다. 우리는 우리 자신과 우리 공동체를 위해 무엇이 최선인지를 안다고 말할 필요가 없어진다"고 한다.-로널드 드워킨, 《법복 입은 정의》(도서출판 길), 158쪽. 드워킨이 "우리가 우리 자신과 공동체를 위해 무엇이 최선인가를 안다고 말할 필요가 없어진다는 것"은 결국 진화론자에 의하면 인간에게는 최고선을 지향하는 텔로스가 없다는 뜻이라고 볼 수 있다.

물에서 지구상의 절대강자인 인간이 진화되어 왔다고 한다. 이러한 그들의 주장을 깊이 들여다보면 적자생존, 다시 말해 진화하여 살아 남기가 우주의 필연적 법칙인 것처럼 보이게 만든다. 이는 그들의 주장과 달리 인간을 비롯한 모든 자연에 고유의 텔로스가 주어졌다는 인상을 떨쳐버릴 수 없게 한다.

과학만능주의로 무장한 극단적인 진화론자의 주장에 따르면, 진화의 과정에서 현생 인류를 뛰어넘는 X맨과 같은 생명체가 등장할 수도 있다. 만일 그런 사태가 일어난다면, 현생 인류는 공룡이 멸종되듯이 역사에서 사라지거나 아니면 그들의 지배를 받게 될 것이다.[19] 그들의 주장에서 현생 인류의 행로는 현생 인류를 뛰어넘는 새로운 생명체를 탄생시키는 과정에 불과하다는 결론을 도출할 수 있다. 이러한 주장을 뒷받침하는 역사적 선례로는 나치즘이 있다.

알랭 쉬피오는 나치즘과 진화론에 대해 다음과 같이 설명한다.

나치즘은 병적으로 공동체적 가치에 집착한 것과는 거리가 멀다. 그보다 나치즘은 사회적 다윈주의의 한 극단적 형태에 해당한다. 여기에선 '퓌러(Führer; 총통)'의 말마따나 '가장 능력 있고 강한 자가 가장 능력 없고 약한 자를 지배하는' 투쟁 속에서 영원한 싸움을 벌여 가는 생물학적 개체 이외의 다른 인간적 실체를 인정하지 않는다. 인간에게 있어 유일하게 진리란 생물학적 부분뿐이므로, 한 사회의 기본 토대를 마련함에 있어 생각해 볼 수 있는 것 중 남은 것은 단 하나, 신체적 유사성과 인종적 동일성뿐이다. 그리고 국가란 이상적으로 동일한 사람들의 사회를 유지하고 발전시키기 위한 한낱 도구에 불과하다. 나치주의자들은 '우리는 유전학적인 판결에 따라 국민의 삶과 법제를 만들어 간다'고 말하며 오늘날은 상식처럼 여겨지는 확신 한 가지를 표현했다. 바로 인간에 대한 이해는 과학이 해결할 일이며, 법은 과학에 복종해야 한다는 것이다.

반면 창조론은 인간이 신으로부터 창조되었으므로, 인간이 플루트를 만든 텔로스가 있듯이 신이 인간을 만든 텔로스가 있다고 말한다. 창조론 중 여호와 하나님이 인간을 창조했다는 기독교는 인간의 텔로스가 "하나님을 영화롭게 하고, 영원토록 그를 즐거워하는 것"(웨스트민스터 소요리 문답 제1조)이라고 한다.*

인간의 텔로스와 관련하여 진화론과 창조론이라는 양극의 중간에 다양한 사상이 존재한다고 볼 수 있다. 어떤 사람들은 유신론자이든 무신론자이든 관계없이 인간의 텔로스가 인간의 존엄성 실현, 행복, 쾌락, 사랑 등 인간 자신을 이롭게 하는 것이라고 하고, 어떤 사람들

---

* '하나님' 존재의 이론적 증명은 크게 세 가지로 나눌 수 있다. 첫 번째는 '존재론적 신 존재 증명(Ontological Proof for the Existence of God)'인데, 이는 하나님의 관념(idea) 혹은 생각에서 하나님의 실재를 증명하려는 것이다. 두 번째는 '우주론적 증명(Cosmological Proof)'인데, 이는 이 세상에 존재하는 모든 것에는 반드시 원인이 있고, 원인의 원인, 원인의 원인을 추적해 올라가면 결국 원인 없는 최초의 원인을 상정할 수밖에 없으며, 그것이 바로 하나님이라는 것이다. 세 번째는 '목적론적 증명(Teleological Proof)'인데, 우리 몸의 복잡한 구조와 조화로운 작동이라든가 동물들의 상호 관계, 동물과 식물의 상호 작용, 천체의 운행 등 변화무쌍한 자연이 보여 주는 질서는 우연히 이루어졌다기보다는 지혜로운 지성을 가진 하나님이 우주의 삼라만상과 그 무상한 변화 및 질서를 창조했다고 생각하는 것이 더 그럴듯하다는 것이고, 세 번째 주장이 성경이 가르치는 하나님의 속성과 일치하는 면이 많다.-손봉호, 《나는 누구인가》(샘터), 15-21쪽.

은 인간의 텔로스가 존재가 소멸되어 열반에 이르는 것이라고 한다. 이들의 생각의 바탕에는 종교란 인간을 이롭게 하기 위해서 존재해야 한다는 관념이 자리를 잡고 있다고 할 수 있다.

아리스토텔레스는 인간의 텔로스가 '에우다이모니아(eudaimonia)'라고 한다. 행복으로 번역되는 에우다이모니아는 문자적으로는 '좋은 혼령에 홀린 상태'이나, 아리스토텔레스는 '탁월성에 따른 영혼의 어떤 활동'[20]이라고 규정한다. 에우다이모니아는 '존재가 최고로 번성한 상태'[21] 또는 '신적인 것이 잘 맞춰 주고 있는 상태'[22]로 이해된다.

목적에 맞게 살아야 행복하다

플루트의 텔로스, 다시 말해 플루트 본연의 기능은 음을 연주하는 것이다. 그런데 플루트가 정확한 음을 내기 위해서는 조율되어 있어야 한다. 이처럼 플루트가 제소리를 낼 수 있도록 조율된 상태, 다시 말해 탁월하게 연주될 수 있는 상태에 있을 때 그 플루트에 대해서 아레테(arete), 라틴어로는 비르투스(virtus), 영어로는 버츄(virtue), 우리말로는 '덕'을 갖추었다고 한다. 아리스토텔레스의 설명에 따르면, 아레테는 '그것이 무엇의 탁월성이건 간에 그 무엇을 좋은 상태에 있게 하고, 그것의 기능(ergon)을 잘 수행하도록 하는 상태'라고 한다.[23]

플루트가 아름다운 소리를 내려면 아레테를 갖추어야 하듯이, 다시 말해 조율되어 있어야 하듯이, 인간도 자신의 텔로스에 합치되기 위해서는 인간 본연의 기능이나 쓰임새에 맞게 좋은 상태에 있거나 인간으로서의 객관적 성취 기준에 도달해 있어야 한다. 이처럼 인간을 자신의 텔로스에 도달하게 해 주는 좋은 상태와 인간 본연의 기능을 잘 수행할 수 있게 해 주는 상태를 아레테라고 한다. 아리스토텔레스는 '인간의 탁월성(아레테) 역시 그것에 의해 좋은 인간이 되며, 그것에 의해 자신의 기능을 잘 수행할 수 있도록 만드는 품성 상태'[24]라고 말한다.

인간의 기능은 첫째 생명 활동 기능, 둘째 감각 및 운동 기능, 셋째 영혼(정신)의 이성적 기능으로 나눌 수 있다. 생명 활동 기능과 감각 및 운동 기능은 동물에게도 있으므로 인간 존재 특유의 기능은 영혼(정신)의 이성적 기능이다. 따라서 아레테 상태에서 영혼(정신)의 이성적 기능을 수행하는 것은 인간 본연의 기능을 탁월하게 수행하는 것이 된다. 이러한 상태에 있는 인간은 좋은 인간, 다시 말해 선한 인간이라고 할 수 있다. 여기에서 우리는 아리스토텔레스가 말하고자 하는 인간적인 선(좋음)의 개념을 이해할 수 있는데, 그것은 '아레테 상태에서의 영혼(정신)의 활동' 또는 '아레테와 일치하는 정신의 활동'이라고 정리할 수 있을 것이다.

한편, 아리스토텔레스는 아레테를 지적 아레테와 도덕적 아레테로 나눈 다음, 지적 아레테에는 기예(art), 과학적(체계적) 지식, 실천적 지혜, 철학적 지혜, 직관적 이성이 포함되고, 도덕적 아레테에는 용기, 절제, 관대, 정의 등이 포함된다고 한다. 여기서 지적 아레테에 해당하는 사례를 들어 보겠다. 필자의 부친은 목수셨고, 1960년도에서 1990년도에 걸쳐 목수 일로 생계를 이어 나가셨다. 부친이 같은 동네에 사는 분의 집을 지어 주시는 과정을 지켜본 적이 있는데 설계도도 없이 집을 짓고 계셨다. 부친은 오랫동안 몸에 익힌 기능만으로 벽돌의 수평 잡기, 먹줄치기, 대패질, 톱질 등을 해 나가셨는데, 때가 되자 근사한 집이 만들어지는 것이 참 놀라웠다. 지금 와서 생각해 보니 부친은 학교에서 배운 지식이 아니라 목수라는 직업에 종사하면서 목수로서의 지적 아레테를 갖추셨던 것이다.

인간은 아레테를 가지고 있으면 선한 상태에 있게 되고, 인간 본연의 기능을 잘 수행할 수 있게 되므로, 아레테는 '인간 본연의 기능을 잘 수행할 수 있도록 길을 인도하는 인간 성품의 바탕에 새겨진 내적 규범'[25]이라고도 할 수 있다. 아레테가 내적 규범이라는 것은 선한 성품을 가진 사람들은 인간으로서 올바른 행위를 선택할 가능성이 높고, 악한 성품을 가진 사람들은 인간으로서 그른 행위를 선택할 가능성이 높다는 의미다. 예컨대 정의로운 성품을 가진 사람들은 정의로운 행위를 할 가능성이 높다는 뜻이다.

그렇다면 인간이 아레테를 추구하는 목적은 무엇인가? 아리스토텔레스에 의하면 그 목적은 에우다이모니아라고 한다. 그 때문에 아리스토텔레스는 에우다이모니아를 '탁월성에 따른 영혼의 어떤 활동'이라고 규정한다. 아리스토텔레스는 아레테와 에우다이모니아의 관계를 다음과 같이 설명한다.

인간의 기능을 이성에 따른 영혼의 활동 혹은 이성이 없지 않은 영혼의 활동이라고 상정할 수 있을 것이다. 또 어떤 기능을 수행하는 자나 그 기능을 훌륭하게 수행하는 자나 종류상 동일한 기능을 가지고 있다고 상정할 수 있을 것이다. 예를 들어, 키타라(kithara) 연주자와 훌륭한 키타라 연주자의 경우 종류상 동일한 기능을 가지고 있고, 다른 모든 경우에도 단적으로 그러하듯이 탁월성에 따른 우월성이 기능에 부과될 것이다(키타라 연주자의 기능은 키타라를 연주하는 것이지만, 훌륭한 키타라 연주자의 기능은 키타라를 잘 연주하는 것이니까).

만약 그렇다면(우리는 인간 기능을 어떤 종류의 삶으로 규정하고, 이 삶을 다시 이성을 동반하는 영혼의 활동과 행위로 규정한다. 따라서 훌륭한 사람의 기능은 이것들을 잘, 그리고 훌륭하게 행하는 것이다. 그래서 각각의 기능은 자신의 고유한 탁월성에 따라 수행될 때 완성되는 것이다. 만약 그렇다면), 인간의 좋음은 탁월성에 따른 영혼의 활동일 것이다. 또 만약 탁월성이 여럿이라면 그중 최상이며 가장 완전한 탁월성에 따른 영혼의 활동이 인간적인 좋음일 것이다. 더 나아가 그 좋음은 완전한 삶 안에 있을 것이다. 한 마리의 제비가 봄을 만드는 것도 아니나 (좋은 날) 하루가 봄을 만드는 것도 아니니까.[26]

앞서 아레테를 갖춘 상태에서 영혼(정신)의 이성적 기능을 수행하는 것은 인간 본연의 기능을 탁월하게 수행하는 것이 되고, 이러한 상태에 있는 인간을 선한(좋은) 인간이라고 했다. 그리고 선이란 덕에 일치하는 영혼(정신)의 활동이라고 했다. 아리스토텔레스의 논리는 아가톤(agathon, 선)이 위계질서상 정점에 있는 아리스톤(ariston, 최고선)을 추구하듯이, 하나의 선이라고 할 수 있는 아레테는 최고선인 에우다이모니아를 추구한다는 것이다.*

공동체를 위한 이해 3단계 : 텔로스와 아레테
- 텔로스는 존재가 이루어야 할 본연의 본성, 궁극적 기준이다.
- 인간이 텔로스에 도달하게 하는 성품의 탁월한 상태를 덕(아레테)이라고 한다.
- 하나의 선이라고 할 수 있는 아레테는 최고선인 에우다이모니아를 추구한다.

문제의식 3
- 당신에게 좋은 인간, 곧 선한 인간이란 어떤 존재인가?

---

* 아가톤은 "한 사물을 한 사물이게끔 해 주는 기능이나 본성의 완성을 중심적으로 뜻하며, 기능 혹은 본성의 완성이라는 면에서 '뛰어난' 혹은 '탁월한'으로 번역할 수 있다"고 한다. -아리스토텔레스, 《니코마코스 윤리학》(이제이북스), 456쪽. 한편, 아리스토텔레스는 아리스톤의 뜻을 "그래서 만약 '행위될 수 있는 것들(prakton)'의 목적(telos)이 있어서, 우리가 이것은 그 자체 때문에 바라고, 다른 것들은 이것 때문에 바라는 것이라면, 또 우리가 모든 것을 다른 것 때문에 선택하는 것은 아니라고 한다면(만약 그렇다고 한다면 이렇게 무한히 나갈 것이며, 그 결과 우리의 욕구는 공허하고 헛된 것이 될 것이기 때문이다), 이것이 좋음이며 '최상의 좋음'일 것이라는 사실은 명백하다"고 풀이한다.-아리스토텔레스, 《니코마코스 윤리학》(이제이북스), 14쪽.

4장

시민의 덕과
제자의 덕

—

앞서 보았듯이 아레테는 일반적으로 덕이나 덕성으로 번역된다. 그런데 전문가의 입장에서는 아레테를 덕으로 번역해도 문맥에 따라 읽으면 되기 때문에 그 의미를 이해하는 데 큰 문제가 되지 않을지 모르나, 비전문가의 입장에서는 현재 우리 사회에서 통용되는 덕이라는 말의 또 다른 용법에 비추어 보면 그 의미를 제대로 이해하지 못할 수도 있다. 예컨대 플루트 연주자의 연주 실력이 탁월할 때, 덕스러운(아레테) 연주자라고 하는 것은 일반인들로서는 탁월한 연주자가 아니라 후덕한(몸집이 풍성한) 연주자로 받아들일 가능성을 배제할 수 없다. 또 덕을 유교적으로 해석하여 군자가 갖추어야 할 덕으로 해석할 여지도 있다. 그래서 어떤 사람들은 아레테를 '탁월성'이나 '성품의 강점'으로 번역하기도 한다.

하지만 뒤에서 보겠지만, 유럽 중세 시대에 들어 기독교의 3주덕

(主德)이 그리스의 4주덕과 합쳐지면서 아레테의 라틴어 번역어인 '비르투스(Virtus)'가 인간에게 영광을 누리게 하는 지혜, 용기, 절제, 정의와 같은 부분에서의 탁월성뿐만 아니라, 그리스 사람들이 탁월성으로 생각하지 않던 신에게 은총을 받는 겸손, 희생, 사랑과 같은 부분에서의 탁월성도 뜻하게 되었다. 이런 점 때문에 학문적으로는 아레테를 '덕'으로 번역하는 것이 일반적이다.

아레테와 오이코도메

한글로 번역된 신약성경에도 '덕'이라는 용어가 등장한다. 한글 성경에서는 윤리학이나 정치학계에서 덕으로 번역되는 '아레테'라는 단어뿐만 아니라 '오이코도메(oikodome)'라는 단어도 덕이라는 용어로 번역해 두고 있다. 한글 성경(개역개정)에서 오이코도메를 덕으로 번역한 부분은 로마서 14장 19절, 15장 2절, 고린도전서 8장 1절, 10장 23절, 14장 3절, 4절, 5절, 12절, 26절, 고린도후서 12장 19절 등이 있고, 아레테를 덕으로 번역한 부분은 빌립보서 4장 8절, 베드로전서 2장 9절, 베드로후서 1장 3절, 5절 등이 있다. 그런데 아레테와 오이코도메를 모두 덕으로 번역해 두다 보니 한글 성경을 읽는 사람들로서는 당해 용어가 사용된 성경을 같은 의미로 이해하게 되나, 이는 성경의 본래 의미를 제대로 이해하지 못하게 만들 여지가 있다.

오이코도메는 '건축하다', '세우다'라는 뜻을 지닌 단어로 탁월하다는 뜻의 아레테와는 차이가 있다. 그리고 위에서 보았듯이 바울은 아레테라는 단어를 빌립보서에서 단 한 번 사용했을 뿐 나머지 부분에서는 모두 오이코도메라는 단어를 사용한다. 베드로도 베드로전서에서 아레테와 오이코도메를 구분해서 사용하고 있다. 아레테와 오이코도메의 원어의 의미와 바울이나 베드로의 단어 선택을 고려해 본다면, 아레테와 구별을 위해 오이코도메가 사용된 부분은 무언가를 '세우다'로 번역하는 것이 좋을 듯하다.

그렇다면 바울은 그리스의 아레테라는 말을 몰랐다는 것일까? 결코 그렇지 않다. 법률가였던 바울은 아레테가 철학적으로 어떤 뜻인지를 누구보다도 잘 알고 있었다. 그리스 철학자들과 바울의 사상에서 차이를 발생시킨 것은 양자가 전제한 공동체가 달랐다는 것이다.[27] 바울이 쓴 편지들을 보면 바울은 그리스 공동체의 정치적 단위인 폴리스(polis)의 질서(politeia)를 세우기 위해 탁월성을 요구하는 그리스의 윤리학 개념을, 가족(oikos)에서부터 출발하는 기독교 공동체의 질서(oikonomia)를 세우기 위해 겸손과 용서를 강조하는 기독교 윤리학의 개념을 정립하는 데 사용하기가 적절하지 않다고 생각했다. 그래서 부득이한 경우를 제외하고는 의도적으로 아레테라는 용어 대신 오이코도메라는 용어를 사용한 것으로 생각된다.

바울이 활동할 당시 시대 상황은 마케도니아의 알렉산드로스 대왕의 정복 전쟁과 그 뒤를 잇는 로마 제국의 번성으로 동양과 서양을 아우르는 범세계적 국가가 성립된 때이다. 그로 인해 폴리스 단위의 도시 국가는 정치 공동체의 통합 기능을 상실했다. 그렇게 되자 사람들도 자기 정체성의 기반을 지역 공동체인 도시 국가가 아닌 범세계적 국가에 두었고, 이로 인해 '코스모폴리탄(Cosmopolitan; 범세계주의자, 세계시민, 사해동포주의자)' 의식이 확산되었다. 코스모폴리탄은 자기 정체성의 기반을 가족 공동체나 신앙 공동체에 두었는데, 그들이 말하는 '오이케이오시스(oikeiosis, 가족 또는 권속)'는 혈연으로 이루어진 사람들이 아니라 인류 전체였다. 다시 말해, 그들은 전 인류를 한 가족으로 생각했다.[28] 이러한 생각으로 인해 사람들은 출신 지역에 구애받지 않고 쉽게 공동체를 형성할 수 있었고, 이는 기독교 전파에 유리한 요소로 작용했다.[29]

고대 그리스 철학자들, 특히 아리스토텔레스는 도시 국가의 질서를 유지하기 위해서는 '좋은 시민'이 필요한데, 좋은 시민이 되기 위해 필요한 기능이나 자질이 아레테라고 했다. 하지만 바울이 생각한 그리스도인의 탁월성을 이루는 오이코도메는 기독교 공동체의 질서를 이루기 위해 공동체 구성원이 갖추어야 할 기능이나 성품이었다. 이는 그리스 철학자들이 인간의 탁월성을 이루는 것으로 생각하지 않던 겸손과 순종을 바탕으로 하는 '믿음', 고난을 통한 '소망', 자기희생을 통한 '사랑'이었다. 이것이 바로 기독교의 3주덕이다. 이런 바울의 의도를 무시하고 오이코도메를 아레테와 같이 덕이라는 동일한 단어로 해석하는 것은 바울의 생각을 온전히 나타내지 못할 가능성이 있다.

지혜, 용기, 절제, 정의 vs 믿음, 소망, 사랑

고대 그리스 사람들, 특히 플라톤과 아리스토텔레스는 인간의 텔로스에 합치되기 위해 기본적으로 갖추어야 할 덕을 '지혜, 용기, 절제, 정의'로 보았다. 이것이 4주덕(主德)이다. 이 중 지혜는 '지적 덕(아레테)'이고, 나머지는 '도덕적 덕(아레테)'이다. 정의는 다른 사람을 위한 덕인데, 윤리와 도덕에서 정의의 덕이 주된 논점이 되는 것은 바로 그 때문이다. 어쨌든 그리스인들은 이 네 가지 덕이 인간으로서의 아름답고 조화로운 삶을 살아가는 데 기본이 되는 덕이 된다고 보았다(다만 플라톤과 아리스토텔레스가 말한 '정의'와 오늘날 일반적으로 사용되는 '정의'는 엄격히 같은 뜻을 지닌 말이 아니다. 이 부분은 뒤에서 살펴보기로 한다).

신약성경의 많은 부분을 차지하는 바울의 서신서들도 그리스 사상의 기본인 선과 덕의 개념을 전제로 하고 있다. 하지만 바울이 제시한 덕은 '믿음, 소망, 사랑'이라는 3주덕이다. 알래스데어 매킨타이어(Alasdair Macintyre)는 플라톤, 아리스토텔레스의 덕과 바울의 덕의 차이를 다음과 같이 설명한다.

그러나 성서 문화권에서는 아리스토텔레스와는 반대로 다른 하나의 대안적 대응, 즉 용서의 대응이 가능해졌다. … 용서의 실천은 정의의 실천을 전제한다. 그러나 거기에는 결정적인 차이가 있다. 정의는 재판관, 즉 전체 공동체를 대변하는 비인격적 권위에 의해 집행된다. 그러나 용서는 침해를 당한 편에 의해서만 베풀어질 수 있다. 용서 속에 표현되는 덕은 사랑이다. '죄악', '후회' 또는 '사랑'을 정확하게 표현할 수 있는 낱말이 아리스토텔레스 시대의 그리스어에는 없다. 사랑은 물론 성서의 관점에서 보면 목록에 단순히 첨가된 또 하나의 덕만은 아니다. 사랑의 포함은 인간 선의 개념을 철저하게 바꾸어 놓는다. 왜냐하면 선이 성취되는 공동체는 화해의 공동체이어야 하기 때문이다. 그것은 특

별한 종류의 역사를 가지고 있는 공동체이다.[30]

플라톤과 아리스토텔레스의 4주덕은 '시민(부유한 자유인)'이 갖추어야 할 덕이다. 그중에서 가장 중요한 덕은 지혜, 용기, 그리고 절제의 덕을 가능하게 하고 영혼의 모든 부분에 그 나름의 특수한 과제를 할당하는 정의다. 이와 달리 바울의 3주덕과 이에서 파생되는 겸손, 순종, 용서, 화평과 같은 덕들은 가난한 평민이나 노예들이 갖추어야 할 덕으로, 그중에서 가장 중요한 것은 희생과 용서를 전제로 하는 사랑이다.

그런즉 믿음, 소망, 사랑 이 세 가지는 항상 있을 것인데 그중의 제일은 사랑이라(고전 13:13).

그러므로 너희는 하나님이 택하사 거룩하고 사랑받는 자처럼 긍휼과 자비와 겸손과 온유와 오래 참음을 옷 입고 누가 누구에게 불만이 있거든 서로 용납하여 피차 용서하되 주께서 너희를 용서하신 것같이 너희도 그리하고 이 모든 것 위에 사랑을 더하라 이는 온전하게 매는 띠니라(골 3:12-14).

이처럼 바울 서신에는 사랑이 가장 중요한 덕이라는 표현이 빈번하게 등장한다. 또 구약성경에 아주 빈번히 사용되었던 '정의와 공의'라는 용어가 바울 서신에는 거의 등장하지 않는다.[31] 이 점은 뒤에서 보도록 하겠지만, 어쨌든 기독교 공동체는 그리스 윤리의 핵심인 정의를 중심으로 하는 정의의 공동체가 아니라 사랑을 중심으로 하는 사랑의 공동체를 지향하기는 하지만, 공동체 내에서의 정의의 실현을 결코 무시하지 않는다.

체슬리 설렌버거와 선한 사마리아인

그렇다면 '덕'을 갖추었다는 것은 실천적으로 어떤 의미일까? 다시 말해, 그리스의 4주덕을 갖춘 사람과 기독교의 3주덕을 갖춘 사람은 각자의 성품을 삶에서 어떻게 드러낼까? 이 질문은 말로 풀이하는 것보다는 사례를 보여 주는 것이 더 나으리라 생각한다.

먼저, 그리스의 4주덕을 갖추었다는 것이 어떤 상태인지를 가르쳐 주는 사례를 소개한다. 부득이하게 길게 인용함을 양해 바란다.

인품을 가리키는 영어 단어 'character'는 왁스나 금속 혹은 종이 위에 찍는 표지인 스탬프(stamp)를 뜻하는 헬라어에서 파생되었다. 미덕을 가리키는 영어 단어 'virtue'는 강함을 뜻하는 라틴어에서 파생되었고, 사고와 행동으로, 심지어는 감정의 양상들로 발전되는 성품의 강점을 일컫는다. 요점은 이러한 미덕들이 우리 안에서 확고하게 형성될 때, 아주 깊게 찍히면서 우리가 골똘히 그것에 대해 생각을 하든 하지 않든 간에-사실상, 특히 무심결에-우리의 행위 가운데 나타난다는 것이다. … 미덕에 대한 나의 저서 《그리스도인의 미덕》…에서 나는 2009년 1월에 일어난 어떤 극적인 사건을 '미덕'의 고전적 사례로 들었다.

비행기 한 대가 뉴욕시의 라구아디아 공항에서 이륙하여 곧바로 캐나다 거위 떼와 충돌했다. AWE 1549기는 엔진 두 대가 모두 고장이 났고, 기장인 체슬리 설렌버거(Chesley Sullenberger Ⅲ)는 육지로 돌아가야 한다는 것을 곧바로 깨달았지만, 이 경우 가능한 방법이라곤 최악의 상륙 방법 밖에 없다는 것도 순식간에 간파했다. 그것은 바로 허드슨강에 수상 착륙하는 것이었다.

그와 부기장은 수십 가지(어쩌면 수백 가지)의 작고도 중요한 과업들을 단 2분 만에 수행했다. 그들은 몇 가지 시스템들은 닫고 몇 가지 시스템들은 활성화하면서 비행기의 방향을 휙 꺾어서 급격한 원호를 그리게 하고는 속력을 늦추게 하기 위해 뒤로 살짝 기울인 뒤에 앞으로 조금 나아가면서 마침내 안전하게 비행기를 착륙시켰다. 그러고 나서 기장은 물이 차오르는 비행기에서 앞뒤로 걸어 다니면서 모든 사람의 안전을 확인하고는 매서운 추위로 파르르 떨고 있던 어느 승객에게 자신의 셔츠를 벗어 주었다.

당시 어떤 사람들은 이것을 '기적'이라고 불렀다. 글쎄, 나는 결코 기적과 같은 일을 배제하고 싶지는 않다. 하나님은 신비로운 방법으로 움직이신다. 하지만 우리 문화가 '기적'의 범주를 향해 손을 뻗는 것은 우리가 성품의 도전을, 미덕의 도전을 직면하기 꺼리기 때문이라고 생각한다. 그날 일은 30년 이상의 훈련, 학습, 꾸준한 실행의 결과였다. 설렌버거는 무엇을 해야 할지 곰곰이 궁리할 필요가 없었다. 책을 뒤적이거나 조언을 구할 필요도 없었다. 흔히 하는 말로 그것은 그의 '폐부'에 새겨져 있었다. 그리고 그것은 '저절로 나왔다.' 그는 그것을 천성적으로 타

고나지 않았다. 그는 꾸준하고 의도적인 적용을 통해 그것을 습득했다.[32]

다음으로, 기독교의 3주덕을 갖춘 사람을 소개한다. 이런 사람들은 인류 역사상 많이 있지만, 예수가 소개해 준 사례로 대신하겠다. 바로 유명한 선한 사마리아인 이야기다.

어느 날 율법 교사가 예수를 찾아와 어떻게 하면 영생을 얻을 수 있는지 물었고, 그 질문에 예수는 "네 마음을 다하며 목숨을 다하며 힘을 다하며 뜻을 다하여 주 너의 하나님을 사랑하고 또한 네 이웃을 네 자신같이 사랑하라"(눅 10:27)고 대답했다. 그러자 율법 교사는 "그러면 내 이웃이 누구니이까"(눅 10:29)라고 물었고, 그 질문의 답으로 예수는 선한 사마리아인 이야기를 들려주었다.

어떤 사람이 예루살렘에서 여리고로 내려가다가 강도를 만나매 강도들이 그 옷을 벗기고 때려 거의 죽은 것을 버리고 갔더라 마침 한 제사장이 그 길로 내려가다가 그를 보고 피하여 지나가고 또 이와 같이 한 레위인도 그곳에 이르러 그를 보고 피하여 지나가되 어떤 사마리아 사람은 여행하는 중 거기 이르러 그를 보고 불쌍히 여겨 가까이 가서 기름과 포도주를 그 상처에 붓고 싸매고 자기 짐승에 태워 주막으로 데리고 가서 돌보아 주니라 그 이튿날 그가 주막 주인에게 데나리온 둘을 내어 주며 이르되 이 사람을 돌보아 주라 비용이 더 들면 내가 돌아올 때에 갚으리라 하였으니(눅 10:30-35).

그런 다음 예수는 율법 교사에게 "네 생각에는 이 세 사람 중에 누가 강도 만난 자의 이웃이 되겠느냐"(눅 10:36)라고 물었고, 그 물음에 율법 교사는 자존심상 차마 "사마리아인입니다"라고는 대답할 수가 없어 "자비를 베푼 자니이다"(눅 10:37)라고 추상적으로 대답했다. 그러자 예수는 그에게 "가서 너도 이와 같이 하라"(눅 10:37)고 말했다.

예수가 들려준 이야기의 줄거리는 두 갈래로 나눌 수 있다. 첫 번째는 사마리아인이 강도 피해자를 구해 준다는 내용이다. 어떤 유대인이 예루살렘에서 여리고로 내려가다가 강도들을 만나 가진 것을 모두 빼앗기고 두들겨 맞아 죽기 일보 직전의 상태로 길거리에 버려졌다. 이를 본 종교 직무 관련자들이면서 동족인 제사장과 레위인은 그냥 지나쳤지만, 동족이 아닌 사마리아인은 피해자를 구조해 주었다.

두 번째는, 사마리아인이 피해자를 구조하는 내용이다. 사마리아인이 여행 중에 길에 쓰러진 피투성이의 피해자를 보자 불쌍한 마음이 들어 즉시 그에게 다가가 기름과 포도주를 상처에 붓고 천으로 싸맸다. 그런 다음 자기가 타고 있던 짐승에 피해자를 태우고 자신은 걸어서 함께 주막으로 가서 밤새도록 피해자를 간호했다. 그리고 이튿날 자신의 볼일을 보러 가기 전에 주막 주인에게 돈을 주며 피해자를 돌보아 달라고 하면서 돌아오는 길에 다시 들를 테니 그 돈으로 부족하다면 추가로 비용을 지급하겠다고 약속했다.

'내 이웃이 누구인가'라는 질문의 답변으로 제시한 사마리아인 이야기에서 예수가 가르치고자 하는 바는 두 가지다. 먼저, 이웃의 경계를 만들지 말라는 것이다. 신분과 정체성은 삶의 경계를 만들고,

경계는 영역을 경계의 안과 밖으로 나누어 안쪽은 포용하고 바깥쪽은 배제하게 만든다. 사마리아인은 이웃의 경계가 없는 사람이었다. 자신을 기준으로 서로 돕고 도와주는 사람을 이웃으로 보지 않고, 자신이 이웃 사랑을 실천할 수 있도록 상대방이 되어 주는 모든 사람을 자신의 이웃으로 보았다.

다음으로는, 탁월한 성품으로 자신을 완성하라는 것이다. 사마리아인은 내 민족이 아니라고 변명하거나 골치 아픈 일에 개입되기 싫다는 이유로 강도 피해자를 모른 척하지 않았다. 자신의 업무를 잠시 미루고 위급한 사람을 돌보아 줄 정도의 여유와 품격이 있었고, 선을 베풀되 한 치의 주저함이나 거침이 없이 실행하는 탁월한 성품을 지녔다. 다시 말해, 사마리아인이 보여 준 일련의 행위는 그의 탁월한 성품인 덕을 드러내는 것이었다. 타고난 천성인지 아니면 후천적으로 습득한 제2의 천성인지 구분되지 않을 정도로 사마리아인의 성품은 그의 영혼에 깊이 새겨져 있었다. 늘 율법(토라)을 연구하는 제사장과 레위인의 성품은 그의 성품에 비교할 수 없는 차원이었다.

결국, 예수가 사마리아인 이야기를 통해 가르치고자 한 바는 영혼에 탁월한 성품을 새겨 언제 어디서나 그것이 발현될 수 있도록 하라는 것이다. 인간이 죽어 천국에 갈 때 살면서 성취한 물질적인 것들은 모두 땅에 둔 채 생애의 기억과 삶에서 성취한 성품만 가지고 간다. 이는 부활 때에도 마찬가지다. 만약 영혼이 기억과 성품조차 없는 상태로 천국에 간다면, 그러한 영혼들이 모인 천국은 서로 구분되지 않는 동일한 유령들이 집단적으로 모인 곳일 뿐이어서 갈망하며 가고 싶은 생각은 없다.

　반대로 이처럼 천국에 갈 때 우리 생애의 기억과 성품을 가져가야 한다면, 반드시 염두에 두고 있어야 할 것은 땅에서 성실하고 바른 삶을 살아야 한다는 것이다. 우리는 이 땅에 사는 동안에는 성품의 궁극적 성취 기준인 텔로스에 도달할 수 없으나, 천국에 가면 미완성의 성품을 완성할 수 있다. 그렇다고 해도 조금이라도 더 의미 있고 행복한 삶을 누리려면 가능한 한 성품의 탁월한 상태에 도달하기 위해 자신을 갈고닦아야 한다.

선과 덕은 정의의 심장이다

　인간에게 텔로스는 '인간 본연의 본성이나 기능' 또는 '인간의 궁극적·객관적 성취 기준'이라고 할 수 있으므로, 덕을 연마하여 인간의 텔로스를 이루겠다는 것은 궁극의 인간성을 완성하겠다는 뜻이다. 하지만 궁극의 인간성의 모습이 무엇인지는 의견이 일치하지 않는다. 개별 인간의 가치관이나 그가 속한 공동체에 따라 천차만별이다.

　이러한 상황에서 개별 인간이 자신의 텔로스를 이루기 위해서는 자신이 누구인지부터 먼저 파악해야 한다. 다시 말해, 인간의 텔로스를 이루기 위해서는 먼저 개별 인간의 정체성부터 파악해야 한다는 것이다. 정체성을 파악하고 나야 자신이 궁극적으로 이루어야 할 인간성이 무엇인지를 알 수 있게 되기 때문이다. 소크라테스(Socrates)가 "너 자신을 알라"고 한 것도 이러한 의미로 이해할 수 있다.

　아레테와 텔로스를 논하는 사람들은 자신이 지향하는 궁극의 인간상을 전제로 한다. 호메로스(Homeros)의 《일리아스》와 《오디세이아》에서 지향하는 인간은 국가와 공동체의 안위를 보장하는 좋은 전사와 왕이고, 아리스토텔레스가 지향하는 인간은 폴리스라는 공동체를 이루는 좋은 시민(자유인)이다. 소크라테스의 경우, 그는 자신을 말이 잠들지 못하도록 성가시게 하는 등에(쇠파리) 같은 존재라고 표현했다. 플라톤이 지향하는 인간은 철학자이고, 공자가 추구하는 이상적인 인간은 군자다. 중세 봉건 시대에 일반적으로 지향하는 인간은 신민이었으나, 근대 계몽주의 시대 이후로는 시민, 인민 또는 국민으로 대체되었다. 마르크스(Marx)가 지향하는 인간은 프롤레타리아(proletariat)라 할 수 있고, 니체(Nietzsche)가 목적하는 인간은 초인(Übermensch)이다. 한편, 기독교가 지상에서 지향하는 인간은 하나님의 아들 예수 그리스도의 제자다.

이렇게 궁극의 인간상을 전제하고 나면, 당연히 궁극의 본성을 이루기 위한 덕의 모습이 달라질 수밖에 없음은 논리적으로 당연하다. 도시 국가인 폴리스 시대에 살았던 아리스토텔레스는 좋은 시민이 갖추어야 할 덕으로서 4주덕을 내세웠고, 헬라-로마 시대(알렉산드로스 대왕 이후 로마 공화제 폐지까지의 시기)에 살았던 사도 바울은 기독교 공동체의 구성원이 갖추어야 할 덕으로 3주덕을 가르쳤다. 로마가 황제에 의해서 통치되는 제국으로 정치 체제를 바꾸고 기독교를 공인하고 난 이후 토마스 아퀴나스는 정치와 종교가 통합된 사회에서의 신민이 갖추어야 할 덕으로서 그리스의 4주덕과 바울의 3주덕을 통합한 7주덕을 내세웠다.

덕의 상실(After Virtue)

안타깝게도 종교개혁과 르네상스 이후 근대 계몽주의 시대가 되어 신의 존재에 대한 거부 및 회의와 중세 가톨릭 사회에 대한 거부 반응으로 조화로운 사회를 지향하는 기독교적 사회의 핵심 사상인 선과 덕의 윤리가 사상계에서 거의 자취를 감추게 되었다. 이와 더불어 정의의 영역에서는 '선이 없는 정의론'이, 법 영역에서는 공동선과 개인선을 대신하여 '공익과 사익'이 논쟁의 중심에 서게 되었다. 이러한 사태를 한마디로 표현해주는 것이 매킨타이어의 책 제목처럼 '덕의 상실(After Virtue)'이다.

어쨌든 선과 덕을 잃어버렸다는 것은 인간관과 세계관의 큰 변화를 의미한다. 그 결과로 인간과 공동체에 해결이 쉽지 않은 수많은 병폐가 발생했다. 이러한 병폐를 해결하기 위해서는 잃어버린 선과 덕을 회복시켜야 한다는 주장이 계속 제기되어 왔다.

공동체를 위한 이해 4단계 : 4주덕과 3주덕
- 좋은 시민이라면 '지혜, 용기, 절제, 정의'의 4주덕을 갖추어야 한다.
- 그리스도인이라면 '믿음, 소망, 사랑'의 3주덕을 갖추어야 한다.
- 기독교는 정의의 공동체를 넘어서는 사랑의 공동체다.

문제의식 4
- 믿음, 소망, 사랑의 덕을 갖춘 사람들은 구체적으로 어떤 성품을 보여 주어야 하는가? 당신의 삶에서 덕은 어떻게 드러나고 있는가?

5장

잃어버린
선의 회복

—

앞서 보았듯이 '본래적 선(본질적인 선)'은 그 자체로 선택될 뿐 다른 것 때문에 선택되는 일이 없는 선이고, '수단적 선(도구적인 선)'은 다른 것 때문에 선택되는 선이다.

본래적 선이 있어야만 다른 선한 것이 존재할 수 있고, 본래적 선으로 말미암아 다른 선한 것이 저마다의 완성을 향해 나아갈 수 있다. 본래적 선은 다른 선을 더 이상 보탤 필요가 없을 뿐만 아니라 다른 선에 의존하지 않는 충만한 경지이기 때문에 '최고선(最高善)', '절대선(絶大善)', '지고선(至高善)'이라고 한다. 본래적 선은 수단적 선을 받아들이기보다는 오히려 수단적 선을 발현하는 근원이 된다. 하지만 본래적 선인 최고선을 수용하거나 사랑하게 되면 우리는 변화할 수 있고, 나아가 수단적 선을 거부할 수도 있다.[33] 본래적 선은 아리스토텔레스에게는 에우다이모니아이고, 공리주의자에게는 쾌락이며, 기독교에서는 하나님이다.

그렇다면 덕은 본래적 선과 어떤 관계일까? 아리스토텔레스는 "덕성은 행복이라는 최고 목적을 달성하는 수단이기도 하지만, 그 자체로도 최고선의 부분이며, 그러한 만큼 그 자체로도 목적"이라고 말한다.[34]

결국 선은 가치의 문제다

선은 '외면적 선'과 '내면적 선'으로 구분할 수 있다. 매킨타이어에게 '외면적 선'은 사회적 상황의 우연한 사건을 통해 우리의 행위나 다른 '실천'[35]들과 외면적으로 결합된 선들을 의미하고, '내면적 선(내재적 선)'은 문제 되는 실천에의 참여 경험을 통해서만 획득될 수 있는 선을 의미한다.[36] 매킨타이어의 설명을 보기로 하자.

체스 경기를 통해 획득할 수 있는 두 가지 종류의 선(가치)들이 있다. 한편으로는 사회적 상황의 우연적 사건들에 의해 체스 경기 및 다른 실천들과 외면적으로 결합되어 있는 선들이 있다. … 가상의 아이의 경우에는 사탕들이며, 실제의 어른들의 경우에는 특권, 지위와 돈과 같은 것들이다. 그러한 선들을 성취할 수 있는 대안적 방법들이 항상 존재하며, 이러한 성취는 결코 특정한 실천과 결합되어 있는 것은 아니다.
다른 한편으로는 체스 경기의 실천에 내재하고 있는 선들이 있다. 그것들은 오직 체스 경기를 하거나 또는 이런 종류의 다른 경기를 함으로써만 획득될 수 있는 것이다. 우리는 이 선들을 두 가지 이유에서 내재적인 것이라고 부른다. 첫째, 우리는 그것들을, 우리가 암시한 바와 같이 체스 또는 이런 종류의 다른 경기의 의미에서만 그리고 이러한 경기들로부터의 예의 도움을 통해서만 정확하게 규정할 수 있기 때문이다. … 둘째, 그것들은 문제 되고 있는 실천에의 참여 경험을 통해 규정되고 인식될 수 있기 때문이다. 그렇기 때문에 이에 상응하는 경험을 갖지 못한 사람은 내재적 가치를 판단할 수 있는 능력이 없다.[37]

매킨타이어는 두 가지 선의 차이점을 다음과 같이 설명한다.

내가 외면적 선들이라고 명명한 것들의 특징은, 그것들이 성취되었을 때 그것들은 항상 그것들을 성취한 사람의 소유라는 사실이다. 그 밖에도 어떤 사람이 그것을 가지면 가질수록 다른 사람이 가질 수 있는 것은 더욱더 줄어든다는 것이 외면적 선들의 특징에 속한다. … 그렇기 때문에 외면적 선들은 전형적으로 승리자뿐만 아니라 패배자가 있는 경쟁의 대상들이다.

내재적 선들은 실제로 탁월하고자 하는 경쟁의 결과이다. 그러나 그것의 성취가 실천에 참여하는 전체 공동체에 대한 하나의 선이라는 사실이 내면적 가치들의 특징이다. … 다른 말로 표현하면, 우리는 정의, 용기, 정직의 덕들을, 내재적 선들과 탁월성에 대한 척도를 갖고 있는 모든 실천의 필연적 구성 요소로서 수용해야만 한다. 왜냐하면 이를 수용하지 않는다는 것, 우리의 가상적 아이가 장기 게임을 처음 시작하면서 속이려는 것처럼 속일 준비가 되어 있다는 것은 우리로 하여금 탁월성에 대한 척도들을 충족하지 못하게 하거나 실천에 내재적인 선들을 성취하지 못하도록 만든다. 그렇게 되면 외면적 선들을 성취하는 수단으로서의 경우를 제외하고는 아무런 의미가 없게 된다.[38]

요약하면, 외면적 선들은 타자와 겨뤄 이겨야만 '소유'할 수 있는 것이고, 내면적 선들은 궁극의 완성을 향한 자신과의 경쟁을 통해 성취되는 것이다.

외면적 선들에는 생명, 자유, 소득과 부, 권리와 의무, 권력과 기회, 공직과 영광 등이 포함되고, 이를 '사회적 가치'라고 부른다. '외적 규범'인 도덕이나 실정법도 특정 사회가 이러한 외면적 선(가치)들 중 무엇을, 얼마나 보호하는지를 보여 주는 것이므로 외면적 선(가치)으로 보아도 될 것이다.

내면적 선들은 덕들(또는 덕목*) 없이는 인식될 수 없는 실천에 내재한 선들을 의미한다. 덕을 지녀 내면적 선을 이룬 사람은 인간 본연의 목적인 최고선으로 안내해 주는 내비게이션인 내적 규범을 가지고 있다고 할 수 있다. 내적 규범은 선(가치)들을 선호하고 애호하는 일종의 '가치관'이라 할 수 있으므로, 결국 선의 문제는 가치의 문제가 된다.

---

* 덕을 논하는 사람들은 덕의 위계질서를 논하는 경향이 있는데, 우선시되고 상위에 위치되는 덕인 '주덕(主德)' 또는 '기본적인 덕'의 내용은 사람들에 따라 다르다. 이를 전제로 하면 덕은 '주덕'과 '주덕에 포함되지 않는 덕' 또는 '부수적인 덕'으로 구분할 수 있다. 이 점을 감안해 주덕을 포함한 모든 덕을 아우르기 위해 '덕목(德目)'이라는 용어를 사용했다.

덕 윤리와 선이 있는 정의론을 회복하라

다시 플루트의 예를 들면, 플루트를 음악 연주에 사용하는 것은 그 존재의 텔로스(내적 목적)에 합치되므로 선(미덕)이 되고, 마시멜로를 굽기 위한 도구로 사용하는 것은 그 존재의 텔로스에 합치되지 아니하므로 악(악덕)이 된다고 할 수 있다. 이러한 배경하에서 현대 정의론자 중에는 텔로스 개념을 도입해 정의론이나 윤리 문제를 논하기도 한다. 이런 정의론자들은 계몽주의 시대 이후 잃어버린 선을 회복하고자 하는 자들이라고 할 수 있다.

이들을 따라 텔로스를 매개 개념으로 선과 악의 기본 개념을 규정해 보면, 선(좋음)은 존재의 텔로스인 최고선에 합치되거나 참여하는 것이고, 그렇지 않은 경우는 악이라고 하게 된다. 텔로스를 전제하는 자들은 정치학의 주된 과제라고 할 수 있는 정의론과 관련해서는 '선이 있는 정의론'을 주장하고, 윤리학에서는 '덕 윤리(Virtue Ethics)'를 주장한다. 선이 있는 정의론에 대항해서는 선이 없는 정의론과 공리주의적 정의론이 있고, 덕 윤리의 반대편에는 의무주의 윤리(Deontological Ethics)와 공리주의 윤리가 있다.

2부에서 보겠지만, 사회 정의의 문제를 다루는 세 가지 접근 방법이 있다. 첫 번째는 덕으로서의 정의론이고, 두 번째는 실현으로서의 정의론이며, 세 번째는 제도로서의 정의론인데, 현대 주류는 제도로서의 정의론이다. 이에 대해 매킨타이어는 아무리 제도를 완벽하게 만들더라도 그 제도를 이용하는 구성원들이 도덕적으로 올바르지 못하다면, 제도는 부패해져 갈 수밖에 없어 온전한 정의는 실현하기가 어렵다는 취지로 주장한다.

체스 클럽, 실험실, 대학들, 병원들은 제도들이다. 제도들은 특징적으로 그리고 필연적으로 내가 외면적 선들이라고 명명했던 것에 종사한다. 그들은 돈과 다른 물질적 선들을 획득하는 데 전념한다. 그들은 권력과 지위의 범주에 따라 구조되어 있으며, 돈과 권력과 지위를 보상으로서 분배한다. 그들은 자신뿐만 아니라 그들이 행사하는 실천을 보존해야 할 때에도 달리 행할 수 없다. 왜냐하면 어떤 실천도 장기적으로는 제도 없이는 유지될 수 없기 때문이다.

실천과 제도의 관계는-그리고 이에 상응하여 외면적 선들과 문제 되고 있는 실천에 내재적인 선들과의 관계는-실제로 너무 밀접해서, 제도들과 실천들은 특징적이게도 하나의 인과적 질서를 형성한다. 이 질서 내에서 실천의 이상들과 창조성은 항상 제도의 탐욕에 의해 피해를 받기 쉬우며, 또 실천의 공동선에 관한 협동적 관심은 항상 제도의 희생물이 되기 쉽다.

이러한 맥락에서 덕들의 본질적 기능은 분명하다. 그것들이 없다면, 즉 정의와 용기와 진실성이 없다면 실천들은 부패시키는 제도들의 힘에 저항할 수 없을 것이다. … 실천의 완전성은 이 실천을 자신의 활동을 통해 구현하는 몇몇 개인들에 의한 덕의 실행을 인과적으로 요청한다. 이와는 반대로 제도들의 부패는 항상 부분적으로는 적어도 악덕의 결과다.[39]

그리고 그는 덕으로서의 정의를 부각시키면서 덕이 사라지면 외면적 선들, 다시 말해 분배 정의의 대상이 되는 사회적 가치를 획득하려는 탐욕적인 경쟁을 멈출 수 없게 됨으로써 오히려 정의의 실현에 장애가 초래될 것이라고 한다.

덕들 없이는 내가 외면적 선들이라고 명명한 것만이 실천의 맥락에서 인식될 뿐이지 실천에 내재하는 선들은 결코 인식되지 않는다는 사실을 나의 명제는 함축하고 있다. 그리고 오직 외면적 선들만을 인정하는 모든 사회에서 경쟁은 지배적인 특징일 뿐만 아니라 유일한 특징일 수 있을 것이다. 우리는 이와 같은 사회에 관한 훌륭한 서술을 자연 상태에 관한 홉스의 설명에서 발견한다. … 따라서 덕들은 외면적 선과 내재적 선에 대해 다른 관계를 갖고 있다. 덕의 소유는-단지 덕의 모습과 가상의 소유뿐만 아니라-후자를 성취하는 데 필수적이다.
그러나 덕의 소유는 우리가 외면적 선들을 성취하는 것을 철저하게 방해할 수도 있다. 나는 여기서 외면적 선들이 실제적인 선들이라는 점을 강조할 필요가 있다. 그것들은 인간 욕망의 전형적인 대상들인-정의와 관대의 덕들에 의미를 부여하는 것은 바로 이 대상들의 분배다-것만은 아니다. 어느 누구도 어느 정도 위선적이지 않고서는 이 대상들을 완전히 경멸할 수 없다. 그러나 진실성, 정의, 용기의 수양이 종종-세상이 실제로 어떻든 간에-우리가 부유해지거나 유명해지거나 또는 권력을 갖게 되는 것을 방해한다는 것은 익히 알려진 사실이다. 우리가 덕들을 소유함으로써 설령 탁월성의 척도와 특정한 실천에 내재하는 선들을 성취하고 또 부유해지고 유명해지고 권력을 갖게 되기를 바란다고 할 지라도, 덕들은 항상 이 유쾌한 열망에 장애물이다. 그렇기 때문에 우 리는 특정한 사회에서 외면적 선들에 대한 추구가 우세하게 된다면, 덕 들의 개념이 처음에는 마모되었다가-설령 덕의 환영물이 흘러넘친다 고 할지라도-거의 소멸될 수 있다는 사실을 예상해야 한다.[40]

끝으로, 매킨타이어는 정부와 법이 도덕적으로 중립을 지켜야 한 다는 '자유주의'[41]에 반대하며 공동체가 덕의 함양을 위해 노력해야 한다고 주장한다. 개인의 자아 유지를 위한 '자기 결정권'을 강조하 는 자유주의 윤리로 인해 사회문화에 퇴폐적 현상이 심화되어 왔다 는 비판이 제기되었다. 특히 일본 지바대학 철학과 교수 가토 히사 다케(加藤尚武)는 자유주의의 문제점을 다음과 같이 지적한다.

자유주의란 요컨대 '타인에게 해를 끼치지 않는다면 무엇을 해도 좋다' 는 사상이다. 밀실에서 포르노를 본다든가, 위험한 스포츠를 한다든가, 종교상의 이유로 수혈을 거부한다든가 하더라도 자기 결정권이 최고 원리이므로 인격의 완성 목표, 만인이 지녀야 할 미덕의 목록 등은 필 요 없게 된다. … 바꿔 말하면 자유에는 문화의 질을 향상시키는 요인 이 있다고 믿었던 밀의 계몽주의는 엄청난 오산이었다는 것이다. 오히 려 '타인에게 폐를 끼치지 않는다면 무엇을 해도 좋다'는 자유의 공허 함(부정성, 否定性)은 문화를 퇴폐와 혼미로 이끌고 있다.[42]

이러한 자유주의 윤리의 병폐를 극복하기 위해 공동체주의자로 분류되는 매킨타이어는 이른바 '덕의 윤리' 및 '선이 있는 정의론'이 부활해야 한다고 주장한다. 덕의 윤리 및 선이 있는 정의론은 공동체의 선(특히 공동체의 외적 규범인 도덕과 실정법)을 개인의 내적 규범인 선(가치)이나 덕으로 내면화하는 문제도 윤리와 정의의 문제에서 중요하게 다루어져야 한다고 주장한다.

자유주의적 개인주의에 있어서 공동체는 단지 모든 개인이 스스로 선택한 자신의 '좋은 삶'의 생각을 추구하는 무대다. 그리고 정치적 제도들은 이와 같이 자유롭게 선택된 활동을 가능하게 하는 정도의 질서를 제공하기 위하여 존립한다. 정부와 법은 인간에게 좋은 삶에 관한 경쟁적 개념들 사이에서 중립적이며, 또 중립적이어야 한다. 법 준수를 조성하는 것이 국가의 과제라고 할지라도, 자유주의적 관점에서 보면 누군가에게 도덕적 태도를 심어 주는 것은 국가의 정당한 기능에 해당하지 않는다.

이와는 반대로 내가 서술한 고대 및 중세의 시각에서 보면 정치적 공동체는 자기 자신을 유지하기 위하여 덕들의 실행을 요청할 뿐만 아니라, 아이들을 덕을 갖춘 성인으로 키우는 것은 권위 있는 성인들의 과제에 속한다. 이러한 유비(類比)에 관한 고전적인 발언은 《크리톤》에서의 소크라테스에 의한 것이다. 정치적 공동체와 정치적 권위에 관한 소크라테스의 견해를 수용한다고 해서 소크라테스가 국가와 법에 부여한 도덕적 기능을 우리가 현대 국가에서 배정해야 한다는 결론이 도출되는 것은 아니다.

자유주의적 개인주의의 관점의 힘은 부분적으로는 현대 국가가 실제로 공동체의 도덕적 교육자로 기능하기에는 전적으로 부당하다는 명백한 사실에서 추론된다. 그러나 현대 국가 생성의 역사는 물론 그 자체는 하나의 도덕적 역사다. 만약 덕들과 실천과 제도들의 관계에 관한 나의 서술이 옳다면, 만약 이 역사가 동시에 덕들과 악덕들의 역사가 아니라면 우리는 실천과 제도들의 진정한 역사를 기술할 수 없다는 결론에 도달한다. 왜냐하면 자신의 통합성을 보존할 수 있는 실천의 능력은, 덕들이-실천의 사회적 담지자인-제도적 형식의 보존에 실행될 수 있고 또 실행되는 방식에 의존하기 때문이다.[43]

공동체를 위한 이해 5단계 : 외면적 선과 내면적 선

- 외면적 선은 경쟁에서 이겨야 소유할 수 있는 것으로 사회적 가치라고 한다.
- 내면적 선은 덕목 없이는 인식될 수 없는 실천에 내재한 선을 의미하는, 일종의 가치관이다.
- 선의 문제는 가치의 문제라고 할 수 있다.

문제의식 5

- 정의의 실현을 위해 내면의 덕을 함양하는 것이 왜 중요한가?

6장
—

공동선,
좋은 삶을 향한 모두의 노력

—

대니얼 디포(Daniel Defoe)가 쓴 소설 《로빈슨 크루소》(Robinson Crusoe)의 줄거리는, 선원인 로빈슨 크루소가 항해 중 배가 좌초된 탓에 홀로 무인도에 상륙하여 생활을 시작했는데, 어느 날 무인도 주변의 섬에서 생활하는 원주민 한 사람을 죽음의 위기에서 구해 주고, 그날이 금요일이라 원주민의 이름을 '프라이데이(Friday)'로 지어 준 다음, 함께 생활하다가 무인도에서 탈출해 고향으로 귀환한다는 것이다.

생면부지의 두 사람이 우연히 무인도에서 만난 경우, 그들이 선택할 수 있는 삶의 방식은 크게 두 가지일 것이다. 첫 번째는, 무인도가 충분히 넓고 서로의 도움이 없이도 살아갈 수 있는 환경이 된다고 판단하고, 두 사람이 섬을 반씩 나누어 각자 독립적인 삶을 살아가는 것이다. 두 번째는, 보다 나은 선(좋음)을 위해 공동체 생활을 하는 것이다.

각자 독립적인 삶을 살기로 정한 것도, 공동체를 이루어 살기로 정한 것도 모두 약속(사회 계약론자에 따르면 사회 계약)에 해당하는데, 위와 같은 약속에서 당연히 전제되는 것은 "어떤 것을 선택하는 것이 당사자에게 선(좋음)이 되는가"이다. 각자 단독으로 살아가기로 한 경우는 그것이 자신들에게 더 좋다고 생각했기 때문이고, 공동체를 이루기로 한 경우도 그것이 자신들에게 더 좋다고 생각했기 때문이다.

위에서 본 것처럼, 두 명 이상의 사람이 만난 경우에는 그 관계가 느슨한지 강한지의 차이에 불과할 뿐, 반드시 선의 문제가 발생한다. 다시 말해, 인간들 사이의 관계가 있어야 사회(공동체)가 형성되고, 선의 문제가 발생하게 되는 것이다. 신과 인간과 자연 사이의 관계도 마찬가지다. 신에 의해 인간과 자연이 창조되는 순간, 신과 인간과 자연 사이에는 관계가 성립되었고, 그로 인해 선의 문제도 발생하게 되었다. 결국, 선의 문제는 존재 사이의 관계에서 비롯되는 문제다.

개인선과 공동체의 선

인간의 경우 존재의 텔로스(목적)에 근접할수록 그 본래적인 선은 더 잘 드러난다. 따라서 개인이 성취할 수 있는 선의 최대치는 그 존재의 텔로스에 합치되는 것이고, 그로 인해 인간은 자신의 존재를 완성하게 된다. 인간은 전적 타락 상태에 있기 때문에 시공간 세계의 삶에서 지속적으로 존재의 텔로스에 합치되기가 어렵다. 하지만 훈련과 실천으로 어느 정도 정신과 영혼의 평정 상태에 이르는 선을 성취할 수는 있다.

한편, 공동체 내에서 개인은 그가 성취한 내면적 선(가치)에 대해서는 누구의 간섭을 받지 않아도 되고, 타인의 선을 침해하지 않는다면 내적 규범이 되는 자신의 가치관에 따라 자유로운 삶을 선택할 수 있다. 또한 외면적 선(가치)에 대해서는 배타적·독점적으로 누릴 수 있다. 이처럼 개인이 독점적으로 추구하고 향유하는 선을 '개인선'이라고 한다.

한편, 공동체의 경우에도 공동체마다 공동의 목적을 가지고 있고, 공동체가 그 목적에 부합할수록 그 본래적 기능을 다하고 있다고 할 것이다. 따라서 개인에게 개인선이 있듯이 공동체에는 '공동체의 선'이 있다고 할 것이다.* 공동체의 선에는 공동체가 지향하는 '공동체의 목적(텔로스)'과 그 목적을 달성하기 위한 수단으로서의 선인 '공동체의 환경'이 있다.

먼저, 공동체의 목적을 보자. 공동체의 내면적 선에 해당하는 공동체의 목적이 무엇인지는 사람마다 의견이 다양하나, 크게 구분하면 번영, 공정, 시민적 덕성으로 나눌 수 있다.[44]

공동체의 목적을 번영과 공정에 두는 입장은 '자유주의'로, 그중 번영을 강조하는 입장을 '자유지상주의적 자유주의'라고 하고, 공정

---

* 사도 바울도 표현은 다르지만 '개인선'과 '공동체의 선'을 염두에 둔 것으로 생각된다. 사도 바울은 고린도교회 성도들에게 보내는 편지에서 "방언을 말하는 자는 자기의 덕을 세우고 예언하는 자는 교회의 덕을 세우나니"(고전 14:4)라고 했는데, 여기서 '자기의 덕(오이코도메)'은 개인선으로, '교회의 덕(오이코도메)'은 공동체의 선으로 바꾸어서 읽어도 그 뜻은 크게 훼손되지 않는다.

을 강조하는 입장을 '평등주의적 자유주의'라고 한다. 그런데 자유주의는 원칙적으로 공동체 생활을 통한 공동체 구성원의 덕성 함양은 공동체의 목적에서 배제한다. 왜냐하면 이 자유주의에 따르면 공동체 구성원 각자는 공동체의 성립 이전인 자연 상태로 존재하는 자유롭고 독립적인 자아, 이른바 '무연고적 자아(unencumbered self)'이기 때문에 공동체의 억압에서 벗어나 자발적으로 자신의 가치와 목적을 선택할 수 있게 해야지, 공동체가 여기에 개입해서는 안 된다는 것이다.

그 논리적 귀결은 공동체가 그 구성원에 대한 도덕적 중립 의무를 져야 한다는 것이다. 그런데 구체적으로 무엇에 대해 중립을 지켜야 할지는 자유주의자들 사이에 견해가 나뉜다. 자유지상주의적 자유주의자는 원칙적으로 국가에 대해 시장뿐만 아니라 도덕적 중립까지도 요구하나, 일부 사람들은 도덕 문제에 대한 국가의 개입은 인정해야 한다고 주장한다. 한편, 평등주의적 자유주의는 국가에 대해 도덕적 개입은 인정하지 않지만, 시장에 대한 개입은 허용한다.

그러나 '공동체주의'는 공동체의 목적에 시민적 덕성 함양도 포함시킨다. 그 이유는 공동체주의가 자유주의와는 다른 자아관을 전제로 하기 때문이다. 인간이 사회적 존재임을 전제로 하는 공동체주의는 공동체의 개개 구성원은 공동체 및 공동체의 나머지 구성원들과 분리해서는 온전히 파악할 수 없는 자아, 이른바 '연고적 자아

(encumbered self)'를 가지고 있다고 본다.* 이로 인해 공동체주의는 공동체의 목적에 공동체의 번영과 공정 외에 공동체 구성원 개개인의 행복 달성에도 관심을 보이게 된다.

다시 말해, 공동체주의에서는 공동체가 그 구성원을 공동체 활동에 자발적으로 참여시켜 그들로 하여금 인격이나 덕성을 함양(형성)하도록 만드는 역할을 수행해야 한다. 왜냐하면 공동체에서 무엇보다 중요한 것은 바로 공동체의 구성원이기 때문이다. 이를 '형성적 기획'이라고 한다.[45] 따라서 공동체주의는 국가의 중립성 테제를 비판한다. 특히 미국 정치철학자 마이클 샌델(Michael Sandel)은 국가의 시장 문제의 개입뿐만 아니라 도덕적 문제의 개입도 적극적으로 허용해야 한다고 주장한다.

---

* 인간이 '연고적 자아'인지 '무연고적 자아'인지에 관한 자유주의와 공동체주의의 대립은 '인간관' 또는 '자아관'에서 비롯된다. 자유주의는 '고립된 존재가 자신의 독립된 판단이나 선택에 따라 사회관계에 참여하는 사회 계약론적 인간관'을 주장한다. 이러한 인간관을 가진 사람들은, 특히 존 롤스는 인간이 '원초적 상황'에서 국가와 사회에서 고립된 채 공동체의 성립 이전에 이미 자유롭고 독립적으로 정체성을 형성하고 있다고 하게 된다. 이른바 '무연고적 자아관'이다. 그러나 공동체주의는 자유주의의 무연고적 자아관이 현실에 부합하지 않는다고 비판하며, 인간은 공동체를 떠나서는 정체성을 형성할 수 없고, 공동체 구성원과의 관계를 통해서만 정체성을 형성하고 찾을 수 있다고 주장한다. 이른바 '연고적 자아관'이다. 이처럼 공동체주의자들의 자아관은 '연고적 자아관'으로 묶을 수 있지만, 좀 더 들여다보면 학자마다 거기에 담는 내용이 조금씩 다르다는 것을 알게 된다. 먼저, 샌델은 연고적 자아를 공동의 목적이나 정서에만 묶여 있는 자아가 아니라, 개인이 선택하거나 발견한 다양한 결합 관계에 의해 형성되는 정체성을 바탕으로 하는 '상황적 자아(situated self)'라고 하고, 다음으로, 매킨타이어는 인간은 공동체의 다양한 설화(서사)들 속에서 규정되고 교육되는 '서사(설화)적 자아(narrative self)'라고 하며, 끝으로 왈쩌는 인간은 관심과 사회적 역할, 역사적 문화적 상황, 추구하는 이상과 원칙과 가치들에 따라 다양하게 분화되는 '분할적(분화적) 자아(the divided self)'라고 한다.-윤진숙 '마이클 왈쩌의 다원적 정의론' <법학논총 17집>(숭실대학교 법학연구소), 197-199쪽.

다음으로, 공동체적 환경을 보자. 개인에게 주어진 생명, 자유, 재산을 정당하게 향유하도록 하고, 시민적 덕성을 형성하기 위해서는 외면적 선으로서 공동체적 환경이 조성되어야 한다. 그러한 환경에는 도로, 교통 시설, 공원과 같은 물적 환경과 정치 제도, 공직 제도, 경제 제도, 교육 제도, 종교 제도 등과 같은 사회 제도적 환경이 있다. 공동체의 목적을 선언하고, 개인들이 분배받은 사회적 가치를 향유함에 있어 한계를 설정하며, 공동체적 환경을 조성하고 규율하기 위해서는 '규범'이 필요하다. 공동체가 정립하는 규범에는 도덕과 실정법이 있다. 외적 규범인 도덕과 실정법도 일종의 사회 제도적 환경이라고 할 수 있고, 공동체가 만들어 내는 선 중 가장 중요한 선이라고 생각한다.

환경으로서의 공동체의 선은 원칙적으로 개인이 그것을 독점적·배타적으로 누릴 수 없다. 하지만 이는 그것의 일시적 독점권까지 부인하는 뜻은 아니다. 예를 들어, 공동체가 만든 공원 의자에 한 사람이 잠시 쉬는 경우에 다른 사람이 그 자리를 비켜 달라고 강제할 수는 없다. 하지만 노숙자가 그 의자를 수년간 독점하며 사실상 주거로 사용하는 경우에는 공동체의 권위를 빌려 의자를 비워 달라고 요구할 수 있다. 일시적 독점적 사용이 가능한 공동체의 선의 경우에는 그 사용에 있어 공동체 구성원의 도덕성이 절실히 요청된다.

공동체의 선을 이루는 데 기여하지 않는 무임승차자가 많아지고 공동체의 선을 사용하는 데 이기적인 사람들이 늘어나면 '공유지의 비극 (Tragedy of the commons)'[46]이 초래된다. 이를 막기 위해서는 규범(도덕과 실정법)의 윤리화 또는 내면화가 필요하다. 규범, 다시 말해 도덕과 실정법의 윤리화*는 공동체가 만든 외적 규범인 도덕과 실정법을 개인의 내적 규범인 선(德)으로 승화시키는 것이다.[47] 이것은 가치와 규범의 충돌 문제를 해결하는 데 매우 중요한 테제다(이는 3부에서 살펴보기로 한다).

개인이 성취한 개인선이 공동체의 목적 달성에 기여하는 경우가 있는데 이런 경우 공동체가 성취한 선의 총화는 증대된다.[48] 그중에는 예를 들어, 사적으로 도로를 개설하여 공동체를 위해 제공한 경우처럼 개인의 배타적·독점적 향유권이 배제되는 경우가 있을 것이다. 이런 경우는 개인선이 공동체의 선으로 전환된다. 한편, 공동체도 자신의 존재 목적을 이루기 위해 성취해야 할 목적이 있다. 이는 구성원이 합심해 목적을 향해 나아갈 때 이루어지므로 공동체의 선은 개인적 욕망과 이해관계의 합계에 선행하고, 또 이와 관계없이 규정될 수 있는 선이다. 공동체의 목적, 다시 말해 가치 지향은 도덕률이나 법으로 표현되는데, 이는 공동체 구성원 사이에서는 외적 규범으로 작용한다.

인간은 우리가 생각하는 만큼 이기적이지 않다. 신약성경에서 헌금함에 두 렙돈을 넣은 가난한 과부처럼 자신이 이룬 선이 적은 것이라고 하더라도 보다 더 큰 선을 위해 내어놓을 수 있는 존재다. 예

* 도덕 또는 윤리로 번역되는 그리스어 '에티케'는 습관을 의미하는 '에토스'라는 말을 조금 고쳐서 만든 것이다.-홍석영,《니코마코스 윤리학》(풀빛), 22쪽. 따라서 윤리(ethics)라는 용어는 그리스어에서 유래한 것이고, 이를 라틴어로 번역한 말이 도덕(morality)이다. 윤리와 도덕은 모두 각각 기질(disposition)이나 관습(custom)을 의미하는 단어와 관련이 있고, 도덕이라는 말이 사회적 기대라는 의미를 더 강조하는 데 비해, 윤리라는 말은 개인의 특성(character)이라는 의미를 강조했다.-이종은,《정치와 윤리》(책세상), 31쪽. 드워킨은 '어떻게 사는 것이 잘 사는 것인지에 대한 연구가 윤리라면, 도덕은 우리가 다른 사람들을 어떻게 대해야 하는가에 대한 연구'라고 말한다.-로널드 드워킨,《정의론》(민음사), 47쪽.

수는 십자가형을 당하기 일주일 전에 스스로 예루살렘에 들어갔고, 그다음 날 성전에 있는 헌금함 앞에 앉아서 사람들이 어떻게 헌금함에 돈을 넣는지 지켜보았다. 부자들 여러 명이 돈을 많이 넣는 것도 보았고 한 가난한 과부가 "두 렙돈"을 넣는 것도 지켜보았다. 한 렙돈은 헬라(그리스)의 동전 중의 하나로 노동자의 하루치 품삯의 16분의 1에 해당하는 가치를 지녔다.[49]

사람들이 헌금 넣는 것을 다 지켜본 예수는 제자들을 불러 모은 다음 "내가 진실로 너희에게 이르노니 이 가난한 과부는 헌금함에 넣는 모든 사람보다 많이 넣었도다 그들은 다 그 풍족한 중에서 넣었거니와 이 과부는 그 가난한 중에서 자기의 모든 소유 곧 생활비 전부를 넣었느니라"(막 12:43-44)라고 말했다. 이와 같이 우리는 많이 이루었든 적게 이루었든 자신이 이룬 선으로써 공동체의 선을 증대시킬 수 있다.

선의 무게 중심은 개인과 공동체 사이에서 움직인다

개인과 공동체의 선의 관계는 개인선을 중시하며 시민의 삶의 영역에서 공동체의 선을 부정하는 입장, 양자를 균형 있게 조화시키려는 주장, 개인선을 인정하되 공동체의 선을 우선시하는 주장, 개인선을 부정하며 공동체의 선을 절대시하는 주장으로 나눌 수 있다.[50]

먼저, 개인선을 최고선으로 내세우며 시민의 삶의 영역에서 공동체의 선을 부정하는 입장이 있다. 이들은 자유주의적 개인주의자들로서, 사회 구성원에게 선에 대한 공동의 충성 의무를 인정하지 않는다. 그들이 1차적으로 지향하는 것은 개인선이고, 개인선이 우연히 공동체의 선에 기여하는 것은 개인선 성취 과정의 부수 효과에 불과하며, 그 같은 선을 달성하기 위해 국가 등과 같은 공동체의 역할은 아주 제한적이고 소극적이어야 한다고 생각한다. 이로 인해 자기중심적이고 이기적이라는 지탄을 받기도 한다. 영국의 경제학자 프리드리히 A. 하이에크(Friedrich A. Hayek)는 다음과 같이 주장한다.

개인주의는 물론 사회적 목적이 있을 수 있다는 것, 혹은 보다 정확하게 말하자면, 개인의 목적들이 우연히 일치해서 여러 사람이 그 일치된 목적을 추구하기 위해 결합하는 것이 바람직한 상황이 있다는 것을 배제하지 않는다. 그러나 개인주의는 그러한 공동체의 행동을 개인들의 견해가 일치하는 경우로 한정한다. 개인주의 관점에서 보면, 이른바 '사회적 목적'이란 단지 수많은 개인의 동일한 목적에 불과하다. 다시 말해, '사회적 목적'이란 개인들이 자신의 욕구를 만족시키는 데 자신이 다른 사람들의 도움을 받는 대신 그 보답으로 기꺼이 그 달성에 기여하고자 하는 공동의 목적에 불과하다.[51]

두 번째로, 개인선과 공동체의 선을 균형 있게 조화시키려는 주장이 있다. 이는 아래로부터의 공(共)을 강조해 공동체 구성원들이 각자의 목적과 더불어 공동체의 목적을 위해 지켜 내야 할 선이 공동체의 선이라는 주장으로, 공동체의 선을 표현할 때 '공동선(共同善, common good)'이라는 용어를 사용한다.[52]

공동체의 선의 성취를 공동선에서 출발하는 사람들은 개인선을 강조하면서도 공동선을 개인선과 같거나 그 이상의 위치에 두고자한다. 개인선을 지나치게 강조하게 되면, 공동체는 통합에 어려움을 겪게 된다는 인식이 전제되어 있다고 볼 수 있다. 공동선을 표방하는 사람들은 개인선의 유보나 희생이 있더라도 공동선을 추구해야할 때가 있는데, 이는 선한 공동체의 삶이 선한 개인의 삶에 영향을 미치기 때문이라고 한다. 이들에게는 공동체가 모든 구성원의 개인선을 추구하는 무대 이상의 것이 된다.

세 번째로, 공동체의 선을 우선시하는 입장이 있다. 이들은 위로부터의 공(公)을 강조해 공동체의 선이 곧 개인선이 된다고 주장한다. 이들은 공동체의 선을 표현할 때 '공공선(公共善, public good 또는 public interest)'이라는 용어를 주로 사용한다[53] 공화주의의 이상을 '온건한 유형의 공화주의적 이상'과 '강한 유형의 공화주의적 이상'으로 나누는 샌델의 주장에 따르면,[54] 전자는 공동선을 지향하고, 후자는 공공선을 지향한다고 할 수 있을 것이다. 공공선의 입장을 취하는 대표적인 사람은 이탈리아의 정치사상가 마키아벨리(Machiavelli)다. 그가 공공선을 이해하는 방식은 다음과 같다.

마키아벨리는 시민적 덕을 기독교적 덕들과 이교도적 덕들보다 높이 평가함으로써 공화주의적 전통의 한 양상을 표현한다. 그러나 그는 오직 한 양상만을 서술할 뿐이다. 이러한 전통의 핵심에는 실제로 개인적 욕망과 이해관계의 합계에 선행하고 또 이와 관계없이 규정될 수 있는 공공선의 개념이 자리 잡고 있다. 개인에게 있어 덕은 이와 같은 일차적 복종 의무를 보존하는 성향들이다. … (단수적) 덕을 일차적인 것으로 만들고, (복수적) 덕을 이차적인 것으로 설정한다.[55]

끝으로, 개인선을 부정하며 공동체의 선을 절대시하는 주장이 있다. 공동체의 선을 극단적으로 강조하는 사람은 '절대선'을 내세우며 개인선은 인정하지 않거나 매우 사소하게 취급하기도 한다. 특히, 국가를 절대선이라고 생각하는 전체주의자들은 국가의 안전 보장, 질서(치안) 유지, 공공복리를 위해 개인의 존엄성과 행복을 침해해도 된다는 입장에 서게 된다. 하이에크는 다음과 같이 주장한다.

그뿐만 아니라 불행하게도 우리는 공동 행위의 영역을 무한정 확장시키면, 개인들이 자신의 영역 안에서도 자유롭게 남겨질 수 없다. 일단 국가가 모든 수단을 통제하는 공공 부문이 전체의 일정 비율을 넘어서게 되면, 국가 행동의 영향은 전체 시스템을 지배하게 된다. 국가가 가용 자원 가운데 더 많은 부분을 직접 통제하는 데 불과하다 하더라도, 국가의 결정이 나머지 경제 부분에 대해 너무나 큰 영향을 미치게 되어, 간접적으로 거의 모든 것을 통제하는 것과 마찬가지가 된다.
예컨대 독일에서 일찍이 1928년도에 이미 그랬듯이, 만약 중앙과 지방 정부들이 직접 국민 소득의 절반 이상(독일의 공식 추계에 의하면 약 53%)의 사용을 직접 통제하는 곳에서는, 이 정부들이 경제 활동의 거의 대부분을 간접적으로 통제하게 되었다. 그래서 당시 개인적 목적 가운데 그 달성 여부가 국가의 행동에 달려 있지 않은 경우는 거의 사라지게 되었다.

그렇다면 국가 행동의 지침이 되는 '가치의 사회적 척도'(social scale of values)는 실질적으로 거의 모든 개인의 목적들을 포괄하여야 한다.[56]

위 네 가지 입장은 인류의 역사와 사회·문화적 환경에 따라 그 모습을 달리하며 등장했다. 미국의 정치철학자 존 롤스(John Rawls)의 표현인 '질서 정연한(well-ordered) 사회'에서는 주로 첫 번째와 두 번째의 입장이 대립할 것으로 보인다. 첫 번째 입장은 현대 사회의 주류인 자유주의(liberalism), 특히 자유지상주의적 자유주의 진영이 주장하는 바이고, 두 번째 입장은 자유주의의 병폐를 극복하고자 하는 공동체주의(communitarianism) 진영이 주장하는 바다.

공동체는 선을 어떻게 추구하는가

공동체주의가 지향하는 '공동선'의 실천적 의미는 다음과 같다.

첫째, 공동선을 지향하는 공동체주의가 전제하는 공동체는 우연히 공동의 터전에서 살아가는 단순한 동맹이 아니라, 공동의 터전에 살기 위한 결사 혹은 서로 간의 불의를 방지하고 교환을 용이하게 하는 결사 이상의 것으로서 인간의 본성을 실현하고 최상의 목적을 달성하기 위한 '유대적 공동체'다.[57]

둘째, 공동체주의는 공동체가 존재하는 목적이 자유주의가 주장하는 가치 중립적인 자유의 보장이 아니라 공동체 구성원들의 '좋은 삶' 내지 '가치로운 삶'의 보장에 있다고 본다.[58] 다시 말해, 공동체의 번영과 평화를 지향하는 공동선은 공동체 구성원들의 최고선

(가치)인 '행복'의 보장을 위해서도 의미를 가진다. 그렇기 때문에 공동선을 지향하는 공동체주의는 개인선, 특히 인간의 존엄과 가치를 존중해야 하고, 다수의 독재를 통해 이를 침해할 수 있게 만드는 공동체의 절대화나 단일하고 논의할 여지가 없는 공동선을 부정한다.

'공동체주의적 공화주의자'로 평가되는 샌델[59]은 공동체주의가 자유주의자들에게 "공화주의적 전통은 자치를 강조한다는 점에서 다수의 독재를 통해 개인의 권리를 침해할 가능성을 열어 놓는다. 더욱이 자유가 시민의 덕에 달려 있다는 공화주의의 주장은 강제와 억압으로의 길을 열어 놓을 수 있는 시민들의 인격에 국가가 좌우될 수 있게 한다"[60]는 비판을 받는다고 한다. 하지만 그는 그러한 비판의 전제는 공동체주의가 추구하는 공동선이 단일하고 논의할 여지가 없는 공동선을 인정하는 데 있으므로, 굳이 그러한 가정을 하지 않는 시민적 자유관을 가진 공동체주의라면 그러한 비판을 극복할 수 있을 것이라고 주장한다.[61]

셋째, 공동체주의는 좋은 삶에 대한 지극히 사적인 견해를 배격하고 공동선을 달성하기 위한 '시민의 덕(virtue)'을 함양할 것을 요청한다.[62] 그러한 덕에는 정의, 충성, 우애, 헌신, 희생 등이 있다.[63] 이에 관해 샌델은 "공화주의가 주장하는 공동선은 개인적 선호의 '총합'이라는 공리주의적 관념과는 다르다. 공리주의와 달리 공화주의 이론은 사람들이 현재 선호하는 것들이 무엇인지 고려하지 않으며, 그것을 충족시키려는 시도도 하지 않는다. 대신에 공화주의 이론은 자치의 공동선에 필요한 시민의 인격적 성질을 함양하려 한다. 어떤 성향, 애착, 헌신이 자치 실현에 본질적인 한, 공화주의 정치는 도덕적 인격을 단순히 사적인 문제가 아니라 공적인 문제로 본다. 이런 의미에서 공화주의 정치는 단순히 시민들의 이익이 아니라 시민들의 정체성에 주목한다"[64]고 설명한다.

한편, 함양된 시민의 덕은 공동체 구성원들 상호 간의 인적 연대[65]와 통합을 통해 시너지 효과를 발휘하도록 요청된다. 공동체 구성원 개개인이 고립되어 있다면 그들이 함양할 수 있는 시민의 덕은 한계가 있을 뿐만 아니라, 그들이 함양하고 있는 시민의 덕이 아무리 뛰어나다고 해도 공동체에 미치는 효과도 미미할 수밖에 없기 때문이다.[66]

넷째, 공동선을 지향하는 공동체주의는 자유주의와는 달리 '사회 정의'의 실현을 적극적으로 수용한다. 자유지상주의적 자유주의는 사회 정의의 실현에 소극적이라는 평가를 받는다.[67] 이러한 평가에 직면해 평등주의적 자유주의는 사회 정의의 실현을 위한 보완적 이론을 제시한다. 예를 들어, 자유지상주의적 자유주의와 평등주의적 자유주의가 첨예하게 대립하는 과세문제를 보자.

먼저, 자유지상주의적 자유주의자인 미국의 사회철학자 로버트 노직(Robert Nozick)은 개인은 자기 소유권에 의해 자신의 몸에 지닌 모든 자연적 자산들 즉 재능과 노동의 능력 등에 대한 절대적인 권리를 가지므로 타인의 동등한 자유를 침해하지 않는 한 그 결과물들을 재분배하는 것은 강도의 강탈 행위나 다름이 없다고 주장한다.[68] 이에 대해 미국의 평등주의적 자유주의 철학자인 롤스와 로널드 드워킨(Ronald Dworkin)은 다음과 같이 반박한다.

먼저, 롤스는 아인슈타인(Einstein)과 같은 특별한 재능과 근면함이나 성실성 등과 같은 좋은 성품은 '자연적 운'이라고 하고, 능력 있는 부모와 좋은 가문 등은 '사회적 운'이라고 한 다음, 그러한 운들을 바탕으로 획득된 결과물들을 개인이 독점하는 것은 공정하지 못하다고 하면서 과세의 정당성을 옹호했다. 드워킨도 운을 타고난 개인의 능력을 의미하는 '냉엄한 운(brutal luck)'과 개인의 선택과 노력의 결과인 '선택적 운(option luck)'으로 나눈 다음, 냉엄한 운에 따른 결과물을 그대로 방치하는 것은 자유주의적 평등 이념에 위배되므로 사회의 기본 제도들은 이와 같은 불평등의 여지를 최소화할 수 있도록 조정되어야 한다고 주장했다.[69]

다시 말해, 평등주의적 자유주의자들은 차등 과세를 정당화하기 위해 공동체 구성원들의 타고난 재능을 '공동 자산'으로 간주하는 이론적 구성을 해야 한다.[70] 이에 비해 공동체주의는 공동선을 위해 공동체 구성원 상호 간의 '연대 의무'*를 인정하므로 그런 이론을 구성하지 않고서도 과세 문제에 관한 논리를 쉽게 펼칠 수 있다.

---

* 샌델은 도덕적 책임의 범주로 ① 보편적이고 합의가 필요한 '자연적 의무', ② 특수하고 합의가 필요한 '자발적 의무', ③ 특수하고 합의가 필요하지 않은 '연대 의무'가 있다고 한 다음, 공동체주의에서는 자유주의에서 인정할 수 없는 연대 의무를 인정할 수 있게 된다고 한다. 이러한 연대 의무는 우리가 선택하지 않은, 그리고 사회 계약의 결과로도 돌릴 수 없는 의무로 가족, 동료, 시민에 대한 특별한 의무를 말한다. 공동체 구성원이 연대 의무를 지게 되는 것은 알래스데어 매킨타이어의 표현처럼 인간이 '서사적 존재'이기 때문이다. 인간이 서사적 존재란 것은 인간이 내 가족, 내 도시, 내 부족, 내 나라의 과거에서 다양한 빚, 유산, 적절한 기대와 의무를 물려받는 존재라는 것을 뜻한다. 이러한 특별한 의무의 인정으로 인해, 예컨대 1945년 이후에 태어난 독일인이라도 나치가 유대인에게 저지른 만행에 대해 도덕적 책임을 져야 한다고 주장할 수 있게 된다.-마이클 샌델, 《정의란 무엇인가》(김영사), 312쪽, 314쪽 이하.

다섯째, 공동체주의는 해외 대리모 출산이나 장기 매매 등과 같은 행위를 사회적으로 수용하는 것의 시장의 도덕적 한계를 인정함으로써, 자유주의가 신봉하는 보이지 않는 손인 시장이 침입할 수 없는 규범을 정립해 공동선을 위한 규범의 타락이나 질 저하를 막고자 한다.[71]

한편, 공동체주의는 공동체의 참여를 통해 공동체 구성원들의 자유를 지향하므로 구성원이 참여해 제정한 '외적 규범'인 공동체의 도덕과 실정법을 개인의 '내적 규범'인 선(덕)으로 승화시키는 데 어려움이 없다. 하지만 규범, 특히 실정법이 자유를 제약한다는 자유주의자들에게 규범은 내적 규범으로 승화되지 못하고, 단순한 약속이나 인간 상호 간의 권리를 보장해 주는 것[72]에 불과하게 되어 가치와 규범의 분리를 심화시켜 공동체의 통합을 저해한다.

공동체를 위한 이해 6단계 : 개인선과 공동선

- 공동체의 목적을 선언하고, 개인이 분배받은 사회적 가치를 향유하는 데 한계를 설정하고, 공동체적 환경을 조성하기 위해서는 외적 규범, 즉 도덕과 실정법이 필요하다.
- 공유지의 비극을 막기 위해서는 규범의 내면화가 필요하다.
- 규범의 내면화란 외적 규범인 도덕과 실정법을 개인의 내적 규범인 선, 곧 덕으로 승화시키는 것이다.

문제의식 6

- 공동선으로 나아가기 위해 필요한 덕은 무엇인가? 삶의 자리에서 공동선을 이루기 위해 어떤 노력이 필요한가?

그 정사와 평강의 더함이 무궁하며
또 다윗의 왕좌와 그의 나라에 군림하여
그 나라를 굳게 세우고
지금 이후로 영원히 정의와 공의로 그것을 보존하실 것이라
만군의 여호와의 열심이 이를 이루시리라
_이사야 9장 7절

그가 주의 백성을 공의로 재판하며
주의 가난한 자를 정의로 재판하리니
_시편 72편 2절

오직 정의를 물같이,
공의를 마르지 않는 강같이
흐르게 할지어다
_아모스 5장 24절

2부

공동체를 위한 정의

7장
—

우리 사회에 던져진 질문,
정의란 무엇인가

—

샌델의《정의란 무엇인가》라는 책이 2014년에 출판되고 나서 수
백만 부가 판매되자 '정의란 무엇인가'라는 화두가 우리 사회를 사
로잡았다. 그 탓인지 '정의론'에 관한 해외 서적들이 번역되어 국내
에 소개되기 시작했고, 국내에서도 학자들이 관련 서적들을 출판하
기 시작했다.

이러한 사회적 흐름 속에서 필자는 2015년 1월부터 2016년 8월
까지 매월 1편씩 국제신문에, 2017년 3월부터 2018년 2월까지 매월
1편씩 한국일보에 비행 소년들의 처우 개선을 주제로 칼럼을 연재
했고, 주제의 성격상 '정의'를 언급하지 않을 수가 없어서 정의론에
관한 책을 찾아 읽기 시작했다.[1]

하지만 대한민국 법령집에 실린 법률 해석을 근거로 실무를 처리
해 온 법조인으로서는 상대적으로 깊게 연구하지 않는 윤리학이나

정치학의 단골 메뉴인 정의에 관한 기본 개념이 제대로 숙지되어 있지 않은 탓인지 정의론에 관한 책들에서 소개하는 정의가 문제 되는 사례들에 관해 통일적인 시각으로 조명하기가 어려웠다. 예를 들어, 샌델의 《정의란 무엇인가》라는 책에서 소개된 '트롤리 딜레마{Trolley dilemma; 일명, 광차 문제(trolley problem)} 사례'*와 '허리케인 사례'** 등 책에 실린 다양한 사례들이 무엇을 기준으로 '정의론'에서 통합되어 논의될 수 있는지 이해하기가 어려웠다.

샌델은 책에서 정의의 기본 개념은 간단하게 설명한 다음, 바로 정의가 문제 되는 사례를 중심으로 구체적 사건에서 어떤 것이 정의로운 행동과 정책인지 논한다. 철학자인 샌델과 달리 정의의 문제를 탐구하고자 하는 초심자로서는 우선 '정의'라는 용어의 기본 뜻이 무엇인지를 알고 싶었다.[2] 그래야만 정의에 관한 사례들을 고찰하는 데 방향과 범위를 염두에 둘 수 있기 때문이다.

개념은 인간이 사고하는 폭의 경계를 설정하고, 경계는 경계 바깥의 것은 배제를, 경계 안의 것은 포용을 초래한다. 정의의 개념도 같

---

* 1905년 미국 위스콘신대학이 학부생들에게 한 가지 윤리 문제를 제시했는데, 그 내용은 '철로에 고장이 난 기차가 질주하고 있고, 그 기차가 지나가야 할 선로에는 광부 5명이 작업 중인 반면에 옆 선로에는 광부 1명이 작업하고 있는데, 당신 손에 기차의 선로를 바꿀 수 있는 전환기가 있다면 어떻게 할 것인가?'이다. 이 딜레마를 시작으로 비슷한 유형의 사고 실험이 계속되었는데, 그러한 딜레마를 '트롤리 딜레마'라고 한다.

** 2004년 여름, 허리케인 '찰리'가 미국 플로리다를 휩쓸고 지나간 뒤 전력 부족으로 에어컨을 켤 수 없는 사람들이 주유소로 몰려들었는데, 평소 2달러 하던 얼음 주머니를 10달러에 판매하는 등 위급 상황을 이용해 폭리를 취한 사례가 있었다.-마이클 샌델, 《정의란 무엇인가》(김영사), 13쪽.

은 기능을 가진다. 예컨대 정의를 보통 사람들이 생각하듯이 범죄자에게 '응분의 벌(응보)'을 주는 것이라고만 하게 되면, 사회적 약자에게 복지 지원을 하는 분배적 문제는 정의의 문제가 아닌 호의나 선의의 문제밖에 되지 않는다. 그리고 정의를 공동체의 평등한 제도 구축의 문제라고 해 버리면, '개인의 정의로운 행동'은 다른 측면에서의 접근을 필요로 하게 된다. 또 정의의 개념을 특정 공동체(국가 등)의 구성원에 관한 것으로 한정해 버리면, 그 공동체 밖의 사람들의 정치적·사회적 문제는 정의의 문제로 접근하지 못하고 호의나 선의의 문제로만 접근하게 한다. 이같이 정의라는 용어의 기본 개념은 '정의란 무엇인가'를 논할 때 출발점으로 작용한다.

정의는 옳게 잘 사는가의 문제

선의 문제가 '좋은 삶'의 문제라면, 정의의 문제는 '옳은 삶', 드워킨의 표현대로라면 '잘 살기'의 문제일 것이다. 좋은 삶과 옳은 삶의 관계는 다양한 의견이 제시되고 있으나, 여기에서는 드워킨의 견해만 소개하기로 한다.

잘 산다는 것은 자신이 원하는 것을 갖는다는 것 이상이다. 좋은 삶을 갖는다는 것은 우리의 비판적 이익, 즉 우리가 가져야 하는 이익의 문제다. 도덕은 자신의 삶을 좋은 삶으로 만드는 최선의 방법인가? 도덕의 요구와 좋은 삶에 대한 대중적 개념에 영합한다면 그렇지 않을 것이다. 도덕은 심히 곤궁한 자에게 담배 광고 회사 취직을 거부하라고 요구할지 모른다. 그가 그 회사에 취직해서 성공했다면 대부분의 사람들이 보기에 그는 더 좋은 삶을 산 것이다. … 도덕적 책임성의 매력적인 개념관은 가끔 커다란 희생을 요구하기도 한다. 우리에게 생명을 걸거나 포기할 것을 요구할 수도 있다. 비도덕적으로 살았다면 창조적, 감정적, 물리적 그리고 다른 모든 측면에서 번창하여 오랫동안 평안하게 살았을 사람이 그렇게 사는 대신 끔찍한 불행을 감수했다고 해서 좋은 삶을 살았다고 말하기는 어려울 것이다.

하지만 우리는 상당히 다르지만, 더 희망적인 생각을 좇을 수도 있다. 그러려면 윤리 내에서도 도덕에서는 이미 친숙한 구별을 해내야 한다. 바로 의무와 결과의 차이, 옳은 것과 좋은 것(the right and the good)의 차이를 말한다. 우리는 잘 산다는 것과 좋은 삶을 구분해야 한다. 이 두 성과는 다음과 같이 연관되면서도 구별된다. 잘 산다는 것은 좋은 삶을 살기 위해 노력함을 말하며 그 한계는 인간의 존엄성뿐이다.[3]

의로움과 정의로움은 어떻게 다른가

의(옳음)란 '옳음과 그름의 기준에 합치'되는 것을 의미하고, 불의(그름)란 옳음과 그름의 기준에 합치되지 않는 것을 의미한다. '옳다'는 말은 좋아서(good) 옳다고 하는 경우가 있는가 하면 정당해서(just) 옳다고 하는 경우도 있다. 따라서 옳음과 그름의 기준에는 '선'과 '정의'가 있다고 할 수 있다.

우리는 옳다고 표현할 때, '의'라는 말과 '정의'라는 용어를 사용한다. 의는 '의인(義人)'이라는 말처럼 자기희생 등을 통해 타인에게 좋은 일을 하는 경우에 사용된다. 예를 들어, 2001년도에 도쿄에서 지하철 선로에 떨어진 취객을 구한 한국 유학생과 같은 사람들에게 의인이라는 칭호가 붙는다. 한편, 정의는 '정의로운 사람'이라는 말처럼 범죄의 가해자를 범죄의 피해자 대신 복수해 주거나 범죄의 피해자를 도와주는 등 올바른 행위를 하는 경우에 사용된다. 예를 들어, 영화 〈어벤져스〉(The Avengers)에 나오는 영웅들에게는 의인이라는 호칭보다 '정의의 사자(使者)'라는 호칭이 더 잘 어울린다.

우리말의 의와 정의에 대응하는 영어 단어는 각각 'righteousness'와 'justice'다. 정의라는 용어는 법학, 정치학, 철학, 신학 등 모든 학문에서 단골처럼 등장한다. 하지만 의와 정의의 의미는 통일된 개념 정의가 이루어지지 않고 있다. 사람들은 자신의 가치관에 맞게 의미를 부여하여 사용할 뿐만 아니라 상황이나 맥락에 맞추어 그 의미를 변용하기도 한다.

신약성경에서 '의'로 번역된 그리스어는 '디카이오시네(dikaiosyne)'다. 이에 관해 니콜라스 월터스토프(Nicholas Wolterstorff)는 "오늘날 '의로운(righteous)'의 의미가 인간에게 적용될 때, '정의로운(just)'이란 의미와는 매우 다르다. 오늘날 의로움(righteousness)의 의미가 정의(justice)의 의미와 매우 다르다는 사실을 고려할 때, 플라톤의 영어 번역본들에서는 같은 단어들이 대체로 '정의로운(just)', '정의(justice)' 등으로 번역되는 반면, 왜 신약성경의 영어 번역본들은 그리스어 디케(dike)에서 파생된 단어들을 '의로운(righteous)', '의로움(righteousness)' 등으로 번역하는가?"⁴라고 전제한다. 그다음, "신약에서 디케를 어근으로 한 몇 개의 단어들의 영어 번역본들을 살펴볼 때, 내 요점은 영어 번역본들이 신약에서 정의의 압도적 중요성을 감춘다는 것이다. 신약의 영어 번역본들은 정의를 자주 언급하지 않는다. 그것은 상당히 많은 영어 성경 독자들이 정의가 신약에서 대체되었다고 믿게 된 이유를 설명해 준다"[5]고 결론을 맺는다.

그러면서 그는 신약성경의 '디카이오시네'라는 용어가 세 가지 의미로 사용될 수 있다고 말한다. 즉, "나는 세 개의 독특하지만 밀접하게 관련된 현상들을 선별했다. (1) 특정한 행동 방식. 즉, 올바른 일을 행하는 것, 정당하게 행동하는 것. (2) 그렇게 행동한 결과로 생긴 관계. 즉, 정당한 관계, 정의로 특징 지워진 관계. (3) 습관적으로 정의를 실천하거나 올바른 일을 행하는 것의 성격적 특징. 내 생각에 신약성경의 디카이오시네는 이런 세 가지 현상 중 하나를 언급하는 것 같다"[6]고 한다. 그런 다음, 신약성경에서의 디카이오시네는 대부분 '정의'로 해석해야 그 문맥의 의미를 명확하게 이해할 수 있다고 주장한다.

월터스토프의 설명을 따르면, '의(옳음)'라는 단어는 실생활에서 세 가지 맥락에서 사용된다고 볼 수 있다. 첫 번째는, '누구에 대해서 옳은가?'라는 것으로 '관계적 측면에서의 옳음'이다. 그 누구에는 자신과 타인과 신과 자연이 있으므로, 이러한 관계를 고려하면 옳다는 것은 자신과의 관계에서, 타인과의 관계에서, 신과의 관계에서, 자연과의 관계에서 옳다는 것이 된다. 두 번째는 '무엇에 대해서 옳은가?'라는 것으로 '행동 방식에서의 옳음'이다. 이는 자신 대 자신 또는 자신 대 타자(타인, 신, 자연) 사이에 어떤 대접을 주고받아야 올바르게(정당하게) 대접한 것이 되는지에 관한 문제다. 이러한 행동이 쌓이면 개인에게는 습관이 되고, 사회에는 관습이나 법이 된다. 세 번째는 옳음을 지향하는 '인간 성품에서의 올바름(옳음)'이다. 이는 옳음을 실천하는 사람들이 습관적으로 타자에게 정당하게 대접하는 것을 통하여 형성한 성품 내지 기질로서의 올바름(옳음)을 의미한다.

공의와 정의의 관계

성경에는 공의와 정의라는 말이 쌍둥이처럼 함께 등장한다. 그런데 현재 우리 사회에서는 공의라는 말이 기독교를 제외하고는 거의 사용되지 않는다. 그뿐만 아니라 우리 사회에서 일반적으로 사용되는 '의'나 '정의'라는 용어도 성경에서 사용되는 '공의(righteousness)' 및 '정의(justice)'와 같은 의미로 사용되는 것이 아니다. 성경에서의 공의와 정의는 히브리어인 체데카(tsedaqah)와 미쉬파트(mishpat)를 번역하기 위해서 사용된 용어라고 하면 정확할 것이다.

또한 히브리어를 번역할 때 미쉬파트는 '공의'로, 체데카는 '정의'로 번역한 경우가 있는가 하면, 거꾸로 미쉬파트를 '정의'로, 체데카는 '공의'로 번역한 경우도 있다. 어떤 한글 성경을 보면 미쉬파트와 체데카를 맥락에 따라 '공의, 정의, 의, 공법' 등으로 번역하기도 한다. 예컨대 개역한글은 아모스 5장 24절을 "오직 공법(公法, 미쉬파트)을 물같이, 정의(체데카)를 하수같이 흘릴찌로다"라고 번역했으나, 개역개정은 "오직 정의(미쉬파트)를 물같이, 공의(체데카)를 마르지 않는 강같이 흐르게 할지어다"라고 번역하고 있다. 그러므로 한글 성경에서 번역된 공의와 정의 개념으로 접근하면 히브리어 성경의 원뜻을 찾아내기가 쉽지 않다.

하지만 현재 다수의 사람들은 미쉬파트를 정의로, 체데카는 공의로 해석하는 것 같다. 이러한 해석 기준에 따른다면, '정의(미쉬파트)'는 주로 공적(公的)으로, 특히 법정에서 옳음과 그름의 판단을 내릴 때 지침이 되는 것이고, '공의(체데카)'는 공과 사를 구별하지 않고, 다시 말해 법정에서뿐만 아니라 일상생활의 행위에서 옳음과 그름을 선택할 때 지침이 되는 것이다. 실천적으로 말하자면, 정의(미쉬파트)는 법의 공평무사한 적용을 바탕으로 권리와 의무 및 책임을 엄격하게 적용할 것을 요구하나, 공의(체데카)는 양보하거나 자선을 베푸는 등 법적인 의무는 없지만, 선(개인선 또는 공동선)을 이루기 위해 이바지하는 행위를 요구한다.

월터스토프는 체데카와 미쉬파트의 관계를 다음과 같이 설명한다.

미쉬파트란 단어는 법정에서 기원한 것이며, 명백하게 정의를 의미한다. 반면에 체데카의 본래적 의미는 '곧고 정확하며 올바르다'는 뜻이다. 학자들은 오랫동안 우리가 이 쌍을 어떻게 이해해야 하는지를 두고 논쟁과 토론을 벌여 왔다. 대단히 분명하게 그 단어들은 동의어가 아니다. 하지만 미쉬파트와 체데카는 서로 밀접한 관계를 맺는 게 분명하다. 앞서 내가 (1) 옳거나 정의로운 행동들, (2) 우리가 정당하게 행동할 때, 우리의 사회적 관계들을 특징짓는 것으로서 정의, 그리고 (3) 기질적으로 정당하게 행동하는 사람의 성격적 특징을 구분한 것은 몇 가지 가능성을 제시한다.

만약 미쉬파트란 단어가 이 세 가지 중 두 번째 것, 즉 우리가 영어로 '정의'라고 부르는 우리의 사회적 관계의 특징을 가리킨다고 가정해 보자. 그럴 경우, 체데카는 정의롭거나 올바른 행동, 혹은 정의롭거나 올바른 행동의 기질을 가진 사람들의 성격적 특징을 가리킨다고 말할 수 있을 것이다. 각각의 경우, 맥락과 내용이 그 단어가 어떤 의미로 사용되었는지를 결정해야 한다. 이런 제안이 옳다면, 미쉬파트와 체데카란 단어들이 서로 다른 의미를 가질 때에도 서로 긴밀하게 연결될 것이다.[7]

이렇게 정의(미쉬파트)와 공의(체데카)를 정리한다면, 현대인들이 사용하는 '정의'라는 용어는 성경의 정의(미쉬파트)와 공의(체데카)를 합친 것이라고 보아도 될 것이다(미쉬파트를 공의로, 체데카를 정의로 번역한다고 해도 마찬가지 결론에 이르게 된다).

정의론의 4대 논점

정의론은 고대 플라톤에서부터 현대 정의론자들에게 이르기까지 실로 수많은 사람이 학문의 주제로 다루어 왔고, 그러한 학자들의 수만큼이나 많은 정의론이 우리 앞에 펼쳐져 있다. 앞서 보았듯이 정의론의 출발점은 '관계'다. 그러한 관계는 인간 대 신, 인간 대 자연, 인간 대 인간으로 범주화할 수 있는데, 고대 철학자들이나 중세 신학자들은 정의론에서 인간 대 신의 관계에서의 정의를 논하기도 했으나, 현대 정의론의 주류는 정의론이라 하면 인간 상호 간의 관계 문제로 못을 박는다.

이렇게 많은 사람이 정의론을 탐구하지만, 도대체 정의로운 것이 무엇인지는 완벽한 합의가 이루어지지 않고 있다. 하지만 우리가 생각을 정리하거나 정의를 실천하기 위해서는 정의라는 개념에 대해 개괄적인 정도의 이해는 해 두어야 한다. 일종의 개념의 틀을 마련하는 것이다. 이러한 이해를 위해서는 먼저 주류적인 '정의론'에서 기본적으로 다루는 내용이 무엇인지를 정리해 둘 필요가 있다.

현대 정의론에서 다루는 내용들은 아래에서 보듯이 크게 네 부분으로 나눌 수가 있다고 생각한다.

첫째, 정의론은 '사회'를 전제로 한다. 아담과 하와는 하나님의 섭리로 혼인 공동체를 이루었다. 또 앞서 보았듯이 로빈슨 크루소와 프라이데이는 예상치 않은 사건으로 사람들의 모임인 사회를 이루게 되었다. 사회를 이룬 이상, 두 사람은 서로를 인정하고 배려해야 한다. 이처럼 정의는 사회의 형성과 동시에 발생하는데, 그러한 사회에는 공동의 선을 추구하는 '공동체'와 이러한 공동체에 대비되는 '집합 사회'가 있다. 대표적인 공동체로는 지상에서 가장 중요한 사회인 가족[8], 종교 단체가 있고, 대표적인 집합 사회로서는 현대 도시가 있다. 국가의 성격에는 사람들의 정치관 및 가치관에 따라 공동체로 보는 사람들이 있는가 하면 집합 사회로 보는 사람들도 있다.

둘째, 정의론에서 논해지는 기본 내용은 '사회(공동체) 구성원 상호 간의 대우 문제'다. 사회가 구성되면 구성원들은 상호 간에 영향을 끼치며 생활할 수밖에 없다. 이러한 사회생활 속에서는 경계를 그어 각자가 배타적 및 자율적으로 행동할 수 있는 영역(프라이버시)을 정해 두고, 그 경계를 넘기 위해서는 특별한 절차를 요청한다. 이러한 상호 간의 대우 문제로 인해 사회에는 눈에 보이지는 않지만 사적 영역과 공적 영역의 구분이 이루어지게 된다.

셋째는, 정의론은 사회 구성원 상호 간의 '정당한(옳은) 대우'에 관한 문제를 다룬다. 먼저, '사적 영역'에서의 대우 문제다. 사적 영역은 개인이 주권자로 통치하는 신성한 영역이다. 다르게 표현하면, 개인의 '고유한 권리'가 인정되는 영역이다. 어떤 사람이 다른 사람의 사적 영역에 발을 들여놓기 위해서는 상대방의 승인이 있거나 상대방에게 유익이 되어야 하고, 상대방의 유익이 되는 경우에도 정당한 절차가 필요하다. 이런 요건을 갖춘 경우라면 한 사람의 다른 사람에 대우는 정당하다고 평가받게 되고, 그렇지 않은 경우에는 다른 평가를 받게 된다.

그중 승인과 관련해서 보면, 예컨대 로빈슨 크루소가 프라이데이에게 일을 시킨 경우에 로빈슨 크루소가 프라이데이의 동의를 받거나 프라이데이에게 명령을 내릴 지위에 있어야만 정당하다는 평가를 받는다. 다음으로 유익과 관련해서 보면, 프라이데이가 로빈슨 크루소의 요구에도 불구하고 그에게 어떤 야생 과일을 나누어 주지 않은 경우에 로빈슨 크루소에게는 그것에 든 독을 해독할 능력이 없어 그것을 먹지 않는 것이 본인에게 유익하기 때문이라면, 프라이데이의 행위는 정당하다는 평가를 받게 된다.

그다음으로 '공적 영역'에서의 대우 문제다. 공적 영역은 공동의 선을 창출하고 보호하고 증대하기 위한 영역이다. 이러한 목적을 위해 국가를 비롯한 공적 조직이 만들어지고, 그 조직에 필요한 사람들이 선발되어 역할이 주어진다. 공직 수행자로 선발된 사람들은 자신을 비롯한 공동체의 구성원 전체를 위해 주어진 역할을 수행한다. 그 역할 수행을 통해 창출된 공동의 선을 그 구성원들에게 분배하고 향유하게 한다.

이처럼 공적 영역에서는 역할 분담이 중요한 과제가 되고, 그 역할에 정당한 대우가 정의의 문제가 된다. 예컨대 로빈슨 크루소와 프라이데이가 공동의 선을 위하여 공동체를 만든 다음, 멧돼지 사냥을 나가 프라이데이가 그의 노하우로 사냥감을 찾아내자 로빈슨 크루소가 총으로 멧돼지를 사냥하여 식량을 확보했다고 하자. 이 경우에 로빈슨 크루소가 자신이 가진 총으로 멧돼지를 사냥할 수가 있었기 때문에 멧돼지 고기의 90%는 자신이 먹고, 나머지 10%만 프라이데이에게 주었다고 하면 프라이데이는 정당한 대우를 받았다고 할 수 있을까?

넷째, 정의의 문제는 사회 구성원들이 정당한 대우를 주고받을 수 있도록 하기 위해 '구성원들의 삶의 방향을 이끌 규칙을 만들고, 사회 질서를 정립'하는 문제다. 이러한 목적을 위해 원칙적으로 규범인 도덕과 실정법이 동원되고, 이러한 도덕과 실정법이 모여 사회 제도를 구성한다.

이상의 점을 종합해 보면, 정의의 문제는 '사회 구성원 상호 간의 정당한 대우의 문제(자유주의적 입장)' 또는 '공동체 구성원 상호 간의 연대와 통합을 위한 대우의 문제(공동체주의적 입장)'라고 할 수 있다. 그런데 이와는 달리 플라톤처럼 정의의 문제를 '공동체 구성원 상호 간의 조화로운 역할 분담 문제'로 접근하는 사람들도 있다. 하지만 이런 접근 방식은 정의의 문제를 공적 영역에 치우치게 해서 제도와 질서의 완전성이라는 이상을 좇아가게 만드는 한편, 사적 영역에서 발생하는 개인 상호 간의 정의와 불의의 문제는 등한시하게 할 가능성이 있다는 비판을 받는다.

예컨대 어느 사회든 사회의 특정 계층에 대한 혐오감 등을 이유로 부당한 취급을 받는 개인들이 존재한다. 이들에 대한 정의의 문제를 다루기 위해서는 정의의 개념을 '사회 구성원 상호 간의 정당한 대우의 문제' 또는 '공동체 구성원 상호 간의 연대와 통합을 위한 대우의 문제'에서 출발하는 것이 타당하다고 생각한다. 이를 기초로 하면, 정의란 '인간들의 모임인 사회 또는 공동체 속에서 사적 영역이든 공적 영역이든 형성, 유지, 소멸을 반복하는 관계의 주체 상호 간에 정당하게 대우하고 대우받는 것'이라고 할 수 있고, 정의로운 사회 또는 공동체란 그러한 정의를 이루기 위해 정의로운 구성원을 배출하고 합당한 제도를 만들어 가는 사회 또는 공동체라고 할 수 있을 것이다.

바른 질서 이론과 생득권 이론

세기의 정의론자로 불리는 롤스는 "사상 체계의 제1덕목을 진리라고 한다면 정의는 사회 제도의 제1덕목이다"라고 했다. 이는 정의를 실현하기 위해서는 사회 제도를 최상의 상태로 정비하는 것이 우선되어야 한다는 뜻이다. 때문에 롤스는 정의의 문제를 논할 때 '질서 정연한 사회'를 전제한[10] 다음, 정의로운 제도나 질서의 구축에 초점을 두고 논의를 전개해 나간다. 월터스토프는 이를 '이상적 이론'[11] 또는 '바른 질서 이론'[12]라고 한다.

하지만 아무리 사회 제도가 잘 정비되어 있다고 하더라도 개별 구성원 상호 간에 정당한 대우가 행해지지 않고 있다든지,[13] 더 나아가 그런 상황임에도 불구하고 정의롭고 효과적인 사법 체계가 없어 정당한 시정이 이루어지지 못하는 경우[14]가 있다. 이러한 사회는 롤스의 표현을 빌리자면 '질서 정연하지 못한 사회'라고 할 수 있다. 그런데 질서 정연하지 못한 사회에서는 제도의 구축보다는 오히려 현실에서의 구체적 정의의 실천이 절실하다고 할 것인데, 바른 질서 이론가들은 그 점을 간과해 왔다.

이러한 이유로 월터스토프는 '생득권 이론'을 내세우며 정의를 논할 때 제도보다는 개별 인격과 인간에게 관심을 먼저 기울여야 하고, 이러한 입장에 서야만 질서 정연하지 못한 사회의 정의 문제를 해결하는 데 실질적으로 도움이 된다고 주장한다. 그는 다음과 같이 말한다.

바른 질서 이론가들은 어떤 객관적 기준에 시선을 집중한다. 플라톤의 형상, 자연법, 의무의 객관적 모체, 정당하게 도달된 분배의 정당한 원칙 등. 그리고 그들은 사람들이 그런 기준에 순응하는 한 사회는 정의롭다고 생각한다. 그들이 정말 자연권을 믿는다면, 그들은 어떤 방식으로 그런 객관적 기준에 의해 자연권이 부여된다고 믿는다. 생득권 이론가들은 인격과 사람에게 관심을 집중한다. 그들은 그들에게 권리를 부여하는 어떤 것이 이들에게, 이들 상호 간의 관계 속에 존재한다고 생각한다. 그래서 그들은 인격과 인간이 본래 받아 마땅한 방식으로 대우받는다면 사회가 정의롭다고 생각한다.[15]

정의의 한계선은 어디까지인가

한편, 아마르티아 센(Amartya Sen)에 따르면 지금까지의 사회 정의론의 주류는 가상의 사회 계약을 맺을 때 합의할 수 있는 완전한 정의가 무엇이고 공정한 제도가 무엇인지를 규명하는 '선험적 제도주의' 또는 '제도(장치) 중심적 정의론'이었다고 전제한다. 그런 다음 이러한 정의론의 가장 큰 문제점은 분배를 출발점으로 하는 정의의 문제가 사회 계약 당사자, 다시 말해 멤버십이 인정되는 주권국의 구성원과 주권국의 국경 내로 엄격히 한정되어 '글로벌 정의'를 다루기가 어렵게 된다고 주장한다. 그는 "롤스적 형식 내에서 사회 계약을 이용하면, 정의의 추구에 참여하는 사람들은 주어진 정치 공동체의 구성원, 즉 국민(people)(롤스는 이러한 집단을 보통 정치 이론에서 말하는 국민 국가의 구성원과 대체로 비슷하게 여겼다)으로 불가피하게 한정된다"고 토로한다.[16]

센은 이러한 주류적인 입장의 문제점을 극복하기 위해 글로벌 공동체에서 현존하는 명백한 부정의부터 제거하는 것이 우선이라고 주장하면서 자신의 정의론을 '비교론적 접근법' 또는 '실현 중심적 정의론'이라고 한다. 그는 실현 중심적 정의론을 추구하면 지구촌 공동체를 위협하고 있는 기아, 빈곤, 질병, 억압 문제를 해결하기가 더 쉬워진다고 주장한다. 월터스토프의 '생득권 이론'도 넓게 보면 '실현 중심적 정의론'이라고 볼 수 있다. 하지만 이러한 주장은 필립 페팃 (Philip Pettit)의 설명과 같이 엄연한 현실적 한계가 있음을 기억해야 한다.

국가는 자국 시민을 대우하듯 다른 국가의 시민을 다뤄야 한다는 의무가 없다. 게다가 국가는 다른 국가의 사람들을 돕기 위해 자국 시민이 낸 세금을 사용하지 않을 의무를 진다. 시민이 명시적·묵시적으로 요구하거나 국제 질서를 위한 별개의 사안으로 지지하는 경우는 제외된다. 국가가 자국 시민에게 지니는 것과 동일한 의무를 다른 국가의 사람들에게도 지니고 있다는 전폭적인 세계주의적 주장은 국가가 구성원의 집합체이자 강제적 기구라는 사실 그리고 이러한 주장이 강제적·비자발적 자선을 뒷받침할 수 있다는 사실을 간과한다. 자발적이지 않은 자선 아래에서 국가는 시민의 허락 없이 그들에게서 징수한 세금을 공동체 기준에서 인준되지 못한 목적을 위해 사용할 것이다.[17]

공동체를 위한 이해 7단계 : 정의의 출발
- 선이 좋은 삶의 문제라면, 정의는 옳은 삶의 문제다.
- 정의론의 출발점은 관계다.
- 정의의 문제는 공동체 구성원 상호 간의 정당한 대우 문제(자유주의) 또는 공동체 구성원 상호 간의 연대와 통합을 위한 대우 문제(공동체주의)라고 할 수 있다.

문제의식 7
- 정의로운 공동체는 어떤 공동체를 의미하는가?

8장

정의 위에 일군 사랑의 공동체,
예수 공동체

—

　다른 의견도 있지만 슈테판 츠바이크(Stefan Zweig)가 "인간의 본성에는 분명히 공동체 속에 스스로 녹아들고자 하는 신비한 욕구가 존재한다고 한다"[18]고 했듯이 공동체의 형성은 인간의 본성이고 공동체는 인간에게 주어진 숙명이라고 생각한다. 그런 공동체는 가장 작은 단위인 가족에서 출발하여 국가 공동체와 지구촌 공동체에 이른다.

　'공동체'란 공동으로 선을 '함양'하거나 '실현(실천)'하거나 '축적'하는 사람들의 모임, 곧 결사(結社)를 의미한다. 따라서 범죄자들의 모임은 공동으로 '악'을 실현하거나 축적해 나가므로 '범죄 공동체'라고 하지 않고 '범죄 집단'이라고 한다. 한편, 현대 도시 같은 '집합 사회'는 공동으로 선을 함양하거나 실현하거나 축적하는 사람들의 모임이 아니므로 공동체라고 할 수 없다.

　앞서 보았듯이 국가는 공동체인지 집합 사회인지 의견이 나뉘지만, 통상적으로 국가를 공동체라고 부른다는 점과 국가가 '안전 보장, 질서 유지, 공공복리'라는 공동의 선(자유주의나 공리주의에 의하면 '공익'이라고 할 것이다)을 추구하는 점으로 미루어 보면 국가를 공동체로 보아도 무리가 없을 것이다.

내면적 선은 원칙적으로 개인이 함양해야 한다. 하지만 공동체 내에서는 내면적 선의 함양에서 공동체 구성원의 영향을 받게 된다. 선의 함양을 공동으로 하게 되면 구성원들 사이에는 공통의 가치관이 형성될 여지가 높다. 한편 공동체에서는 외면적 선의 실현을 개별적으로 또는 함께 실천해 가며 그 결과물(공공재, 공용물 등)을 축적해 나간다.

현대 민주주의 정치하에서 이루어지는 공동체는 '호혜성(또는 상호성)' 및 '연대성'을 바탕으로 정의를 실현하는 '정의의 공동체'라고 할 수 있다. 정의의 공동체를 가장 잘 요약해 주는 말이 "남에게 대접을 받고자 하는 대로 너희도 남을 대접하라"(마 7:12)라는 예수의 황금률이다. 공자는 "기소불욕물시어인(己所不欲勿施於人)"(내가 받기를 원하지 않는 대접이라면, 남도 그렇게 대접하지 말라)이라고 한다. 공동체의 구성원을 정당하게 대접하는 것은 정당한 몫의 분배에서 시작되므로 공동체 구성원 각자가 정당한 몫을 분배받고, 분배된 몫은 정당하게 향유할 수 있도록 목표로 삼는 공동체가 정의의 공동체다.

하지만 기독교가 지향하는 공동체는 정의의 실현을 넘어 희생과 용서를 전제로 하는 '사랑의 공동체'다. 그리스도인들은 '정의의 공동체'에 발을 붙이고, '사랑의 공동체'를 지향하는 사람들이다. 정의의 공동체를 무시한 채 사랑의 공동체를 지향할 수는 없다. 정의는 사랑의 최소한이고, 사랑은 정의의 최대한이다. 우리 삶은 정의를 무시한 채 사랑으로 비약할 수 없다. 각자에게 정당하게 대우하는 것을 이상으로 하는 정의가 전제되지 않으면 희생과 용서로 이루어진 사랑의 공동체를 이룰 수 없다.

사랑과 정의의 관계에는 다양한 견해가 있다. 월터스토프는 사랑과 정의의 관계에 관해 첫 번째로, 사랑과 정의는 양립할 수 없고 사랑이 정의를 배제한다는 주장(이해하기 쉽게 설명하면, 사랑의 실천을 위해 가해자를 처벌하지 않고 용서해야 한다는 견해다. 안데르스 뉘그렌(Anders Nygren)의 견해), 두 번째로, 이웃이 어떤 갈등에 처해 있고 그를 아가페 사랑으로 대하면 다른 누군가에게 불의를 행하게 될 경우, 사랑의 요구가 아니라 정의의 요구에 따라야 한다는 주장(라인홀트 니버(Reinhold Niebuhr)의 견해), 세 번째로, 사랑은 정의의 원리로 보완될 때만 비로소 적합한 도덕이 되므로 이웃을 정의롭게 대하는 것에 더하여 이웃을 사랑해야 한다는 주장(윌리엄 프랑케나(William Frankena)의 견해)이 있다고 소개한다. 그다음 그는 구약성경에서 가장 강조되었던 '공의와 정의'는 폐기된 것이 아니며, 신약성경에서 정의라는 용어가 거의 등장하지 않는 것은 번역상의 오류일 수 있다고 하면서 이웃을 정의롭게 대하는 것은 '이웃을 사랑하는 것의 사례, 그를 사랑하는 방법'이라고 주장한다.[19]

어쨌든, 구약성경의 율법(토라)은 폐기된 것이 아니라 하나님 사랑과 이웃 사랑으로 완전케 되었듯이, 구약성경의 공의나 정의도 폐기된 것이 아니므로 그리스도인들도 원칙적으로 정의를 기본으로 하는 공동선을 실현해야만 한다.

경계를 허물고 사랑의 책무를 지라

사회 정의는 '특정한 정의의 공동체'를 전제로 공동체 구성원 상호 간의 연대와 통합을 위한 정당한 대우에 관한 문제이므로, 야박하다고 생각할지도 모르겠지만 원칙적으로는 공동체 구성원이 아니면 정의의 문제가 발생하지 않는다. 예컨대 한 기업체가 수익을 남긴 경우에 그 수익의 분배는 당해 기업체의 사용자와 근로자들 사이에서 정해진 약속에 따라 이루어지고, 당해 기업체의 사용자나 근로자가 아닌 자는 분배를 요청할 권리가 없다. 마찬가지로 국가 내에서의 사회 정의는 당해 국가 구성원인 국민에게만 관심을 가질 뿐 예외적인 경우를 제외하고 타 국민은 문제 삼지 않는다.

한편, 기업과 국가는 그들의 고유 목적에 따른 구성원의 대우 방식(사회적 가치들의 분배 및 향유 기준)을 갖기 때문에 양자를 동일한 저울 위에 올려 두고 정의의 문제를 논의해서는 안 된다. 한 국가 공동체의 구성원 간의 사회 정의 문제와 지구촌 공동체의 사회 정의 문제도 마찬가지다.

하이에크는 국가 위의 국가를 세워 개별 국가들을 초월한 단일 계획 경제 체제를 구축함으로써 분배 정의의 이상을 실현하고자 하는 자들에 대해 다음과 같이 경고하고 있다.

어떤 국가의 사람들은 '그들의' 철강 산업 혹은 '그들의' 농업으로 간주하는 산업을 지원하려고, 혹은 그 국가에서 아무도 일정한 생활 수준 이하로는 침몰하지 않도록 하려고 희생을 감수해야 한다는 데 쉽게 설득당할 수 있다. 이것이 자신과 생활 습관과 사고방식이 친숙한 이들을 돕는 문제이고, 우리가 잘 이해할 수 있고, 그들의 적합한 지위에 대한 견해가 근본적으로 우리와 유사한 사람들의 소득 분배나 근로 조건을 교정하는 문제라면, 우리는 보통 다소의 희생을 할 각오가 되어 있다. 그러나 전 세계가 아니라 서유럽 지역 정도의 경제계획과 이에 따라 야기될 문제들을 상상해 보기만 하더라도, 그런 일을 벌이기 위한 도덕적 기초는 완전히 결여되어 있음을 깨닫기에 충분하다. 과연 누가 공통된 분배 정의의 이상을 상상해서, 노르웨이 어부로 하여금 그의 포르투갈 친구를 돕기 위해 자신의 경제적 개선의 희망을 포기하는 데 동의하게 하고, 네덜란드 근로자로 하여금 영국 코번트리(영국 웨스트 미들랜드 카운티의 중공업 도시)의 기술자를 돕기 위해 그 기술자의 자전거를 더 비싸게 구입하게 만들며, 프랑스 농부로 하여금 이탈리아의 공업화를 돕기 위해 더 많은 세금을 부담하게 할 수 있겠는가?[20]

이처럼 정의의 공동체에서 정의를 추구하는 사람들은 주어진 정치 공동체의 구성원(국민)으로 불가피하게 한정되는 제약이 있다. 이는 글로벌 시대에 기아, 곤궁, 질병과 압제로 고통당하고 있는 사람들에 대해 '정의'에서 접근하기보다는 '호의(선의)나 자선(자비)'의 차원에서 접근하게 만들어, 지구촌 사람들 사이의 빈부 격차를 줄이는 것을 어렵게 만든다.

더 나아가 '인종 청소'와 같은 상상조차 하기 어려운 폭력을 초래할 수도 있다. 이에 캐나다 철학자 찰스 테일러(Charles Taylor)는 "소수파 같은 타자들이 주류의 정치적 정체성에 위협이 된다고 생각될 때, 이런 배제 조치가 시행된다. … 의심이 싹트고 독자적 정체성에 대한 요구가 생겨 분열이 시작되는 것이다. 그 결과, 모든 당사자가 상대방을 정치적 정체성에 대한 위협으로 받아들이도록 인도된다. 우리가 아직 정확히 알지 못하는 기제를 통해 때때로 이 같은 두려움이 우리 집단의 삶에 대한 직접적 위협으로 전화되며, 우리에게 끔찍하게 익숙해진 것처럼 잔혹한 대응과 재대응의 악순환으로 폭발하게 되는 것이다"라고 설명한다.[21]

다시 말하지만, 예수는 선한 사마리아인 비유를 통해 우리에게 경계 바깥의 것에는 배제를, 경계 안의 것에는 포용을 초래하는 이웃의 경계를 없애라고 했다. 이는 우리가 사랑의 공동체의 구성원으로서 지구촌 모든 사람에게 '사랑의 책무'를 진다는 것을 말한다. 그리스도인은 사랑의 공동체에 소속되어 있고, 지구촌 사람들은 그 공동체의 구성원임을 늘 염두에 두어야 한다.

예수가 일군 공동체를 보라

소년보호재판을 담당했던 지난 8년간 재판을 받는 아이들과 관련하여 두드러진 변화 중의 하나는 아이들의 정신·심리 상태가 급격하게 나빠졌다는 점이다. 최근 들어 우울증, 발달 장애, 품행 장애, 주의력 결핍 과잉 행동 장애를 겪는 아이들이 크게 늘었고, 충동이나 분노 조절 장애를 겪는 아이들도 종전보다 더 자주 보게 된다.

또한 2005년 2월부터 2006년 2월까지 부산지방법원에서 형사 사건(단독)을 담당한 이후 13년 만인 2018년 2월부터 2020년 2월까지 다시 부산지방법원에서 형사 사건(단독)을 담당하게 되었다. 13년의 세월 속에서 가장 두드러진 변화는 형사 피고인들 중에 정신적·심리적인 문제를 가진 사람들이 대폭 늘었다는 것이고, 이는 같은 시기에 형사 사건(단독)을 담당한 판사들도 이구동성으로 하는 말이었다. 이러한 현상은 보호소년들이나 형사 피고인만의 문제가 아니라 우리 사회의 전반적인 문제일 것으로 생각된다. 미국에서는 감기약보다 우울증 약이 더 많이 팔리고 있다고 하는데,[22] 우리 사회도 곧 그렇게 되지 않을까 우려된다.

이러한 현상이 초래된 데에는 여러 가지 요인이 작용했겠지만, 많은 전문가가 공통적으로 지목하는 것은 바로 가족이나 이웃과 같은 중간 단계에 해당하는 공동체의 해체로 나타난 사회적 고립이다. 이에 관해 로버트 D. 퍼트넘(Robert D. Putnam)은 다음과 같이 설명한다.

심리학자 마틴 셀리그먼(Martin Seligman)은 '지난 두 세대 동안 우울증 발병 비율은 약 10배가 상승했다'고 결론 내린다. … 15세에서 19세 청소년의 자살률은 1950년과 1995년 사이에 4배로 늘었으며, 처음부터 높은 비율을 유지했던 20세에서 24세의 젊은 성인 사이에서는 거의 3배로 늘었다. … 20세기 마지막에서 이 세대의 자녀와 손자, 곧 우리가 베이비붐 세대와 X세대라고 부른 세대들은 그 나이 때의 조부모보다 정신적 고통을 더 받고 있으며, 생명을 포기하는 경우도 많아졌다. 미국의 젊은 세대들 사이에서 자살, 우울증, 불안 증세가 늘어나는 이 불길하고 놀라우면서도 확실하게 입증된 경향을 설득력 있게 해석한 이론은 아직 없다. 그러나 한 가지 가능한 설명은 사회적 고립이다.[23]

이 점을 염두에 두면 범죄를 비롯한 부정적인 사회 문제 해결에서 가장 시급하고 중요한 과제는 해체된 '중간 단계의 공동체(communities intermediate)'의 회복이라 하겠다. 그런데 중간 단계 공동체의 회복에 의심의 눈길을 보내거나 알레르기 반응까지 보이는 사람들이 있다. 우리 공동체가 보여 주는 부정적인 면들, 특히 가부장권을 바탕으로 하는 권위주의적인 모습들이나 편견과 편협함의 전초기지와 같은 모습들 때문이다.

부정적인 모습의 공동체를, 품격 없는 표현이겠지만 최근 유행하는 말로, '꼰대 공동체'라고 할 수 있겠다. '꼰대 공동체'가 어떤 것인지 알기 위해서는 그에 대해 적극적으로 기술하기보다 그와 정반대의 공동체 모습을 대비해 보는 것이 효과적이다. 그러한 공동체 중하나로 '예수 공동체'를 들 수 있다.

신약성경에 등장하는 예수는 생애가 불과 33년밖에 되지 않고, 사회에서 활동한 기간은 고작 3년인데 이 기간을 '공생애 기간'이라고 한다. 예수가 공생애 동안 열두 제자를 중심으로 만든 공동체를 '예수 공동체'라고 하자. 이 공동체가 인류사에 끼친 영향은 이루 말할수 없거니와, 그리스도인뿐 아니라 우리 모두에게 큰 깨우침을 준다.

예수 공동체의 구체적인 모습은 다음과 같다.

첫째, 아동 친화적이다. 예수는 제자들이 자신을 찾아온 어린아이들을 꾸짖는 것을 보고는 노하여 제자들에게 "어린아이들이 내게 오는 것을 용납하고 금하지 말라 하나님의 나라가 이런 자의 것이니라 내가 진실로 너희에게 이르노니 누구든지 하나님의 나라를 어린아이와 같이 받들지 않는 자는 결단코 그곳에 들어가지 못하리라"(막10:14-15)고 말했다. 이 말에서 알 수 있듯이 예수 공동체는 어른과 아동이 동등한 인격체로 존중되는 공동체다. 어른으로서 당연히 해야 할 책임인 아동 보호를 제외한 나머지 영역에서는 아동을 인간 대 인간으로 존중하고 배려하라고 요구한다.

둘째, 여성 친화적이다. 예수 공동체는 열두 제자가 핵심이었으나, 여성들이 예수 생존 전후에 공동체의 존속에 커다란 역할을 했음은 두말할 필요가 없다. 예수가 십자형을 당하자 열두 제자는 모두 도망갔지만 여성들은 예수의 무덤에 최초로 찾아갔다. 게다가 예수 자신도 여성 친화적인 모습을 자주 연출했다. 남성 중심의 사회에서 간음하다 발각된 여성을 데리고 온 무리에게 "죄 없는 자가 먼저 돌로 치라"(요 8:7)고 한 일화는 오늘날 우리에게도 시사하는 바가 크다.

셋째, 사회적 약자 존중의 공동체다. 예수 공동체는 불치병자, 장애인, 고아와 과부, 외국인 등 당시 사회에서 약자라 할 수 있는 사람들 편에 서려 했던 공동체다. 예수는 서둘러 길을 가는 중에도 언제든지 멈추어 서서 그들의 애환을 듣고 해결해 주고자 했다. 예수는 주리고 목마른 자들에게 먹을 것과 마실 것을 주고, 나그네들을 영접하고, 헐벗은 자들에게 옷을 입혀 주고, 병든 자들과 옥에 갇힌 자들을 돌보아 준 것이 바로 자신에게 한 것이라고 가르쳤다. 사회적 약자를 위해 자신의 모든 것을 내주었지만, 정작 예수 자신은 평생 잠잘 곳조차 없었고 십자가에서 처형당할 때 마지막 소유물이었던 옷마저도 로마 병사들에게 빼앗겼다. 부양할 가족도 두지 않았고, 후계자를 자신의 핏줄이나 형제로 지정하지도 않았다.

넷째, 열린 공동체다. 예수 공동체는 예수의 가르침을 따르고자 하는 자는 누구든 제자로 받아들였다. 그중에는 민족적으로 지탄받았던 세금 징수원도 있었고, 예수를 처형하는 데 앞장선 단체에 소속된 사람도 있었으며, 극단적인 민족주의자가 있었는가 하면 심지어 스승을 정적에게 팔아넘긴 사람도 있었다. 또한 예수는 자신을 따르는 사람들을 감시하거나 동향을 파악하지 않았다. 오히려 그들에게 감시당했으며 결국에는 제자 중 한 사람에게 배신을 당해 십자가 형벌을 받게 된다. 더 나아가 예수는 선한 사마리아인 비유를 통해 '내가 이웃 사랑을 실천할 수 있도록 상대방이 되어 주는 모든 사람이 나의 이웃'이라며 이웃의 경계를 없애 버렸다.

다섯째, 탈권위주의적이다. 예수는 스승의 지위에 따르는 보상을 받으려고 하는 모습을 보인 적이 없다. 예수가 가는 곳에는 늘 잔치와 파격적인 소통이 있었다. 예수는 자신의 몸에 기대어 응석을 부리는 제자들을 온전히 받아들였고, 대야에 물을 떠 와 쪼그리고 앉아 제자들의 냄새 나는 발을 씻겨 줄 정도로 평등한 인간관계를 즐겼다. 예수를 시기한 사람들에게 "보라 먹기를 탐하고 포도주를 즐기는 사람이요 세리와 죄인의 친구로다"(마 11:19)라는 비방도 받았다. 이는 원색적으로 표현하면 '금식하지 않고 돼지처럼 먹기만 하고, 술에 절어 살며, 양아치 같은 놈들과 어울려 다닌다'는 것이었으나 예수는 오히려 자신을 비방하는 자들을 긍휼히 여겼다.

공동체를 위한 이해 8단계 : 정의의 공동체와 사랑의 공동체
- 현대 민주주의에서 이루어지는 공동체는 호혜성과 연대성을 바탕으로 정의를 실현하는 정의의 공동체다.
- 기독교가 지향하는 공동체는 정의의 실현을 넘어 희생과 용서를 전제로 하는 사랑의 공동체다.
- 예수 공동체는 아동 친화적이고, 여성 친화적이고, 약자 존중의 공동체이고, 열린 공동체이고, 탈권위주의적인 공동체다.

문제의식 8
- 부정적인 사회 문제 해결을 위해 가장 시급하고 중요한 과제는 무엇인가? 예수가 일군 공동체는 우리 사회에 어떤 대안을 보여 주는가?

9장

—

사랑의 출발,
존중과 배려가 있는 정의

—

앞서 우리는 '의'라는 단어는 실생활에서 '관계적 측면에서의 옳음', '행동 방식에서의 옳음', '인간 성품에서의 올바름(옳음)'이라는 세 가지 맥락에서 사용된다고 했고, 인간 성품에서의 올바름이란 옳음을 실천하는 사람들이 습관적으로 타자에 대하여 정당하게 대접하는 것을 통하여 형성한 성품 내지 기질로서의 올바름을 의미한다고 했다.

고대 그리스 철학자들을 비롯한 윤리학자들은 정의의 의미를 인간이 이루어야 할 탁월한 성품으로 보았다. 다시 말해, 내면적 선들의 획득 수단인 덕으로서의 정의를 논했던 것이다. 아리스토텔레스도 정의란 "사람들로 하여금 정의로운 것들을 실천할 수 있는 사람이 되게 하고, 실제로 정의로운 행위를 하며, 정의로운 것들을 바라게 만드는 품성 상태"[24]라고 한다. 이를 이어받은 윤리학자들은 여전히 '정의로운 인간'이라는 주제로 정의의 문제를 인간의 성품 차원에서 논한다. 이들을 '덕으로서의 정의론'이라고 할 수 있을 것이다.

그런데 근대 이후 정의는 인간의 성품에 초점을 두지 않고 외면적 선들의 분배 원칙으로 보기 시작했고, 이는 '사회 정의' 차원에서 외면적 선들의 공정한 분배를 논하는 현대의 정의론으로 발전했다. 이러한 '제도 중심적 정의론'은 현대 정의론의 주된 경향을 이루어 왔다.

하지만 이러한 제도 중심적 정의론에는 나름의 문제점이 있다는 지적이 제기되었고, 그 문제점을 보완하거나 극복하기 위해 '실현 중심적 정의론'이 대두되었다. 그러나 아무리 정의를 위한 제도를 잘 정비한다고 해도 실현 중심적 정의론자들이 주장하듯이 개별 인간 상호 간에 발생하는 정의와 부정의의 문제를 완벽하게 해결할 수는 없다.

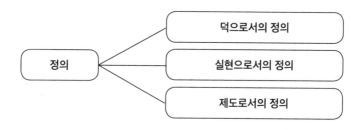

한편, 실현 중심적 정의론자들이 주장하는 바는 정의의 실현에서 완벽한 제도 만들기를 우선할 것이 아니라 인간 상호 간 개별적인 부정의가 있는 경우에는 그러한 부정의부터 없애 나가야 한다는 것이다. 이를 위해서는 정의로 '각성'된 개인들이 보다 많이 배출되는 것이 선결 과제라고 한다. 이러한 점들을 모두 고려해 보면, 정의의 문제를 논할 때 정의로운 인간에 관한 문제도 여전히 중요한 주제가

된다고 생각한다. 덕으로서의 정의의 의미는 윤리학 서적을 통해 만날 수 있는데, 그 의미를 잘 요약하는 글이 있어 소개한다.

우리는 일단 개인적 덕목으로서의 정의를 살펴보도록 하겠다. 이 덕목들은 지극히 원론적으로 '교정의 기능'을 갖고 있다. 이것은 여러 유혹이 숨겨져 있을 때, 동기가 결여되어 올바른 일을 행하지 못하도록 방해하거나, 그리하여 조정이 필요할 때 작용함을 의미한다.

4대 덕목 중에서 유독 정의라는 덕목에만 상반되는 덕목에 비추어 억제해야 하는 고유한 열정이 존재하지 않는다. 각각의 특성에 맞게 용기에는 비겁함, 지혜에는 어리석음, 절제에는 탐욕이 걸림돌이 되는 반면, 거의 모든 욕망은 사람들로 하여금 타인의 권리를 올바로 헤아리지 못하게 하면서 부정의하게 행동하도록 미혹하고 있다. 그러나 부정의한 행동을 유발하는 것은 감정만이 아니다. 때로는 정의의 요구에 따르지 않는 것이 우리에게 유익이 되거나, 도구적 의미에서 합리적으로 여겨지는 경우도 있다. 그리고 대부분 원래 의도 자체는 결코 부정의하게 행동하려는 것이 아니지만, 부정의를 가급적 자기 이익을 효율적으로 추구하려는 노력의 부작용쯤으로 받아들이곤 한다. 그 때문에 롤스는 합리적인 것과 이성적인 것을 구별하고, 이성적인 것을 정의에 봉사하는 것으로 설정했다. 즉 이성적으로 행동하는 사람은 타인에게 공평하게 귀속된 것을 언제나 자신의 이해관계와의 고민에 포함시킨다는 것이다.

이런 의미에서 어떤 사람이 당연히 실천적 덕목으로서 정의롭게 행동한다면 사람들은 그를 '완전한 의미로서' 정의롭다고 인정한다. 이것은 그가 '의무감에서' 대립 충동을 억누르는 것, 혹은 단지 습관적으로 부정의하게 행동하거나 정직하지 않은 방법으로 이익을 챙길 수 없음을 의미할 수 있다. 그런 사람은 정당한 행동을 필요로 하는 상황을 인식할 줄 알고, 그에 대한 동기를 얻으며 올바르게 행동하는 성숙한 정의감을 가진 사람이다. 이로써 정의라는 덕목은 정의로움에 부합한 심성과 거기서 비롯된 행동 등 두 요소를 필요로 한다.[25]

정의는 공동체 구성원 상호 간에 정당하게 대우하는 것이라고 했으므로, 정의로운 성품이란 인간을 인간답게 대우할 수 있는 성품을 의미할 것이다. 그렇다면 인간을 인간답게 대우하는 성품의 구체적인 내용은 무엇인가? 여기에는 다양한 의견이 있으나, "모든 국민은 인간으로서의 존엄과 가치를 가지며"라고 규정하는 대한민국 헌법 제10조를 근거로 하면, '인간으로서의 존엄과 가치에 따라 대우하는 것'이 인간을 인간답게 대우하는 것이라고 할 수 있을 것이다.*

---

* 정의론을 전개시킬 때 인간의 존엄과 가치가 아니라 자유에서 출발하는 견해도 있다. 미국 정치학에서 '공화주의'가 정의론의 기초로 전제하는 인간은 '자연 상태'의 '인간'이 아니라 대체로 정상적인 정신 상태의 성인이면서 영주권을 소지한, 따라서 어린이 또는 항구적이든 일시적이든 인지 능력 또는 그와 관련된 제약이나 질병으로 고통받는 사람들은 제외한 '해당 사회'의 '시민'이다. 그로 인해 공화주의 정의론은 인간의 존엄과 가치의 실현을 통한 '행복'이 아니라 시민의 '비지배로서의 자유'에 출발점이 있다. 공화주의의 대표자인 필립 페팃은 "정의가 자유이며, 자유가 정의다"라는 테제를 제시하면서 "이는 사회 정의라는 문제에서 오직 자유만이 지도적인 선이라는 것을 의미한다. 그것은 정책 입안을 위한 '조정적 이상'이 될 수 있으며 무엇이 정당한 비판과 저항인지를 가늠할 잣대가 될 수 있다. 그러나 비지배 자유는 단지 사회적 정의를 판가름하는 시금석 역할만을 하지 않는다. 정치학의 또 다른 주된 관심사인 민주적 정의와 국제적 정의 역시 이 개념이 제공하는 지침에서 얻을 바가 많다"라고 주장한다.-필립 페팃, 《왜 다시 자유인가》(한길사), 33쪽.

그렇다면 인간의 '존엄'과 '가치'는 무엇인가. 인간은 인류로서의 공통의 가치를 가지고 있을 뿐만 아니라 개별 인간으로서의 능력과 역량의 격차에 따른 가치도 있다. 인류로서의 공통의 가치는 바로 인간의 존엄성을 근거로 한다. 그럼 인간의 존엄성은 어디에서 비롯되는가? 여기에는 인간의 존엄성이 인간의 '이성 능력'에 있다는 칸트의 주장이 일반적으로 받아들여지나, 이를 근거로 하면 '논리적으로는' 정신질환자, 치매 환자, 식물인간, 유아처럼 이성 능력을 상실했거나 이성 능력이 온전하지 못한 사람들은 존엄성이 없다는 평가를 내릴 여지가 있다.

이성 능력을 상실했거나 이성 능력이 온전하지 못한 사람들을 포함해서 모든 인간을 그의 (이성)능력이나 역량에 관계없이 존엄하다고 하기 위해서는 인간이 단세포 생물에서 진화되어 온 동물에 불과하다는 주장은 받아들이기가 어렵게 된다. 이는 오히려 인간이 신이라고 불리는 우주 최고의 존재에게서 '그의 형상대로(Imago Dei)' 창조되었음을 인정해야 인간에게 지구상의 동식물과는 차별되는 존엄성이 있다고 주장할 수 있게 됨을 보여 준다.

그렇다면 인간을 인간답게 대우한다는 것은 인간을 그의 능력과 역량에 관계없이 존엄성을 해치지 않는 방식으로 대우한다는 것이다. 그러한 대우의 방식은 바로 존중과 배려다. 존중이란 인간을 그 능력이나 역량에 관계없이 그 존엄함을 인정하는 것이고, 배려란 인간마다 능력과 역량에서 차이를 보이므로 능력과 역량의 부족이나 결여로 인해 인간의 존엄성을 실현하기 어려운 사람에게는 그와 다른 처지에 있는 사람들의 배려를 통해 인간의 존엄성 실현에 부족함이 없게 해 주는 것을 의미한다. 결국, 성품(덕)으로서의 정의는 인간에 대한 존중과 배려를 실현할 수 있는 내면의 성품 상태라고 할 것이다.

사람들은 자신이 당하는 부정의한 사태를 표현할 때 '억울함'과 '서러움'이라는 말을 사용한다. 어떤 사람이 억울하다는 것은 인간 자체로서 존중되지 못하고 있음을 의미하고, 서럽다는 것은 공동체 구성원에게 배려받지 못하고 있음을 의미한다.

예를 들어, 어느 고등학생이 열심히 아르바이트를 해서 최신 책을 샀다고 하자. 이 학생은 정당하게 일을 해서 책을 구입했으므로, 자신에게 주어진 몫인 책을 배타적으로 사용할 권한이 있다. 만약, 다른 고등학생이 이 학생의 책을 빼앗아 갔다면 이러한 상태는 시정되어야 마땅하고, 책을 빼앗아 간 학생은 빼앗은 책을 되돌려 주어야 할 뿐만 아니라 타인의 재물을 탈취한 데 맞는 형사 책임도 져야 한다. 그러지 못할 경우에는 책을 빼앗긴 학생으로서는 억울함을 느끼게 된다.

그런데 그 학생의 책을 빼앗아 간 아이는 부모가 없는 고아인데, 어느 누구도 그 학생에게 책을 살 돈을 주지 않아 어쩔 수 없이 친구의 책을 빼앗았다고 해 보자. 이 경우 책을 빼앗을 수밖에 없었던 학생을 위해 우리는 책을 살 수 있도록 배려해 주어야 하지 않을까. 누구도 그러한 배려를 해 주지 않는다면 그 학생은 서러움을 느낄 것이다.

존중과 배려를 보여 주지 못한 나의 행위로 상대방이 억울함과 서러움을 느낀다면, 나는 그의 감정에 공감하여 죄책감과 수치심을 느낄 수 있어야 한다. 존중과 배려를 보여 주지 못한 어느 사람의 행위로 말미암아 또 다른 사람이 억울함과 수치심을 느끼고 있을 때, 나는 그의 감정에 공감하여 의분과 자비심을 느낄 수 있어야 한다. 존중과 배려의 마음은 이웃에 대한 공감 능력을 강화시킨다. 존중과 배려는 이웃 사랑 정신의 최소한의 모습이다.

존중과 배려를 기반으로 하는 정의는 자기희생과 용서를 통해 완성되는 사랑의 출발점이다. 이 점에서 정의는 사랑과 연결점을 가지게 된다. 구약성경에서는 공의와 정의가 핵심 덕목이었으나, 신약성경으로 와서는 정의와 공의 대신에 "온 율법과 선지자의 강령"(마 22:40)인 사랑(하나님 사랑과 이웃 사랑)이 최고 덕목으로 자리를 잡게 된다. 정의의 공동체를 넘어 사랑의 공동체를 지향하는 것이 기독교 공동체의 본질이다.

공동체를 위한 이해 9단계 : 존중과 배려

- 정의로운 성품이란 인간을 인간답게 대우할 수 있는 성품이다.
- 인간을 인간답게 대우하는 방식은 존중과 배려다.
- 존중과 배려를 기반으로 하는 정의는 자기희생과 용서를 통해 완성되는 사랑의 출발점이다.

문제의식 9

- 삶에서 존중과 배려는 어떤 모습으로 나타나는가?

10장

신뢰와 정직이라는
정의의 사회적 자본

—

현재 한국 사회는 고도로 질서 정연한 사회는 아니므로 제도상의 부정의 문제가 남아 있고 나아가 개별 구성원 상호 간에도 부정의의 문제가 여전히 발생하고 있다. 개별 구성원 상호 간의 정의와 불의의 문제 해결에서 출발하는 정의론을 '실현 중심적 정의론'이라 함을 앞서 언급했다.

정의가 사회(공동체) 구성원 상호 간에 정당하게 대우하는 것이라고 했으므로, '실현으로서의 정의'의 문제에서는 개별 구성원 상호 간에 정당하게 대우하고, 어떤 경위로 부당한 문제가 발생했을 때 시정 내지 조정하는 문제가 된다.

먼저, 개별 구성원 상호 간의 정당한 대우의 문제다. 예를 들어, 개개 구성원이나 국가 기관은 다른 사회 구성원의 생래적 고유의 몫인 생명과 신체에 대한 안녕을 해쳐서는 안 되고, 다른 구성원이 정당하게 상속을 받았거나 근로를 통해 취득한 재산은 그 정당성을 부인하며 도덕적으로 비난하거나 탈취하는 등의 행위를 해서는 안 되며, 근로관계나 거래 관계에서 발생한 상대방의 몫은 정당하게 지급해야 하는 등의 법적 및 도덕적 의무를 진다. 한마디로 말하면, 각 사회 구성원은 다른 구성원이 보유하는 몫이나 받아야 할 몫을 '존중'하고 인간의 존엄성을 유지하기 어려운 몫을 받는 경우에는 최소한의 몫을 받을 수 있도록 '배려'해야 한다.

다음으로, 부당한 대우의 시정 및 조정의 문제다. 사회 구성원 사이에 정당한 대우를 받지 못한 경우에 그대로 두는 것은 정의롭지 못한 일이다. 이처럼 분쟁 당사자 상호 간에 사적인 해결이 되지 않을 경우에 현대 법치 국가에서는 최종적으로 법원에서의 재판 절차를 통하여 부당한 대우의 시정이나 조정을 하도록 하고 있다. 법원은 '사법부'를 구성하는 '사법 기관'이다. '넓은 의미에서의 사법 기관'에는 검찰 및 경찰 등과 같은 수사기관, 구체적·개별적 분쟁 사건에서의 재판을 담당하는 법원 및 헌법 규범 관련 재판을 담당하는 헌법재판소가 포함되나, 법원을 제외한 나머지 사법 기관은 사법부에 소속된 기관이 아니다.

재판의 두 가지 이념은 '절차 보장'과 '진실 발견'이다. 이 둘은 상호 간에 깊은 영향력을 행사하며 재판의 과정을 지배하고 결과를 이끌어 낸다. 먼저, 재판에서 진실의 탐구는 이해 당사자가 마구잡이로 제출한 자료를 가지고서 이루어지는 것이 아니라 법이 보장하는 절차와 시간의 한계 속에서 이루어진다. 한편, 재판에서 절차의 보장은 당해 사건의 진실 탐구라는 목적 범위 내에서 이루어지는 것으로 다른 사건에 대비하여 증거자료를 미리 확보하고자 하는 경우에는 배제된다. 결국, 재판에서의 진실 발견은 절차 보장이라는 제약하에 행해질 수밖에 없고, 이는 당사자뿐만 아니라 법관에게도 진실을 발견하게 하기 위한 무한정의 시간을 부여할 수 없도록 만든다.

재판 절차에서는 이러한 제약 아래서 진실을 찾아 나가야 하기 때문에 민사법 영역에서는 '형식적 진실주의'라고 하고, 형사법 영역에서는 진실 발견에 좀 더 신중하자는 취지에서 '실체적 진실주의'라고 할 뿐, 순수하게 '진실주의'라는 용어는 사용하지 못하는 형편이다. 이러한 현실 아래에서는 안타까운 일이지만 사건에 따라서는 간혹 판결을 통해 선언한 '사실'이 '진실'이라고 할 수 없는 경우가 발생하기도 한다. 가장 중요한 증거가 숨겨지거나 분실되어 진실을 밝힐 수 없는 경우도 있고, 허위 진술이나 증언으로 인해 진실이 왜곡되는 경우도 있다. 그 때문에 진실을 찾아내어야 할 책무를 지닌 법관의 고뇌는 깊을 수밖에 없다.

판사 초임 시절, 배석 판사로서 겪었던 일화 하나를 소개한다. A라는 여성이 남편인 B를 상대로 이혼 및 위자료 청구 소송을 제기했다. 그 이유 중 하나는 B가 C라는 여성과 내연 관계에 있고 부정행위를 저질렀다는 것이었다. 그런데 부정행위와 관련해 제출된 자료로는 C가 운영하는 식당의 한 테이블에서 B와 C가 마주 보고 이야기하는 한 장의 사진밖에 없었고, 그 외에는 부정행위를 의심할 만한 결정적인 증거가 없었다. 그 장면에 관하여 B는 C가 운영하는 식당의 단골

손님으로서 홀로 식사하던 중 잠시 C와 이야기하는 것일 뿐이라고 해명했다. 그럼에도 A는 두 사람의 부정행위를 강력히 주장했고, C를 증인으로 소환해 신문해 달라고 요청했다. 그래서 B의 동의를 얻어 C를 증인으로 소환해 신문을 실시했다. A와 그녀의 변호사는 번갈아 가며 부정행위의 정황을 캐내기 위해 1시간가량 C에게 집중적으로 질문을 던졌다. 하지만 C에게 유리한 진술을 전혀 받아 내지 못했다. 심리를 마친 뒤, 필자를 비롯한 3명의 재판관은 증거상으로는 B와 C의 부정행위 사실을 인정하기가 어렵겠다는 데 잠정적인 의견의 일치를 보았다.

그런데 그날 저녁, 필자는 놀라운 광경을 목도했다. 야근을 마치고 밤 11시경 귀가하기 위해 근처 지하철역으로 갔다가 법정에서 본 B와 C가 팔짱을 끼고 걸어가는 모습을 우연히 본 것이다. 밤늦은 시각이라 행인이 거의 없었기 때문에 착각할 만한 상황도 아니었던지라 불과 몇 시간 전 법정에서 아무 관계가 없다고 핏대를 올리던 두 사람의 모습을 생각하니 그저 실소가 나올 따름이었다. 다음날 사무실에 출근하여 전날 있었던 일을 이야기했더니 동료들은 놀라운 표정을 감추지 못했다.

이처럼 당사자가 마음먹기에 따라 법정에서 진실이 왜곡되는 경우가 발생하기도 한다. 특히, 우리 사회는 가까운 일본에 비해 무고나 위증 사건이 월등히 많다. 사실만을 말해도 진실 발견이 어려운 형편인데, 무고와 위증이 도를 넘는 현실 아래서는 판사가 아무리 추론 능력을 갈고닦는다고 해도 전지전능한 신이 아닌 이상 난생처음 법정에서 만나게 되는 당사자들의 말이나 제출된 증거를 가지고 한 치의 오류도 없이 진실을 가려내기는 결코 쉬운 일이 아니다.

신뢰와 정직은 가장 중요한 '사회적 자본'이다. 일례를 들면, 유대인들이 국제 다이아몬드 시장을 장악할 수 있었던 것도 유대인 사회에 깊이 뿌리내린 신뢰 때문이라고 한다. 이처럼 우리 사회가 한 단계 더 수준 높은 사회로 진입하려면 신뢰 지수가 한층 더 높아져야 한다. 법정에서 진실이 은폐되거나 왜곡되는 경우가 점차 줄어 정의가 바로 세워져야 한다.

공동체를 위한 이해 10단계 : 신뢰와 정직
- 재판의 두 가지 이념은 절차 보장과 진실 발견이다.
- 법정에서 진실이 은폐되거나 왜곡되지 않고 정의가 바로 세워지기 위해 신뢰와 정직이 필요하다.

문제의식 10
- 인간다운 사회를 위해서는 보다 높은 차원의 덕목, 신뢰와 정직이 필요하다. 이를 위해 공동체 안에서 어떤 노력이 필요한가?

11장

정의의 수레바퀴는
어떻게 굴러가는가

—

정의의 문제는 사회(공동체) 내에서의 인간 상호 간의 대우 문제
다. 인간관계에서는 이기심이나 약속 위반 등으로 인해 부당한 대우
가 항상 발생할 수 있음을 전제하고 있다. 만약 부당한 대우가 발생
했음에도 이를 시정하지 않고 그대로 방치한다면, 이것은 극단적으
로 표현하면 '인간이 인간에 대해 늑대'가 되게 만들고, 이는 공동체
에도 공동체 구성원에게도 불행한 일이다. 공동체 구성원 상호 간의
부당한 대우 문제는 직접 당사자와 관련자들끼리 사적으로 해결하
는 것이 최선이다. 하지만 그렇지 못할 경우에는 현대 법치주의 국
가 원칙상 분쟁 해결은 최종적으로 사법 기관인 법원의 재판을 거쳐
야 한다.

법원에서 재판 절차를 실제로 주도하는 것은 법관인데, 법관은 재
판을 할 때 자신의 지식이나 가치관에 따라서 하는 것이 아니라 원

칙적으로 '법(실정법)'에서 규정하는 바에 따라서 한다. 그러므로 법은 정의의 실현 수단이라고 할 것이다. 한편, 법과 그 집행 과정을 통해 형성되어 가는 제도를 보면, 국민의 공동체 구성원 상호 간에 정당하게 대우하는 내용과 방법이 어떤 것인지 알 수 있다. 결국, 제도로서의 정의론은 법과 제도를 얼마나 정의롭게 만들어 가는가 하는 것에 관한 논의다.

정의를 공동체 구성원 상호 간에 정당하게 대우하는 것이라고 했으므로, 인간 상호 간에서 정당한 대우는 정당한 몫을 분배하는 데서 출발한다. 그래서 고대 로마의 법학자 울피아누스(Ulpianus)는 '정의란 각자에게 그의 정당한 몫을 주려는 변함없고 영원한 의지'라고 했던 것이다.

각 구성원에게 분배된 몫은 그 몫을 보유하는 자가 배타적으로 향유할 수 있어야 하고, 그 향유를 방해받거나 침탈당한 경우에는 그 시정을 요구할 수 있어야 한다. 그것을 인정하지 않을 경우에는 몫을 분배할 아무런 이유가 없다. 한편, 각자의 능력과 역량에 따라 공동체 생활을 하다 보면 분배의 격차가 심해지는 경우가 있다. 이를 그대로 두면 인간의 존엄성을 침해할 수도 있고 사회의 통합이나 연대를 저해할 수도 있다. 이러한 문제들을 해결해 나가기 위해서는 분배 격차의 조정이 필요하다.

결국, 제도로서의 정의론에는 사회적 가치의 분배, 향유, 시정 및 조정을 어떻게 할 것인가에 논의의 초점이 맞추어져 있다.

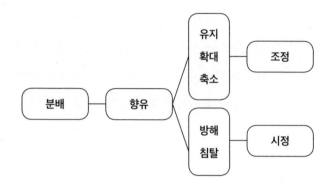

제도로서의 정의론에서 다루어지는 사회 정의의 문제는 외면적 선들의 분배 및 향유에 관한 문제다. 정의론에서 분배될 몫으로 논의되는 것은 '생명, 자유, 소득과 부, 권리와 의무, 권력과 기회, 공직과 영광' 등과 같은 외면적 선들이다. 이들을 보통 '사회적 가치'라고도 부른다. 그런데 권리와 의무는 생명, 자유, 재산권의 향유에 직결되고, 권력과 기회, 공직과 영광도 자유권이나 재산권 행사의 취득에 관계되므로 결국 분배되어야 할 사회적 가치는 로크가 주장한 바와 같이 '자유, 생명, 재산'으로 압축할 수 있다.[26]

사회적 가치가 개인에게 정당하게 분배되었을 때, 그 분배된 몫을 '응분의 몫(desert)'*이라고 한다. 응분의 몫을 나누어 주는 근거로는 업적(공적), 노력, 능력, 자격, 명예, 신분 등이 있다. 업적(merit)이나 자격(entitlement)이 있다고 해서 일률적으로 응분의 몫이 주어지 것이 아니다. 구체적으로 주어질 응분의 몫의 근거가 되는 업적이나 자격을

---

* 'desert'는 사전적으로 '응분의 상, 당연한 보수, 상을 줄 만함, 업적, 장점' 등의 뜻을 가지고 있다. 정의론에서는 통상적으로 '응분의 몫'으로 번역되어 사용된다.

'응분의 (몫을 누릴) 업적'이나 '응분의 (몫을 누릴) 자격'이라고 한다. 예컨대 의사 자격시험에서 일정 수준 이상의 점수는 의사 자격증이라는 응분의 (몫을 받게 되는) 업적 또는 자격이라고 할 수 있으나, 의사 자격증을 취득했다고 해서 곧바로 특정한 병원의 인턴직이나 레지던트직이라는 응분의 몫이 주어지는 것이 아니다.[27] 아래에서 업적과 응분의 몫이 문제될 수 있는 가상적 사례를 보기로 하자.

첫 번째로, 제과점을 동업으로 운영하기로 한 사람들에 관한 것이다. 두 사람이 제과점을 동업으로 운영하기로 하되 한 사람은 제과점에 설치된 기계 장치와 재료들을 제공하고, 다른 사람은 제과 기술을 제공하기로 했다. 그런데 이들은 제과점 창업에 급급한 나머지 제과점을 운영하기 전에 이익 분배 방식의 약정을 잊어버렸다. 이들은 열심히 노력했고, 그 결과로 큰 수익이 발생했다.

문제는 여기서부터 발생하기 시작했는데, 두 사람 모두 욕심이 생겨 서로 더 많이 분배받으려고 했기 때문이다. 그들이 주장한 바는 자신의 업적이 상대방보다 더 크다는 것이었다. 즉 기계 장치와 재료를 제공한 사람은 자신이 돈을 투자하지 않았다면 제과점을 운영할 수 없었으므로, 자신의 업적이 더 크다며 제과 기술을 제공한 사람보다 몫을 더 받아야 마땅하다고 주장했다. 제과 기술을 제공한 한 사람은 아무리 기계 장치와 재료가 있다고 해도 제과 기술이 없으면 과자를 만들 수 없었을 것이므로, 자신의 업적이 더 크다며 자신이 몫을 더 받아야 마땅하다고 주장했다. 결국, 두 사람은 응분의 몫에 대한 의견 차이로 법정에 서게 되었고, 법원의 판결에 따라 이익을 분배하게 되었다.

두 번째로, 조직 내의 이익 분배에 관한 문제다. 어느 자동차 제조 회사에서 근무하는 두 사람이 있는데, 그중 한 사람은 입사한 지 10년 차고, 다른 사람은 입사한 지 5년 차다. 두 사람은 동일한 제조 공정에서 동일한 숙련도로 일을 처리하고 있지만 지급받는 임금은 동등하지 않다. 두 사람의 업적을 평가하는 데는 동일한 업무를 한 것 외에 연공서열이라는 요소가 포함되어 응분의 몫에 차이를 발생시켰다.

세 번째로, 수능 시험 성적에 관한 것이다. A와 B가 수능 시험을 쳐서 같은 대학 같은 과에 입학 원서를 접수했다. 한국인인 A가 다문화 가정 출신인 B보다 수능 시험 성적이 조금 더 높았고, 다른 조건은 모두 같았다. 그런데 대학 당국은 사회적 약자 배려를 이유로 B를 합격시켰다. 그러자 A는 자신의 수능 시험 성적이 더 좋고, 사전에 다문화 가정 학생들을 우대한다는 사실을 공지한 바가 없는데 왜 자신을 불합격시켰느냐고 이의를 제기했다. A의 주장 속에는 수능 시험 성적이 업적에 해당할 뿐만 아니라 대학에서 학업을 이수할 능력을 보증하는 것이므로 그에 따른 응분의 몫인 합격이 주어져야 한다는 생각이 깔려 있으나, 대학 당국의 입장은 수능 시험 성적은 대학 입학이라는 응분의 몫을 주어야 할 업적이나 능력으로 보지 않겠다는 것이라고 볼 수 있다.

위 세 번째 가상의 사례에는 운('자연적 운'과 '사회적 운')에 대한 평등주의적 사고를 전제하고 있다. 이러한 사고에 대해 미국의 정치 철학자 마이클 왈쩌(Michael Walzer)는 다음과 같이 의견을 피력한다.

평등을 옹호하는 자들은 응분의 몫의 현실성을 거부하도록 종종 강요받음을 느꼈다. 그들이 주장하는 바에 따르면, 우리가 인정받을 만하다고 부르는 사람들은 단지 운 좋은 사람들이다. 그들이 확실한 역량이나 능력을 갖고 태어나거나, 사랑을 주거나 엄하거나 자극을 주는 부모들에 의해서 길러지게 되면, 그들은 아주 우연히 매우 주의 깊게 길러진 자신들의 특정한 능력들이 또한 귀중하게 평가되는 일정 시간과 공간에 살고 있음을 발견하게 된다. 이것 중 그 어느 것에도 그들은 결코 신망을 주장할 수 없다.

가장 깊은 의미에서 볼 때, 그들은 자신들의 성취 업적들에 책임질 수 없다. 그들이 공들인 노력조차도 그들이 겪은 고통스러운 훈련조차도 개인적인 장점에 그 어떤 증거가 결코 되지 못한다. 왜냐하면 노력할 수 있거나 고통을 참을 수 있는 능력이 그들의 다른 모든 능력과 마찬가지로 단지 자연에서 임의적으로 주어진 선물이거나 아니면 양육된 결과일 뿐이기 때문이다.

그러나 이것은 이상야릇한 주장이다. … 인정, 자만심, 자존심, 우리의 가장 중요한 소유물들, 이 모두가 지니고 있는 반사적 형식들,… 이 형식들은 다음과 같은 조건 아래서는 개인들 모두에게 무의미하게 될 것이다. 즉 개인들의 자질이 단지 제비뽑기의 행운 정도로만 여겨진다면 이 형식들은 무의미할 수밖에 없을 것이다.[28]

한편, 정의를 위한 법과 제도를 만들어 갈 때 미래 세대에 분배할 몫도 신중히 고려해야 한다. 이른바 '미래 세대를 위한 정의'의 문제다. 현세대는 정의의 문제를 논할 때 미래 세대를 존중할 의무가 있다. 정의의 보장은 실정법에서부터 출발한다. 실정법은 주권자가 자신에게 내리는 명령이고 다른 주권자와 맺은 관계에서는 약속을 의미하므로, 주권자는 자기 명령의 의무와 사회적 약속으로서 법을 지킨다.

하지만 법 제정 당시에 존재하지 않던 세대는 명시적으로 그러한 의무나 약속을 부담한 바가 없고, 단지 그들이 출생 시부터 당해 국가의 국민으로서 국가의 보호를 받는다는 등의 이유로 앞 세대가 제정한 법을 수용하거나 수인할 따름이다. 미래 세대가 법을 승인하기 위한 최상의 유보 조건은 법의 정의로움에 있다. 분배의 규칙으로서의 법이 정의롭지 않다면, 그들은 앞 세대가 제정한 법을 주권자의 명령이나 약속으로서 승인하기보다는 폭압으로 생각하고 거부할지도 모른다.

따라서 모든 세대의 몫인 희소 자원이나 환경 등과 관련한 분배의 규칙을 정할 때는 미래 세대에 불리한 내용으로 대못질이나 알박기를 해 두기보다는 그들을 존중하는 뜻에서 그들의 시대 상황에 맞게 유연하게 대처할 수 있도록 여지를 남겨 두어야 한다.

제도로서의 정의는 원칙적으로 호혜성(상호성)과 연대성을 바탕으로 성립되는 공동체와 그 구성원 사이의 적법하고 정당한 분배(이상적으로는 '평등한 분배')에 관한 문제다. 한 사람은 열심히 노력해서 사회적 가치를 창출하기만 하고, 또 다른 사람은 아무런 일도 하지 않고 빈둥거리기만 하다가 창출된 사회적 가치를 누리기만 하는 경우(이른바 '무임승차')는 정의의 공동체가 구성되거나 유지되기가 어려울 것이므로,

상호성과 연대성을 바탕으로 하는 정의의 문제가 발생하지 않는다.

지구촌 공동체의 문제가 바로 여기에서 발생한다. 국가 내의 정의의 문제는 원칙적으로 상호성과 연대성이 보장되는 국민들 사이의 문제이므로, 특정 국가 바깥의 구성원들에게는 원칙적으로 국가 내의 정의의 문제로 접근할 수 없다. 이러한 난점을 극복하기 위해 정의를 특정 공동체 내의 완벽한 제도 구축에서 출발하지 말고, 개별적인 부정의를 없애 나가는 데서 출발하자는 주장이 나오고 있다. 앞서 이 주장을 '실현 중심의 정의론'이라고 언급했다.

정의의 네 국면 : 분배받아 누리고, 시정하고, 조정하다

제도로서의 정의의 첫 번째 국면은 사회적 가치의 분배 국면이다. 사회적 가치란 생명, 자유, 재산(소득과 부), 권리와 의무, 권력과 기회, 공직과 영광 등 개인이 배타적으로 누릴 수 있는 가치(재)를 의미하고, 이는 '자유, 생명, 재산'으로 압축할 수 있다고 앞서 언급했다. 생명, 자유, 재산의 분배 제도를 정의롭게 정립하는 '분배적 정의'는 정의론의 출발점이다. 분배적 정의가 제대로 이루어지지 않으면 나머지 국면인 향유, 시정, 조정 국면도 온전한 기능을 하기가 어렵다.

최저 임금제를 예로 들어보자. 이는 최근 한국 사회에서 주요 쟁점으로 떠오른 것 중의 하나다. 근로자들로서는 아직도 최저 임금 기준이 낮다며 더 많이 올려야 한다고 주장하고, 임금을 주어야 하는 사용자 측에서는 그렇게 급격하게 올렸다가는 기업이 더 이상 수익을 낼 수 없어 결국에는 근로자들에게도 피해가 가게 된다고 주장한다. 그렇다면 최저 임금제 문제는 정의의 문제일까? 대답은 '그렇다'는 것이다. 최저 임금제가 정의의 문제인 이유는 최저 임금제가 근로자들이 자신들의 능력과 역량에 대한 정당한 대가를 분배받는 문제일 뿐만 아니라 존엄한 인간으로서 정당한 대접을 받는 문제와도 관련이 있기 때문이다.

두 번째 국면은, 사회적 가치의 향유 국면이다. 이는 개인이 자신에게 이미 분배된 사회적 가치를 제약 없이 배타적으로 누리는 것으로, '향유적 정의'라고 할 수 있다. 먼저, 사람들은 자신의 생명과 신체의 안녕을 위해 자율권을 행사할 수 있고, 타인의 침해(침탈과 방해)가 있거나 예상되는 경우에는 적절한 조치를 취할 수 있다. 사람들은 자아실현과 재산의 취득을 위해 권리나 의무를 부담할 수 있고, 권력과 기회, 공직과 영광을 획득하기 위해 도전하고 경쟁할 수 있다.

또한 정당하게 취득한 권력과 기회, 공직과 영광을 그 목적에 맞게 행사하거나 누릴 수 있다. 다음으로, 사람들은 자유를 향유하기 위해 자유 의지하에 자신의 소유물을 파괴하는 등의 물리적 결정이나 '트롤리 딜레마' 사례처럼 다섯 명의 광부를 살릴 것인지 한 명의 광부를 살릴 것인지와 같은 도덕적 결정을 내릴 수 있고 그 결과에 합당한 책임을 진다.

끝으로, 사람들은 재산권을 향유하기 위해 자신의 소득과 부를 자유로이 처분하거나 거래할 수 있고, 다른 사람들이 재산권을 침해하거나 하려는 경우에는 적절한 조치를 취할 수 있다. 예컨대 사람들은 자신의 재산으로 휴대폰을 사서 배타적으로 사용할 권리가 있고,

휴대폰이 다른 사람의 손에 있는 경우에는 그 사람에게 돌려 달라고 할 수 있고, 그렇지 않을 경우에 그를 상대로 형사상 또는 민사상의 조치를 취할 수 있다.

만약 사회적 가치의 향유권을 침해하거나 침해할 것이 예상되는 경우에는 정당 방위권이나 저항권도 행사할 수 있다. 다만 국가 안전 보장, 질서 유지, 공공복리를 위해 필요한 경우에 한하여 법률로써 제한될 수는 있으나, 이 경우에도 그 사회적 가치 향유의 본질적인 내용을 침해받아서는 안 된다. 그에 대해 공동체의 구성원은 생명, 자유, 재산 등 타인에게 분배된 가치를 존중하고 배려할 의무를 진다. 더 가진 자를 향한 사람들의 시기는 막을 길이 없겠으나, 누구에 의해서도 어떤 명목으로도 타인이 보유한 가치 침탈을 감행해서는 안 된다.

바가지요금의 경우를 살펴보자. 평소에는 모텔 주인에게 10만 원만 주면 하루 숙박할 수가 있었는데, 여름 성수기가 되어 모텔을 찾는 사람들이 많아지자 하루 100만 원을 주지 않으면 안 된다는 말을 들었다. 만약 급한 사정이 생겨 여름 성수기에 100만 원을 주고 하루 모텔에서 숙박했다고 하자. 이런 경우에 아무리 성수기라 해도 100만 원을 받는다는 것은 정당하지 못하고, 여름 성수기를 감안한 적정 가격이 30만 원이라고 하면 나머지 70만 원은 부당 이득이 될 수도 있다. 그런데 70만 원은 원소유자가 배타적으로 향유할 수 없게 된다. 그 때문에 바가지요금 문제는 정의의 문제가 된다.

세 번째 국면은, 시정 국면이다. 사회적 가치의 향유를 침탈하거나 침탈하려고 하는 경우 바로잡게 하는 국면으로 '시정적 정의'라고 할 수 있다. 시민들의 삶 속에는 매매대금을 모두 지급받고 약속한 물건을 주지 않거나, 실제 가격에다 수십 배의 이익을 붙여 판매하여 과도한 폭리를 취하거나, 물건을 훔치거나, 신체나 생명을 해치는 등 사회적 가치에 대한 다양한 형태의 침해가 존재한다. 그런데 이를 그대로 방치하는 것은 침해자에게 면죄부, 다시 말하면 사회적 가치를 침탈해서 향유할 특권을 인정해 주는 꼴이 될 뿐이고, 사회를 자유와 권리가 보장되지 않는 '만인의 만인에 대한 투쟁 상태'로 되돌아가게 만들 수도 있다. 그 때문에 개인의 자연권 보장을 기치로 하는 근대 법치 국가 사상이 정립된 이후로는 이러한 불법과 탈법 행위들로 인한 부정의에 대해 실정법 규정을 통해 적절한 조치를 취할 수 있도록 장치를 마련해 두고 있다.

시정 국면에서는 형사적으로는 형벌과 피해자 회복이 주된 문제가 되고, 민사적으로는 원상회복과 피해 변상이 주된 문제가 된다. 사형 제도를 예로 들어보자. 전 세계적으로 사형 제도를 두는 나라가 있는가 하면 사형제를 폐지한 나라도 있다. 우리나라는 형법에 사형 선고가 가능하도록 되어 있고, 판사들은 여전히 사형 판결을 내리고 있다. 하지만 사형 집행은 1997년 12월 30일을 마지막으로 중단된 상태다. 강연에 가서 이러한 상황에 대한 의견을 물어보면 다수의 청강자들이 정의롭지 못하고 대답한다. 그 이유는 범죄에 대한 시정 조치가 응분의 벌을 통해 정당하게 이루어지지 않고 있다고 생각하기 때문이다.

시정적 정의를 실현하는 과정에서도 과도한 배상을 하게 하거나 죄와 형벌이 균형을 잃는 등 과잉 대응을 해서는 안 된다. 그러한 대응은 인간의 자유와 권리라는 사회적 가치를 새로이 침탈하는 부정의를 초래하는 것이다. 하지만 배상이나 형벌을 부과함에 있어 범죄피해자나 그 유족을 향한 존중이나 배려를 등한시해서는 안 된다는 것을 늘 염두에 두고 있어야 한다.

네 번째 국면은 조정 국면이다. 사회적 가치의 분배 격차를 조정하는 국면으로 '조정적(재분배적) 정의'라고 할 수 있다. 근대 이후 유럽을 필두로 신분적 평등과 정치적 평등이 이루어졌으나, 경제적 평등은 현대에 이르러서도 여전히 숙제로 남아 있다. 문제는 경제적 불평등이 점점 심화되고 있고, 이로 인해 인류 진보의 역사를 되돌리는 사회적·정치적 불평등이라는 연쇄 효과까지 발생된 것이다. '빈익빈 부익부', '소득의 양극화', '수저론'은 이러한 현상을 반영하는 시대적 용어다.

가치의 분배 체계는 기본적으로는 개별 국가의 실정법 구조에 좌우되므로 분배의 불평등을 해소해 나가기 위해서는 관련법의 정비가 필요하다. 하지만 저마다 다른 정의관은 분배 규칙의 조정을 어렵게 만든다. 최저 임금 기준 설정, 비정규직의 정규직화, 청년 수당 지급, 무상 급식 실시, 독점과 불공정 거래 행위의 규제, 역차별의 실시 등 수많은 영역에서 사사건건 대립한다.

특히, 나누어야 할 파이의 크기가 그대로여서 누군가의 양보가 요청되는 경우에는 합의에 이르기가 매우 어렵다. 사실 구성원 모두를 만족시키는 분배 규칙을 만드는 것은 불가능에 가깝다. 하지만 "사회 협동체를 통해 좀 더 나은 생활을 할 수 있다는 점에서 이해관계가 일치한다"는 롤스의 견해와 "빈부 격차가 심해지면 민주 시민에게 요구되는 연대 의식을 약화시킨다"[29]는 샌델의 주장을 수긍한다면, 현재보다 조금이라도 나아진 분배 체계를 계속적으로 실현하는 것이 최선의 길이 아닐까?

분배, 향유, 시정, 조정의 네 국면 중 분배와 조정은 각자의 몫을 주고, 그 격차가 심할 경우에는 몫을 조정하는 것이므로, 결국 이 두 국면은 사회적 몫의 배분과 관련성이 깊다. 따라서 몫의 분배 및 조정 국면을 합쳐서 '배분적 정의'라고 할 수 있다. 한편, 공동체 구성원은 자신에게 주어진 몫을 배타적으로 향유할 수 있고, 그 향유에 방해나 침탈이 있는 경우에는 상대방이나 국가 기관에 시정을 요구할 수 있다. 방해나 침탈에 대한 시정은 각자의 몫의 향유를 전제로 하므로 향유와 시정 국면을 합쳐서 '시정적 정의'라고 할 수 있다.

공동체를 위한 이해 11단계 : 정의의 요소
- 정의의 문제는 사회(공동체) 내에서의 인간 상호 간의 대우 문제다.
- 정의는 각자에게 정당한 몫을 분배하고, 그 몫을 배타적으로 향유할 수 있어야 하고, 그것을 누리는 데 문제가 있을 경우 시정하고, 분배의 격차가 심할 경우 조정하는 것이다.
- 정의는 분배, 향유, 시정, 조정으로 굴러간다고 할 수 있다.

문제의식 11
- 우리 사회는 배분적 정의를 잘 실현하고 있는가?

—

12장

정당한 몫을 어떻게
공정하게 나눌 것인가

—

    공동체 구성원들이 사회적 가치들의 분배 방식에 관한 구조와 제도를 결정할 때, 양극단에 서게 되는 방식은 '업적에 따른 분배 방식'과 '필요에 따른 분배 방식'이다. 기본적으로 업적에 따른 분배 방식은 자유주의자들이 선호하는 방식이고, 필요에 따른 분배 방식은 사회주의자들이 주장하는 분배 방식이다. 그런데 현재 사회의 실상을 염두에 두면, 두 가지 분배 방식 중 어느 것도 사회 정의를 실현하는 데 만족할 만한 결과에 이르게 하지는 못한다. 그래서 두 가지 방식을 양극단에 두고, 양자의 강점과 약점을 종합해 중간 지점에서의 해결책을 제시하고자 하는 것이 분배 방식에 관한 주류 흐름이다.

    성경에서 사회적 가치들의 분배 방식에 관해 유용한 관점을 제공하는 사례들을 찾아볼 수가 있는데, 그 내용은 다음과 같다.

갈렙의 업적이냐, 헬라파 유대인 과부들의 필요냐

첫 번째는 업적에 따른 분배 방식에 관한 사례다. 고대 이스라엘 사람들은 애굽(이집트)에서의 노예살이에서 탈출해 가나안 땅으로 민족 대이동을 했다. 이를 출애굽이라고 한다. 출애굽 당시 이스라엘 민족에는 열두 개의 지파가 있었는데, 그중 레위 지파는 제사장 직분이라는 특별한 직책을 맡아 공동체의 구성원으로서의 의무를 면제받았고, 그 자리에 요셉 지파에서 발원한 에브라임 지파와 므낫세 지파가 채워져 다시 열두 지파를 이루었다. 열두 지파 중 일부 지파는 가나안 정복 과정에서 이미 땅을 분배받았으나, 나머지 아홉 지파와 므낫세 지파 중 반이 아직 땅을 분배받지 못했다.

그때에 유다 지파 중 갈렙이라는 사람이 민족의 지도자인 여호수아에게 찾아와 험준한 지형과 견고함으로 어느 지파도 정복에 나서려고 하지 않은 헤브론을 다른 부족의 도움 없이 자신과 자신의 부족의 힘만으로 정복할 테니 정복하고 나면 그 땅을 자신의 부족에게 분배해 달라고 요청했다. 여호수아는 갈렙에게 그렇게 하겠다고 했고, 결국 갈렙은 헤브론을 점령하여 자신의 영지로 삼을 수 있었다. 갈렙과 그 부족이 헤브론을 차지할 수 있던 것은 그들이 정복한 업적 때문이었다.

두 번째는 필요에 따른 분배 방식에 관한 사례다. 이 방식의 예는 신약성경의 사도행전 2장에서 볼 수 있다. 예수는 십자가에서 처형당했으나 부활했고, 부활한 이후 제자들과 40일간을 함께 지내다가 승천했다. 예수가 승천한 이후 성령이 제자들에게 임하고 수많은 사람이 모여 초기 기독교 공동체를 이루었다. 그들은 "모든 물건을 서로 통용하고 또 재산과 소유를 팔아 각 사람의 필요를 따라 나눠 주며"(행 2:44-45) 살았다. 업적에 따른 분배가 아닌 필요에 따른 분배가 원칙이었다고 할 수 있다.

하지만 이러한 분배 방식은 얼마 못 가서 어려움에 직면하게 되는데, 그 이유는 인간의 정이 개입되었기 때문이다. 기독교 초기 공동체의 구성원들은 크게 유대 본토 출신 유대인과 헬라(그리스) 출신 유대인으로 나눌 수가 있는데, 공동체에 헌납된 물건을 분배할 때 헬라 출신의 과부들이 유대 본토 출신의 과부들에 비해 홀대받는다는 불평이 생겨났다. 그러자 예수 공동체 구성원들은 지혜로운 분배 방식을 채택했다. 바로 분배 사역을 모두 헬라 출신 유대인들에게 맡긴 것이다. 그렇게 선택된 일곱 사람이 바로 스데반, 빌립, 브로고로, 니가노르, 디몬, 바메나, 니골라였다. 그러자 공동체 내의 문제는 사라졌다. 일종의 공정한 절차를 통한 분배 방식을 일부 도입한 것이었다.

세 번째는 사회적 약자 우선 분배 방식에 관한 사례다. 롤스의 정의에 관한 두 가지 원칙 중 제2원칙의 (a)에도 등장한다. 마태복음 20장에서 이러한 방식이 언급된다. 예수는 십자가에 처형당하기 직전에 제자들에게 다음과 같이 가르쳤다.

천국은 마치 품꾼을 얻어 포도원에 들여보내려고 이른 아침에 나간 집주인과 같으니 그가 하루 한 데나리온씩 품꾼들과 약속하여 포도원에 들여보내고 또 제삼시에 나가 보니 장터에 놀고 서 있는 사람들이 또 있는지라 그들에게 이르되 너희도 포도원에 들어가라 내가 너희에게 상당하게 주리라 하니 그들이 가고 제육시와 제구시에 또 나가 그와 같이 하고 제십일시에도 나가 보니 서 있는 사람들이 또 있는지라 이르되 너희는 어찌하여 종일토록 놀고 여기 서 있느냐 이르되 우리를 품꾼으로 쓰는 이가 없음이니이다 이르되 너희도 포도원에 들어가라 하니라 저물매 포도원 주인이 청지기에게 이르되 품꾼들을 불러 나중 온 자로부터 시작하여 먼저 온 자까지 삯을 주라 하니 제십일시에 온 자들이 와서 한 데나리온씩을 받거늘 먼저 온 자들이 와서 더 받을 줄 알았더니 그들도 한 데나리온씩 받은지라 받은 후 집주인을 원망하여 이르되 나중 온 이 사람들은 한 시간밖에 일하지 아니하였거늘 그들을 종일 수고하며 더위를 견딘 우리와 같게 하였나이다 주인이 그중의 한 사람에게 대답하여 이르되 친구여 내가 네게 잘못한 것이 없노라 네가 나와 한 데나리온의 약속을 하지 아니하였느냐 네 것이나 가지고 가라 나중 온 이 사람에게 너와 같이 주는 것이 내 뜻이니라 내 것을 가지고 내 뜻대로 할 것이 아니냐 내가 선하므로 네가 악하게 보느냐 이와 같이 나중 된 자로서 먼저 되고 먼저 된 자로서 나중 되리라(마 20:1-16).

당시 한 데나리온은 노동자의 하루 품삯에 해당하는 가치를 지녔다. 노동자의 하루 품삯은 어쩌면 그와 그의 가족들의 하루 생활비, 다시 말해 최저 생계비라고 할 수도 있다. 위 이야기에서 포도원 주인은 그러한 노동자들의 삶을 충분히 이해했다. 1시간 일한 노동자에게 그에 대한 노임만 지불하는 것은 그와 그의 가족들로 하여금 곤궁에 빠뜨리는 것임을 잘 알았던 것이다. 그래서 포도원 주인은 그에게 하루치 품삯, 다시 말해 하루 최저 생계비에 해당하는 임금을 지급한 것이다. 이러한 예수의 이야기를 통해 우리는 공동선을 지향하는 사회 정의를 실현함에 있어 사회적 약자의 삶의 최저 수준을 보장할 수 있는 분배 구조를 만들어야 한다는 것을 깨달아야 한다.

마지막으로는 공정한 절차에 따른 분배 방식에 관한 사례다. 이 방식은 분배의 절차가 공정하다면 분배의 결과에 모두 승복할 것을 전제로 하는 분배 방식이다. 앞서 본 초기 기독교 공동체에서 모금은 예수의 제자들이 주축이 되고, 모금된 것의 분배는 일곱 명의 헬라파 유대인들에게 맡긴 것도 일종의 공정한 절차에 따른 분배 방식이라고 할 수 있다. 성경에서 공정한 절차에 따른 분배 방식의 또 다른 예는 구약성경의 여호수아서 18장에서 발견할 수 있다.

앞서 보았듯이 고대 이스라엘 사람들은 출애굽하여 가나안 땅으로 들어갔고, 일부 지파는 땅을 분배받았으나 나머지 일곱 지파가 아직 땅을 분배받지 못했다. 그러자 여호수아가 그들 나머지 지파 사람들에게 "너희는 각 지파에 세 사람씩 선정하라 내가 그들을 보내리니 그들은 일어나서 그 땅에 두루 다니며 그들의 기업에 따라 그 땅을 그려 가지고 내게로 돌아올 것이라 … 그 땅을 일곱 부분으로 그려서 이곳 내게로 가져오라 그러면 내가 여기서 너희를 위하여 우리 하나님 여호와 앞에서 제비를 뽑으리라"(수 18:4, 6)라고 명령했다.

여호수아의 명령의 핵심은 일곱 부분으로 나눈 땅을 지파들의 힘의 우위에 따라 나누어 주는 것이 아니라 제비를 뽑는다는 데 있다. 제비뽑기는 각 지파에서 선정된 사람들로 하여금 자신들이 정복하려는 땅을 최대한 균등하게 일곱 부분으로 쪼개지 않을 수가 없게 한다. 왜냐하면 욕심이 생겨 땅을 균등하게 나누지 않았는데, 제비를 뽑은 결과 자신이 의도한 땅이 아니라 가장 작은 땅을 분배받을 수도 있었기 때문이다.

이러한 여호수아의 명령은 사과 하나를 두 사람이 균등하게 나누는 방법을 연상하게 한다. 저울이 없는 상태에서 한 자루의 칼과 한 개의 사과가 있는데, 그 사과를 두 사람이 균등하게 먹게 하는 방법은 한 사람은 사과를 자르게 하고, 다른 사람은 잘린 사과 중 한쪽을 선택하게 하는 것이다. 그렇게 하면 사과를 자르는 사람은 최대한 균등하게 사과를 자를 것이다. 이러한 분배 방식이 바로 공정한 절차로서의 분배 방식이다.

하지만 인간이 소속한 공동체는 위의 네 가지 분배 방식 중 하나만을 채택하는 경우는 없다. 왜냐하면 단 한 가지의 분배 방식만으로는 모든 구성원의 정의에 관한 욕구를 만족시켜 줄 수 없기 때문이다. 그래서 대부분의 공동체에서는 위의 분배 방식들을 출발점으로 매우 다양한 분배 방식에 관한 조합을 만들어 내고 있다.

한편, 분배 방식에 관한 조합을 만들어 내는 데는 공동체 구성원들의 힘의 우열에 좌우되는 경우가 많다. 그래서 고대 그리스의 소피스트 트라시마코스(Thrasymachus)는 "정의는 강자의 이익"이라고 한 것이다. 분배 방식에 관한 사회적 구조와 제조를 만드는 일은 결코 쉬운 일이 아니다.

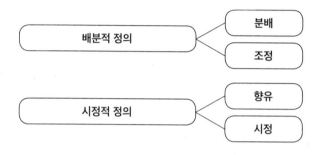

정의론에서 선의 문제는 배제될 수 없다

정의의 출발점은 분배에 있으므로, 정의의 실현은 정당한 분배의 실현으로 초점이 모인다. 어떻게 해야 정당한 분배를 실현할 수 있을지는 공정한 절차를 통해서 하면 된다는 주장과 인간의 정체성이나 사회 조건에 맞게 몫을 분배하면 된다는 주장으로 크게 나눌 수 있다. 전자를 '선이 없는 정의'(또는 '공정으로서의 정의')라고 하고, 후자를 '선이 있는 정의'라고 한다.

무엇이 선인가 하는 문제는 가치관에 관한 문제다. 선이 없는 정의론자는 가치관은 가정, 종족, 교회와 같은 개인이 속한 중간 단위의 공동체(이른바 '연고')에서 배양될 가능성이 높다. 이들은 가치관을 제거하지 않은 채 정의를 논하는 것은 국가나 사회의 평화를 이루기보다는 오히려 분쟁을 심화시킬 가능성이 있으므로, 가치관을 전제로 하는 선은 '괄호로 묶어 두거나 선반 위에 올려놓고(bracket)' 정의를 논해야 한다고 주장한다. 다시 말해, '좋음에 대한 옳음의 우선이라는 원칙'[30]을 내세우며 사회 구성원 개개인의 '연고'는 고려하지 않고 정의를 논해야 한다는 것이다.

하지만 인간은 모두 역사적·사회적 연고가 있는 존재다. 각 구성원이 속한 중간 단계의 공동체를 무시하고서는 정의를 논할 수가 없다. 일에 숙련되고 사회적 인맥도 넓은 아버지와 이제 막 대학을 졸업한 그의 아들을 두고 그들의 연고를 무시한 채 정의를 논하는 것은 정의에 관한 사회 상규에 부합되지 않는다고 할 것이다.[31]

먼저, 최저 임금제를 살펴보자. 최저 임금의 결정과 관련하여 선이 없는 정의론자(또는 공정으로서의 정의론자)는 최저 임금 결정에 이해 당사자의 공정한 참여를 보장하고, 공정한 의결 과정을 거쳐서 결정된 최저 임금은 정의에 합치되는 분배가 된다고 할 것이다. 하지만 선이 있는 정의론자는 최저 임금을 결정할 때 공정이 보장되어야 할 뿐만 아니라 결정된 최저 임금이 공동체의 유대를 유지하거나 강화하고 인간의 존엄성이나 좋은 삶과 같은 선(공동선)을 보장할 수 있어야만 정의에 합치되는 분배가 된다고 한다.

다음으로, 음란물 규제에 관한 법률과 표현의 자유와 관련해서 살펴보자. 이에 관해 법이 선(좋음)에 관한 특정한 견해를 표명해서는 안 된다는 선이 없는 정의론자는 음란물로 인해 발생할 '범죄의 예방'이나 '전체 공동체에 대한 해악 방지'라는 비도덕적 측면에서 규제의 정당성을 인정한다. 하지만 선이 있는 정의론자는 음란물 규제에 관한 법률은 "정부가 공동체와 개인들의 '품위'와 '도덕'에 대해 책임이 있다는 전통적 관념에 기초하고 있으며, 그러한 책임에 관한 이 나라의 종교적 선례에 뿌리를 두고"[32] 있다며 그 정당성의 근거를 도덕적 이유에 둔다.

완벽한 정의가 아닌 최선의 정의

분배 및 재분배(조정) 규칙에 대한 가치관을 '정의관'이라고 할 수 있는 바, 현대 사회의 지배적인 정의관은 다음과 같다. 정의관을 논하기 전에 먼저 염두에 두어야 하는 것은 정의관이 자아관 및 선에 대한 시각과 밀접한 연관성을 가지고 있다는 것이다.

첫째, 분배할 때 최대한 많은 사람이 행복해지도록 하면 되고, 행복의 측정은 효용(utility)으로 가능하다는 '공리주의(Utilitarianism)'[33]가 있다. 공리주의는 최대 행복의 원리로서 평가할 대상을 '행위'에 두는 '행위 공리주의'와 그 대상을 '규칙'에 두는 '규칙 공리주의'로 나뉜다.

행위 공리주의는 행위를 직접적으로 '효용'에 맞추는 데 비해, 행위 공리주의의 단점을 극복하기 위해 제시된 규칙 공리주의는 "규칙은 효용성에, 행위는 규칙에 맞춘다"는 말과 같이 행위가 효용을 직접적으로 겨냥하는 것이 아니라 효용을 반영한 규칙을 지키는 것을 통해 간접적으로 지향한다.[34] 규칙 공리주의는 "규칙에 포섭되는 모든 행위가 최선의 결과를 가져오지 않을지라도 일반 규칙을 따르는 것이 중요하다"[35]는 것이고, 규칙 공리주의 방식에 따라 최대의 행복을 위해 규정된 규칙을 따르기만 하면 "내가 빵을 먹는 것으로 세계의 행복에 기여하지 못한다면, 빵을 먹어서는 안 되는 것이 아닐까 하고 걱정하지 않아도 된다"[36]고 한다.

어쨌든 행위 공리주의든 규칙 공리주의든 행복의 측정은 '효용'에 있다. 효용이란 행복감과 만족도의 수치적 지표다. 분배의 조정을 위한 과세와 관련해서는 부자에게 세금을 거두어 가난한 사람에게 나누어 주면, 부자의 행복은 조금 줄지만 가난한 사람의 행복은 크게 늘어나게 되므로 과세가 인정되어야 한다는 논리를 펼친다. 공리주의는 논리적으로는 셈값에 따라 열 사람을 살리기 위해 한 사람의 목숨 정도는 희생시킬 수 있다고도 하게 된다. 다시 말해, 인간을 수단으로 삼아도 된다는 주장까지 할 수 있는 사상으로, 대표자는 '최대 다수의 최대 행복'을 주창한 제러미 벤담(Jeremy Bentham)이다.

그러므로 '인권이 밥 먹여 주냐?'는 구호는 공리주의 사상과 다름 없다. 19세기 중반 영국에서 시작되어 시대를 풍미해 온 사상이 아직도 영향력을 발휘하는 것이다.

세계적 규모의 담배 제조회사 필립모리스컴퍼니스(Philip Morris Companies Inc.)는 체코 정부에 금연 정책을 쓰지 않는 편이 좋다는 연구 보고서를 제출했는데, 그 논거는 흡연으로 인한 질병으로 국가의 의료비 부담은 늘어나겠지만, 조세 수입이 늘어나고 흡연자가 일찍 사망하면 사회적 비용도 절약된다는 것이었다.[37] 범죄가 발생한 경우 그 행위자를 엄벌하면 다른 사람들이 겁을 먹고 범죄를 저지르지 못한다는 형벌의 '일반 예방주의'도 같은 예다. 공리주의는 사회가 더 많은 효용을 얻을 수 있다면 인권이나 도덕을 무시해도 된다는 근거로 작용한다는 결정적 약점을 가졌다.

둘째, 사회의 효용이나 행복 극대화가 아니라 개인의 자유나 인권에 우선성을 두는 '자유주의적 정의관'이 있다. 자유주의는 다시 '자유지상주의적 자유주의'와 '평등주의적 자유주의' 두 갈래로 나뉜다.

로버트 노직을 대표로 하는 자유지상주의적 자유주의는 소유물의 자유로운 교환에서 발생하는 결과를 정의로운 분배라고 보기에 '자기 소유물 중의 하나인 자신의 몸'을 성매매나 장기 매매의 대상으로 삼는 등으로 상품화하거나, 성별 검사나 유전자 검사나 조작을 통한 맞춤 아기를 만들어 내거나, 인간의 몸에 대해 약물을 통한 기능 강화나 유전 공학적 강화를 하는 것이나, 심지어는 자살도 허용할 여지가 있다.[38] 자유지상주의적 자유주의는 경제 정책 면에서 근래에 유행하는 '신자유주의'와 상당 부분 겹치는데, 특히 국가의 개입을 놓고 최소 국가를 지향하고 있어 개인이 시장에서 자유로운 경쟁을 통해 획득한 것을 국가가 보호할 수는 있어도 과세를 통해 재분배할 수는 없다고 주장한다.

하지만 롤스나 드워킨이 주장하는 평등주의적 자유주의는 자유지상주의적 자유주의와는 달리, 자유의 의미에 '간섭으로부터의 자유(소극적 자유)' 외에 '결핍으로부터의 자유(적극적 자유)'도 포함되어 있다고 본다. 그렇기에 인간으로서 최소한의 존엄과 가치를 누릴 수 있는 정도의 삶을 보장하기 위해 과세를 통한 재분배를 강조한다.

평등주의적이건 자유지상주의적이건 간에 자유주의는 "우리가 각기 자신의 목적, 자신의 이익, 좋은 삶에 대한 자신의 견해를 가진 별개의 존재들이라는 주장에서 출발하고, 그것은 우리가 다른 사람들의 유사한 자유와 모순되지 않는 한에서 자유로운 도덕적 행위자로서 자신의 능력을 실현해 줄 수 있게 해 주는 권리 체계를 추구한다."[39]

'평등주의적 자유주의'에는 칸트의 계보를 잇는 롤스의 정의관을 포함시킬 수 있다. 롤스는 자연 상태인 '원초적 입장'에 있는 당사자들은 '무지의 베일' 뒤에 서 있기 때문에 성, 인종, 사회적 지위뿐만 아니라 종교적·정치적 신념 및 그와 관련된 정보에 바탕을 둔 개인적 위상은 알지 못하지만, 그런 요인들이 자신들의 삶에 영향을 끼친다는 사실은 알고 있다고 전제한다. 그런 전제 사실을 바탕으로 당사자들은 정의의 원칙에 관해 '차등의 원칙'이라 불리는 '정의의 두 원칙'*을 선택하게 될 수밖에 없다고 한다. 그런 차등의 원칙 중 핵심은 사회의 '최소 수혜자', 쉽게 말해 가장 가난한 사람들의 편익이 최대화되는 조건이라면 복지 정책을 통한 재분배가 허용되어야 한다는 것이다.[40] 평등주의적 자유주의는 모든 사람의 가치가 절대적이고 동등하다는 전제하에 다수의 이익을 중시하여 사람 사이의 가치 편차를 용인하는 공리주의자들에 대해서도 반론을 편다.

롤스를 비롯한 자유주의 정의관은 인간을 공동체와의 연고를 결

---

* 제1원칙:각자는 모든 사람의 유사한 자유 체계와 양립할 수 있는 평등한 기본적 자유의 가장 광범위한 전체 체계에 대해 평등한 권리를 가져야 한다. 제2원칙:사회적·경제적 불평등은 다음 두 가지, 즉 (a) 그것이 정의로운 저축 원칙과 양립하면서 최소 수혜자에게 최대 이득이 되고, (b) 공정한 기회균등의 조건 아래 모든 사람에게 개방된 직책과 직위가 결부되게끔 편성되어야 한다.

(缺)한, 다시 말해 공동체에 소속되기 전에 이미 자연인으로서의 자아의식을 가지고 있는 '무연고적 자아'의 인간으로 보아야 하고, 선(善)을 둘러싸고 개별 인간 사이의 선에 관한 의견이 일치하기가 어려울 수밖에 없다는 전제 아래 출발한다. 때문에 공공적 영역에서 가치나 선에 관한 문제는 앞에서 보았듯이 '선반에 올려 두거나 또는 괄호로 묶어야 한다'고 주장한다. 이른바 '선이 없는 정의'다. 대립하는 가치관을 중립화하지 않으면 사회적 갈등과 분쟁을 해결하기가 어렵기 때문이라는 것이 그들의 주장이다. 이러한 자유주의에 대해서는 자유주의가 결국에는 인간을 고립하고 공동선의 추구를 불가능하게 만든다는 비판이 제기된다.

셋째, '공동체주의'가 있다. 19세기부터 시작된 공동체주의는 20세기 초반 전체주의로 후퇴했다가 자유주의의 문제점을 극복하고자 20세기 후반 들어 '다시' 부상하기 시작했다.[41] 공동체주의는 인간이 국가라는 공동체 외에도 가족, 종교 단체, 지역 사회, 학교와 같은 공동체에 소속되어 영향을 받을 수밖에 없는 '연고적 자아'를 가진 존재임을 앞에 놓는다. 그러므로 정의 문제를 다룰 때 개인선(덕)이나 공동선을 고려해야만 한다(이른바 '선이 있는 정의'다).

공동체주의는 아들과 아인슈타인이 치명적 질병에 걸렸는데 한 사람분의 치료제만 가지고 있는 가족 공동체의 구성원인 아버지로서는 아들을 먼저 구하지 않겠느냐고 반문한다. 그러면서 공동선(가치)과 연고적 자아관은 종교의 자유와 표현의 자유, 성매매, 장기매매, 동성혼, 낙태, 해외 대리 출산, 안락사와 조력 자살, 징병제와 병역 거부, 혼인과 이혼 문제, 간통죄와 부정행위, 성차별과 역차별 등 다양한 정의의 문제를 해결할 때 반드시 고려해야 한다고 설파한다.

배분적 정의도 인간은 기본적으로 공동체의 구성원으로서 연대 의무가 있기 때문에 이러한 책임을 달성하기 위해서라면 과세를 통한 재분배도 적극 허용할 수 있다는 입장을 취한다. 알래스데어 매킨타이어, 찰스 테일러, 마이클 왈쩌, 마이클 샌델이 대표자다.

그러나 공동체주의는 특정한 시기에 다수파가 안고 있는 의견이 반드시 정의가 아닐 수도 있다는 현실을 놓치고 있다. 또 정의로움을 판단하는 데 가치 중립적인 입장을 취하지 않기 때문에 공동체 내에서 또는 공동체 간에 가치관의 대립으로 갈등이 발생하는 경우, 그들 사이의 적대 문제를 어떻게 풀어 나갈지 명쾌한 답을 주지 못하고 있다는 비판을 받는다.[42]

앞에서 언급한 아들과 아인슈타인의 가상의 사례를 가지고 세 가지 정의관이 어떤 결과를 만들어 낼 수 있는지 살펴보자. 여러분 앞에 여러분의 외동아들과 인류 최고의 과학자인 아인슈타인이 병들어 누워 있다. 그 둘이 앓는 병은 치사율이 매우 높은 감염병으로 당장 치료제를 투약하지 않으면 사망하게 된다. 그런데 당신은 한 사람분의 치료제만 손에 들고 있다. 외동아들과 아인슈타인이 서로 살려 달라고 외치는 상황에서 여러분이 선택할 수 있는 길은 세 가지다. 첫 번째는 그 약을 여러분의 외동아들에게 투약하는 것이고, 두 번째는 아인슈타인에게 투약하는 것이며, 세 번째는 외동아들과 아인슈타인을 놓고 동전 던지기를 하여 동전의 앞이 나오면 아들에게,

동전의 뒤가 나오면 아인슈타인에게 투약하는 것이다. 여기서 당신은 어떤 선택을 할 것인가?

학생들에게 강의하면서 같은 질문을 해 보는데, 아인슈타인에게 투약하겠다는 학생도 있지만, 대다수 학생은 외동아들에게 투약하겠다고 답변한다. 이것은 정의관에서 공동체주의에 해당한다고 할 수 있다. 만약 아인슈타인에게 투약한다고 하면, 정의관 중 최대 다수의 최대 행복을 추구하는 공리주의에 해당한다고 할 수 있다. 만약 동전을 던져 제비를 뽑아 투약하겠다는 사람이 있다면, 그는 인간의 가치가 동등하므로 누구에게 투약하든 아무런 문제가 되지 않는다는 뜻이 되고, 이는 정의관 중 자유주의에 해당한다고 할 수 있다.

이것은 세 정의관을 이해하기 위한 단지 논리적 추론일 뿐이고 세 가지 정의관을 가지고 있더라도 가족 관계와 같은 특수한 사정에서는 반드시 그런 결론을 도출하는 것은 아니다. 예를 들어, 롤스는 자신이 정립한 정의의 원칙을 가족 관계에는 그대로 적용하기가 어렵다는 생각에 직면하자 "정의의 두 원칙을 충족시키는 질서 정연한 사회에서조차도 가정은 개인들 간에 있어서 균등한 기회의 장애물이 될 것"[43]이라고 했다. 한편 "공정한 기회의 원칙을 일관되게 적용하자면, 우리가 사람들을 그들의 사회적 지위가 갖는 영향력과는 상관없이 볼 것이 요구된다. 그러나 이러한 성향이 어느 정도까지나 실현될 것인가? 비록 (지금까지 규정되어 온) 공정한 기회가 만족되는 경우일지라도 가족은 결국 개인들 간의 불평등한 기회의 원인이 될 것으로 생각된다"[44]고 하여 현실적으로 가족 관계에서는 다른 분배의

기준이 설정될 수도 있다고 암시했다.[45]

하지만 이에 대하여 공동체주의자인 왈쩌는 다음과 같이 자신의 의견을 피력한다.

> 수많은 저술가가 윤리적 삶의 최상의 형태는 '처방적 이타주의 규칙'이 보편적으로 적용되며, 친척(또는 친구)에 대한 어떠한 특별한 의무도 없는 것이라고 주장했다. 그런 형태의 삶에서는 급박하고 끔찍한 위험에서 나의 아이를 구하는 것과 다른 아이를 구하는 것 사이의 선택에 직면해서 나는 추첨과 같은 우연적인 결정 과정을 채택할 것이다. 그리고 명백하게 이런 결정은 내가 내 아이가 누구인지 알 수 없거나 나에게 아이가 없다면 훨씬 쉬울 것이다. 그러나 윤리적 삶의 이 최고 형태는 소수의 강고한 마음의 철학자에게나 수도사, 은둔자, 플라톤의 수호자 집단들에게만 적용될 수 있다. 나머지 우리는 우리가 더 나은 것이라고 생각할 것인 덜 좋은 어떤 것을 받아들일 것임이 틀림없다. 즉 우리는 가족과 공동체 사이에 우리가 그을 수 있는 최선의 선을 그을 것이며 불평등한 사랑을 느끼며 살아갈 것이다.[46]

이상에서 우리는 무결점의 정의관은 없다는 것을 알 수 있다. 이는 타인의 정의관도 존중해야 한다는 뜻이기도 하다. 최선의 정의관을 얻기 위해서는 국가, 인간, 공동체라는 요소를 고루 참작해야 한다. 어느 한 요소에 치우친 정의관은 경우에 따라서는 부정의를 초래할 수 있기 때문에 열린 마음으로 독선을 걸러 낼 뿐이다.[47]

공동체를 위한 이해 12단계 : 정의관

- 정의의 실현은 정당한 분배의 실현으로 초점이 모이고, 여기에는 '선이 없는 정의'와 '선이 있는 정의'가 있다.
- 선이 없는 정의론은 구성원 개개인의 연고는 고려하지 않고 정의를 논해야 한다는 것이고, 선이 있는 정의론은 제도의 공정이 보장될 뿐만 아니라 공동체의 유대를 존속하고 인간의 존엄성이나 좋은 삶과 같은 선(공동선)을 보장해야만 정의에 합치되는 분배가 된다는 것이다.
- 정의관에는 공리주의 정의관, 자유주의적 정의관, 공동체주의 정의관이 있다.

문제의식 12

- 당신 앞에 당신의 외아들과 인류 최고의 과학자 아인슈타인이 병들어 누워 있다고 가정하자. 치사율이 높은 병인데, 한 사람분의 약밖에 없다. 이때 당신은 어떤 선택을 하겠는가? 그 선택은 어떤 정의관에 따른 것인지 살펴보라.

13장

자아관에 따라 다투는
유책주의와 파탄주의

—

　자유주의의 '무연고적 자아관'과 공동체주의의 '연고적 자아관'은 관념상의 논의에 그치는 것이 아니라 국가를 비롯한 모든 공동체 관계에 실제적인 영향을 미친다. 그중 대표적이라고 할 수 있는 혼인 관계를 보자.

　X와 Y는 1976년에 혼인 신고를 마쳤고, 슬하에 자녀 3명을 두고 있다. X는 2,000년경 집을 나와 다른 여성과 동거하기 시작하여 그 여성과의 사이에 자녀 1명을 두고 있다. 전업주부였던 Y는 X가 집을 나간 후 X에게 생활비를 지급받아 혼자서 세 자녀를 양육하여 왔다. X는 Y에게 이혼을 요구했으나 거절당하자 2012년에 Y를 상대로 이혼 소송을 제기했다. Y는 이혼 소송의 피고가 된 이후에도 X와의 혼인에 애착을 가지고 있을 뿐만 아니라 혼인 관계를 계속할 의사도 확고했다. 혼인 관계 파탄의 책임이 있는 X의 이혼 청구를 받아들일

것인가? 이 사례에서 대법관들의 의견은 나뉘었으나 다수의 대법관은 X의 이혼 청구를 기각했다.

우리나라에서 이혼할 수 있는 길은 '협의상 이혼'과 '재판상 이혼' 두 가지다. 협의상 이혼은 당사자가 협의를 통해 이혼하는 절차로서, 혼인 관계 파탄에 책임이 있는 사람이라도 배우자와 협의만 되면 이 절차를 통해 이혼할 수 있다. 재판상 이혼은 협의상 이혼이 안 되어 법원의 판결로 강제로 이혼하는 절차다. 배우자 중 한 명만이 이혼을 원할 경우, 이혼을 원하는 쪽이 상대방의 잘못을 들어 재판상 이혼을 청구했다면 그 청구는 당연히 받아들여진다.

하지만 앞서 본 사례처럼 불륜 행위와 같이 잘못이 있는 배우자가 혼인 관계 파탄에 아무 잘못이 없고, 이혼도 원하지 않는 배우자를 상대로 재판상 이혼을 청구한 경우에도 이혼을 인용해 주어야 할 것인가? 여기에는 법이 정한 일정한 요건만 갖추어지면 유책 배우자의 이혼 청구도 허용해야 한다는 '파탄주의(破綻主義)'와 부정행위 등 혼인 관계 파탄의 책임이 있는 배우자의 이혼 청구는 허용되지 않는다는 '유책주의(有責主義)'가 대립한다. 우리나라는 '원칙적으로' 유책주의에 입각하고 있다.

선진 산업 국가들은 1960년대에 이르러 이혼율 급증이라는 사회적 현상에 맞닥뜨렸고, 1970년대에 이르러서는 재판상 이혼에 있어 유책주의를 버리고 파탄주의를 도입하기에 이른다.[48] 파탄주의의 도입은 '자유주의적 개인주의' 사회를 향한 혁명적인 사건이라고까지 평가되는데, 그 이유는 파탄주의가 국가 공동체를 제외한 중간 단계의 공동체 중 가장 근본적이고도 마지막 보루였던 가족 공동체의 해체를 가속화시킴으로써 공동체주의에 심각한 타격을 입혔기 때문이다.

파탄주의가 가족 공동체에 끼친 영향력은 부부 관계를 바라보는 관점의 변화에서부터 비롯되었다. 전통적으로 혼인 관계는 상호 책임과 정조 의무를 바탕으로 하여 깰 수 없는 언약 관계로 여겨졌다. 그런데 혼인 관계를 언약 관계로 유지하기 위해서는 부부 쌍방이 혼인하기 전의 '독립된 자아'를 내세우기보다는 혼인 관계를 통해 형성된 정체성을 바탕으로 '새로운 자아'를 정립시켜 나가야만 한다. 이러한 자아관을 지향하지 않으면, 혼인 관계는 공동체가 될 수 없다. 이와 같이 부부처럼 공동체 관계를 전제로 하는 자아를 '연고적 자아' 또는 '지위적 자아'라고 한다. 공동체주의가 지향하는 자아관이다.

하지만 시대의 변화로 혼인 관계는 마음만 먹으면 언제든지 깨트릴 수 있는 계약 관계라는 인식이 팽배해져 갔고, 그 변화의 종국에는 파탄주의가 있다. 파탄주의의 도입은 혼인 관계를 '부부간의 운명 공동체'라기보다는 '인간 대 인간의 잠정적 결합'에 불과한 것으로 여기게 만들었다. 이는 남녀가 혼인한 이후에도 자신의 독자적 자아를 혼인 관계라는 공동체를 위해 변화시킬 필요가 없고, 혼인 관계를 바탕으로 하는 정체성과는 별개의 '무연고적 자아'를 계속 가지고 있어도 되는 것을 의미한다. 이는 개인의 자아실현과 행복을 위해서는 언제든지 혼인 관계를 해소할 수 있다는 뜻이기도 하다.

자유주의적 개인주의가 지향하는 자아관이다.

지금 우리 사회에서도 파탄주의의 도입을 강력하게 주장하고 있다. 하지만 파탄주의는 이상적인 제도가 아니다. 샌델은 미국에서 파탄주의가 도입된 이후 이혼이 피고용인의 해고보다도 쉬운 일이 되었다고 말한다.[49] 부부 쌍방이 언제든지 이혼당할 수 있다는 생각을 갖게 만들어 혼인 생활 동안 자녀와 가족을 돌보는 것에 헌신하기보다는 만약의 사태에 대비하여 경제력을 확보할 수 있게 대비하고자 하는 삭막한 동기를 부여했으며,[50] 이혼한 여성의 경제적 지위가 유책주의 시절보다 상대적으로 열악해졌다고 주장한다.[51] 파탄주의의 도입에 있어 반드시 참고해야 할 사정이다.

이 외에도 파탄주의가 도입되면, 우리 사회의 저출산 문제가 더욱 심화될 수도 있다는 염려도 있다. 저출산을 초래한 원인은 다양하나, 여성들이 경력 단절과 자아실현에 장애가 되기 때문에 결혼과 출산을 꺼리는 것도 그 한 원인이라고 한다. 만약 현시점에 파탄주의가 도입된다면 혼인한 이후 이혼을 염두에 두지 않을 수 없고, 이는 혼인과 출산을 꺼리는 경향을 심화시킬 것이 분명하다. 유책주의에는 극복되어야 할 문제점이 있다. 하지만 파탄주의의 도입도 신중에 신중을 기울여야 함을 잊어서는 안 된다.

공동체를 위한 이해 13단계 : 유책주의와 파탄주의

- 우리나라에서 이혼할 수 있는 길은 '협의상 이혼'과 '재판상 이혼' 두 가지다.

- 재판상 이혼에는 법이 정한 일정 요건만 갖추어지면 유책 배우자의 이혼 청구
  도 허용해야 한다는 파탄주의와 혼인 관계 파탄의 책임이 있는 배우자의 이혼
  청구는 허용되지 않는다는 유책주의가 대립한다.

- 지금 우리 사회에서 도입을 강력하게 주장하는 파탄주의는 자유주의적 개인주
  의가 지향하는 자아관이다.

문제의식 13

- 파탄주의가 오늘날 많은 부부 관계와 가족 공동체에 끼친 부정적 영향은 무엇
  인가?

14장

—

공동체와 몸은
존재의 탯줄이다

—

인간은 자연과 인간이 만든 문명과 공동체가 없이는 인간다운 삶을 살기가 어려운 환경적 존재이자 사회적 존재다. 이 때문에 인간을 둘러싼 환경과 인간이 속한 공동체는 개인의 자아 정체성 형성에 근본적인 영향을 끼친다.

먼저, 환경의 영향이다. 인간은 무생물이 아닌 생물이고, 생물 중에서는 다른 생물과는 비교할 수 없는 지적 및 정신적 능력을 가진 존재다. 하지만 어떤 계기로 이러한 인간으로서의 정체성을 형성하지 못하는 사람도 있다. 짐승들에 의해서 길러진 인도의 늑대 소녀가 대표적인 예다.

다음으로, 공동체의 영향이다. 사회적 존재인 인간은 부자 관계나 형제와 같은 혈연이나, 부부, 동료, 이웃, 동포와 같은 비혈연으로 이루어진 관계 속에서 자아 정체성을 만들어 간다. 개인의 자아 정체성은 공동체나 인간관계의 영향을 깊이 받고, 관계의 폭이 넓을수록 자아 정체성의 폭도 넓어진다. 이 때문에 자아 정체성은 공동체와 맺은 관계 속에서 이해되어야 한다. 이러한 자아관을 '연고적 자아관'이라고 한다.

그런데 백만장자의 아들로 성장한 아이와 고아로 성장한 아이 간에 사회적 격차가 존재하듯이 인간이 어떤 공동체에 소속되느냐에 따라 누릴 수 있는 실질적인 자유의 내용은 다르다. 이러한 차이를 극복하고 평등을 이루기 위해서는 각 개인을 둘러싼 성별, 인종, 사회적 지위 등 공동체적 요인은 배제해야 하고, 개인의 정체성도 공동체적 조건을 넘어 자율적으로 결정할 수 있게 하여야 한다는 사람들이 있다. 이러한 사람들의 자아관을 '무연고적 자아관'이라고 한다.

무연고적 자아관을 내세우는 자유주의는 인간의 진정한 정체성은 지성에 있고 몸은 지성의 욕구와 필요에 부응하는 기계 장치에 불과하다고 주장하는 데카르트(Descartes)에게서[52] 시작되었다. 그리고 몸과 같이 우리가 지각하는 세상은 인간의 지성이 만든 환상에 불과하고 진정한 실재는 지성이라고 주장하는 칸트를[53] 거쳐, 사실은 존재하지 않고 해석만 존재한다고 주장하는 니체에[54] 이르러 정점에 이른다. 이러한 사상의 흐름 속에서 인간의 정신이나 인격에서 차지하는 몸의 의미가 점점 사라져 갔고, '당신이 느끼는 바가 바로 당신이다'라는 말에서 볼 수 있듯이 자아가 고정불변적이지 않고 유동적이라는 포스트모더니즘(postmodernism) 사상의 탄생으로 인해 진정한 자아는 자율적으로 선택하는 자아뿐이며 물리적인 몸은 진정한 자아의 일부가 아닐 뿐만 아니라 인간의 성 정체성을 결정할 때도 아무런 기준이 될 수 없다는 생각에까지 이르게 된다. '공동체와의 관계에서의 무연고적 자아관'이 아니라 '몸과의 관계에서 무연고적 자아관'이라고 부를 수도 있겠다. 이러한 자아관에 따르면 몸은 인간의 정신이나 인격에 아무런 영향을 끼칠 수 없을 뿐만 아니라 도덕적으로도 중립적인 사물에 불과하게 된다.

이러한 몸과의 관계에서의 무연고적 자아관은 인간의 몸과 관련된 정책이나 행동에 중대한 영향을 미쳤다. 첫째, 보통 사람의 정신이나 인격에 미달된다고 판단된 사람들에게 우생학적 단종 조치를 실시하는 데 정책적 기반을 마련해 주었을 뿐만 아니라, 포태된 날에서 일정한 기간이 지나지 않은 태아에 대한 낙태를 가능하게 만드는 데 법적 근거를 제공했다. 둘째, 끔찍한 고통에 직면한 사람들에 대하여 안락사나 조력 자살을 가능하게 만드는 이론적 틀을 제공했다. 셋째, 몸은 중립적 사물에 불과하므로 성관계는 윤리 문제를 발생시키지 않는다고 하게 되어 데이트를 통해 정서적 친밀감을 나눌 것도 없이 만나자마자 바로 성행위에 돌입하는 '훅업(Hook-up) 문화'를 성행하게 만들었다. 넷째, 중립적인 몸을 구성하는 생물학적인 성은 인간의 자아 정체성에 있어 아무런 의미를 가지지 않고 오로지 개인이 자율적으로 선택한 '젠더'만이 자아 정체성에 진정한 의미를 가진다고 주장하며 트렌스젠더가 되거나 성전환 수술을 하는 정당성의 근거를 마련해 주었다. 다섯째, 결혼의 개념을 굳이 남녀 간의 육체적 결합을 전제로 하지 않더라도 정서적 애착만 있으면 된다고 함으로써 동성혼의 인정 근거를 제공했다.

인간의 몸이 인간의 자아 정체성에 아무런 의미를 가지지 않고 '내가 느끼는 바가 바로 나'라는 생각이 극단적으로 가게 되면, 어떤 일이 발생할까? 아마도 미국의 기독교 저술가 낸시 피어시(Nancy Pearcey)가 걱정하는 대로 "남성의 몸을 가진 트랜스젠더 여성이 여성처럼 보이지 않는데도 공중화장실 같은 데서 여성의 공간을 사용하게 해 달라고 요구"[55]하게 되는 등 남성과 여성의 구분을 전제로 하는 사회 문화 환경에 대전환이 이루어질지도 모른다.

인간의 몸이 인간의 인격이나 자아의 일부가 되지 않는다는 무연고적 자아관은 신중히 재고되어야 한다. 우리 몸은 신이 손수 빚어 만든 신이 임재하는 성전이고, 부활할 때 몸도 부활한다는 기독교 사상은 인간의 몸이 중립적 사물이 아니라 소중히 다루어야 할 선물이라고 가르친다. 쉽지 않은 일이지만 우리는 정신의 순수성뿐만 아니라 몸의 거룩성도 지켜 나가야 한다.

공동체를 위한 이해 14단계 : 연고적 자아관과 무연고적 자아관

- 연고적 자아관은 자아 정체성은 공동체와 맺은 관계 속에서 이해되어야 한다고 주장한다.

- 무연고적 자아관은 평등을 이루기 위해 성별, 인종, 사회적 지위 등 공동체적 요인을 배제하고, 개인의 정체성을 자율적으로 결정하도록 해야 한다고 주장한다.

- 무연고적 자아관은 몸은 인간의 정신이나 인격에 아무런 영향을 끼칠 수 없을 뿐만 아니라 도덕적으로도 중립적인 사물에 불과하다고 여긴다.

문제의식 14

- 무연고적 자아관은 인간의 몸과 관련된 정책이나 행동에 어떤 영향을 미쳤는지 살펴보라. 또한 이러한 사상은 기독교 정신과 어떻게 반하는가?

—

15장

모두를 승자로 만드는
덕으로서의 정의

—

사회 정의, 특히 배분(분배와 조정)적 정의의 실현은 공동선의 실현에서 어떤 역할을 하는가?

먼저, 외면적 선들인 사회적 가치의 분배·향유에 관한 사회 정의를 보면, 사회 정의를 통한 공동선의 실현 문제는 사회적 가치들의 적법·공정한 분배에 있다고 할 것인데, 분배를 위해서는 사회적 가치들의 획득이 전제되어야 한다. 그런데 사회적 가치들을 획득하려면 경쟁할 수밖에 없고, 누군가가 경쟁에서 이겨 그것들을 성취하면 그 성취는 성취한 사람의 배타적 소유가 되지만, 다른 사람은 그 사회적 가치를 누릴 수 없게 된다. 이러한 상태를 그대로 두는 것은 무한 경쟁을 초래할 것이고, 이는 공동체의 연대나 번영이라는 공동선의 달성을 방해할 소지가 있다.

이 문제를 해결하기 위해서는 여러 가지 의견이 있겠지만, 크게 세 가지 방식을 생각할 수 있다. 첫째는 사회적 가치들의 '파이'를 키우는 것이고, 둘째는 경쟁의 조건을 재조정하는 것이고, 셋째는 조세를 통해 재분배하는 것이다.

사람들은 첫째와 둘째 방식에는 심리적 저항이 크지 않지만 셋째 방식은 자신이 획득한 사회적 가치들을 공동체를 위해 내놓아야 하기 때문에 심리적 저항(예컨대 '조세 저항'[56])이 만만치 않다. 결국, 사회 정의를 통한 공동선 달성에는 한계가 있다고 할 수밖에 없다.

사회 정의를 통한 공동선의 실현에 존재하는 한계를 보완하기 위해서 우리는 연대 의무를 내면화할 수 있는 덕의 함양을 통한 정의의 실현으로 눈을 돌리지 않을 수가 없다. 덕으로서의 정의는 기본적으로 인간에 대한 존중과 배려의 성품을 의미한다. 존중과 배려가 기본이 되어 있는 덕으로서의 정의는 내면적 선을 이루게 할 것이고, 이는 승리자와 패배자를 낳는 외면적 선들의 획득을 위한 경쟁과는 달리 전체 구성원을 모두 승리자로 만드는 것이다. 상대방과 그가 보유한 사회적 가치들에 대해 존중하는 것은 자신과 자신이 보유한 사회적 가치들에 대해 자족한다는 뜻이다. 내가 보유한 사회적 가치들을 나보다 못한 공동체 구성원을 위해 내어놓는 '배려'의 성품은 우리의 마음에 똬리를 튼 조세 저항과 같은 심리적 저항을 이겨 내게 할 것이다.

공동선의 달성에 있어서는 사회적 가치들의 적법·공정한 분배 제도를 마련해야 할 뿐만 아니라 구성원들로 하여금 덕으로서의 정의의 성품을 함양할 수 있도록 사회적 여건도 마련해야 한다. 미국의 기독교 저술가 짐 월리스(Jim Wallis)는 다음과 같이 주장한다.

사적 부문(즉 시장)에서 나타난 개인적·사회적 무책임은 이 위기를 불러온 주요 요인이다. 현재의 위기가 발생한 까닭은, 수십 년에 걸쳐 사회적 규제를 철폐함으로써 대기업과 은행으로 하여금 공동선뿐만 아니라 그들 자신의 장기적 이익까지도 갉아먹는 '단기적 이기심'을 추구하도록 허용했기 때문이다. 그리고 우리가 보고 있듯이 좋은 가치가 악화되면, 문화적으로는 사회의 도덕성이 약화되고 우리의 자녀의 미래를 비롯해서 우리에게 가장 소중한 것들이 위협받는 결과를 나타낸다. 실패-가르치고 격려하고 기대하는 것에서의 실패-의 시기를 지난 후에 우리의 개인적·사회적 책임감은 다시 강화된다.

그러므로 위기가 끝난 다음에는 기업과 시민 사회, 정부가 완전히 새로운 윤리로 무장하고 지금까지와는 다른 개인적·사회적 행동을 보여 주어야 한다. 실로 이것은 이번 위기가 주는 위대한 구원의 약속이다.[57]

공동체를 위한 이해 15단계 : 덕으로서의 정의
- 공동선 달성을 위해 사회 가치들의 공정한 분배 제도 뿐만 아니라 덕으로서의 정의의 성품을 함양할 수 있도록 사회 여건을 마련해야 한다.
- 덕으로서의 정의는 내면적 선을 이루게 하고, 이는 경쟁을 통한 외면적 선들의 획득과는 달리 구성원을 모두 승리로 인도한다.

문제의식 15
- 공동선을 이루기 위해 내가 가진 사회적 가치들을 나보다 약한 공동체 구성원을 위해 내어놓을 수 있겠는가?

16장

정의 실현의 바늘과 실,
응보와 회복

시정적 정의는 향유적 정의를 전제로 할 뿐만 아니라 시정적 정의를 통해 개인이 자신에게 분배된 사회적 가치를 맘껏 누릴 수 있는 향유적 정의가 이루어지게 되므로, 향유적 정의와 시정적 정의는 불가분의 관계다. 시정은 원칙적으로 분쟁이나 갈등의 당사자들 사이에 자발적인 방식으로 이루어지는 것이 바람직하다. 하지만 그것이 안 될 경우나 범죄의 처벌과 같이 자력 구제가 허용되지 않는 경우에는 시정의 절차와 내용을 국가가 담당한다. 그러나 시정적 정의를 실현할 때에도 정의의 원칙이 무시될 수는 없다. 다시 말해 분쟁과 갈등의 당사자들을 정당하게 대우하는 문제는 여전히 중요한 문제로 대두된다.

범죄의 경우를 예로 들어 보자. 범죄가 발생하면 동시에 가해자와 피해자라는 사회적 지위가 발생하고, 가해자도 피해자도 아닌 국민은 제3자 입장에 서게 된다. 범죄의 시정과 관련한 핵심 질문은 '가해자와 피해자에게 어떤 대우를 하는 것이 정당한가?'이다. 그동안 범죄와 관련된 사법 작용에서는 예컨대 국가가 시행하는 사형이 '가해자의 인권을 침해하는 것이 아닌가' 하는 가해자에 대한 정당한 대우가 논의의 핵심을 이루어 왔다. 다시 말해, 사법 작용의 응보적 측면이 주된 관심사였다. 응보란 범죄나 비행을 저지른 자에게 형벌 등을 통해 저지른 행위에 맞는 조치를 가하는 것을 말한다. 최근 민사사건에서 논의되는 '징벌적 손해 배상'도 응보적 성격이 강한 제도라고 할 수 있다.

하지만 근래에 이르러 피해자에 대한 정당한 대우도 형사 사법에 충분히 고려될 필요가 있다는 주장이 강하게 제기되었다. 회복적 정의 운동의 아버지라 불리는 하워드 제어(Howard Zehr)는 "피해자는 사법 절차의 여러 상황에서 무시당하고, 방치되고, 심지어 매도당한다고 느낀다. 이와 같은 결과는 피해자를 포함하지 않고 범죄의 정의(定義)를 내리는 법적 정의의 방식에 일부 책임이 있다. 범죄는 국가 개념을 기반으로 정의되기 때문에 국가가 피해자의 자리를 차지하게 된다. 그러나 피해자는 대부분 사법 절차에 있어서 특정한 니즈(needs)를 가진다"[58]고 한다.

그런 다음 이제는 질문을 바꾸어야 할 때라고 말한다. "누가 범죄를 저질렀는가? 무슨 법이 위반되었는가? 어떤 형벌이 마땅한가?" 대신 "누가 상처를 입었는가? 상처 입은 이가 원하는 것은 무엇인가? 어떤 절차를 통해 해법을 찾을 수 있는가?"를 묻고, 곧이어 우리는 다음과 같이 질문해야만 한다. "이것은 누구의 의무이고 책임인가?"

사법에서 응보를 인정하는 밑바탕에는 가치 침탈이나 왜곡이 발생했을 경우에 그것이 분배 질서를 해친 것임을 행위자와 일반 사회인에게 알려서 기존의 분배 질서를 지켜 나간다는 이념이 자리 잡고 있다. 칸트와 같은 응보주의자들은 범죄자에 대하여 응보 이외의 목적으로 형벌을 부과하는 것은 범죄자에 대하여 정당하게 대우하는 것이 아니라고 한다. 특히 칸트는 시민 사회가 해체될 때는 감옥에 있는 마지막 살인자까지 처형해야 살인자를 그의 행동에 걸맞게 합당한 대우를 해 주는 것이라고 했다.

따라서 그들의 입장에 따르면, 형벌을 부과할 때 교정이나 교화의 목적으로 하거나, 특별 예방 차원에서 범죄자의 재범을 막기 위해서 하거나, 일반 예방 차원에서 범죄자 이외의 일반 국민에게 범죄를 저지르면 안 된다는 것을 보여 주기 위해서 하는 것은 범죄자에 대한 정당한 대우가 아닌 것이 된다. 칸트의 표현에 따르면, 인간으로서의 범죄자를 목적으로 대우하는 것이 아니라 수단으로 대우하는 것이 된다.

여하튼 사법 정의가 가해자에 대한 응보에만 머무르게 되면 피해자에 대한 배려가 소홀해질 수밖에 없다. 시정적 정의가 제대로 이뤄지려면 피해자들의 회복이 오히려 더 강조되어야 한다. 이런 점에 착안해 최근 사법 영역에서는 회복적 정의에 대한 논의가 활발하다.

회복적 정의론에 따르면, 범죄는 관계 파괴 행위이므로 회복되어야 할 것은 '관계'다. 다시 말해, 관계 회복이 정의론의 핵심을 이룬다. 회복되어야 할 관계 중 가장 우선적인 것은 범죄의 직접 당사자인 피해자와의 관계다. 피해자와 관계를 회복하기 위해서는 피해자의 정신적 및 심리적 회복, 다시 말해, 범죄로 인한 트라우마의 치유가 전제됨을 잊어서는 안 된다. 필요하다면 공동체가 나서서 치유에 따른 비용까지 부담해야 한다.

또 범죄의 직접적인 피해자 외에도 범죄로 인해 공동체 구성원 전체와의 관계가 깨진 것으로 보므로 공동체와 관계를 회복하는 일도 요청된다. 이는 공동체 구성원들이 범죄자들에 대해 개별적인 판단은 미뤄둔 채 그들 모두를 '전과자'라고 부르며 선입견을 가지는 태도에서 벗어나는 것에서부터 시작된다.

마지막으로, 우리가 쉽게 간과하는 것은 범죄자와 그 가족과 관계를 회복하는 일이다. 범죄를 저지르고 그에 맞는 벌을 받은 자들이 겪는 고충 중 가장 큰 것은 가족과의 관계 회복이다. 이것이 제대로 되지 못해 출소 후 가족들을 향해 범죄를 저지르는 사람들이 있음을 기억하고, 여기에도 좀 더 많은 관심을 기울여야 한다.

소년법은 법을 넘는 법의 덕목인 '용서와 관용'을 전제로 한다.[59] 이러한 소년법의 기본 정신이 제도 운용에서 제대로 실천되기 위해서는 소년사법에 있어서도 응보 외에 회복이 강조되어야 한다.

보호소년들을 위한 대안 가정인 '사법형 그룹홈'의 공식 명칭을 '청소년회복센터'라고 한 것도 회복적 정의를 소년사법에서 실천하기 위함이다. 이 센터는 피해자와의 관계 회복을 등한시하지 않는다. 피해 변상이 미진한 상태에서 소년이 위탁된 경우에는 그 이후라도 피해 변상을 완료하도록 지도한다. 또 소년들을 학교에 보내거나 검정고시 준비를 시키거나 아르바이트 자리나 직장을 알선하는 등 소년이 건전한 사회 구성원이 될 수 있도록 돕는 역할을 빠뜨리지 않는다. 더 나아가 보호소년과 그 가족과의 관계 회복을 위해서도 최선을 다하고 있고, 실제로 가족 관계가 회복되어 일탈을 멈춘 소년들도 꽤 있다.

응보와 회복은 정의 실현에 있어 바늘과 실이 되어야 한다. 응보에만 치중하지 않고 응보를 하기 전후에 사회적 관계의 회복까지 도모하는 회복적 정의가 우리 사회 전반에 정착되어 가야 한다.

공동체를 위한 이해 16단계 : 응보와 회복
- 사법에서 응보란 범죄나 비행을 저지른 자에게 형벌 등을 통해 저지른 행위에 맞는 조치를 가하는 것을 말한다.
- 사법 정의가 가해자에 대한 응보에만 머무르게 되면 피해자에 대한 배려가 소홀해질 수밖에 없다. 시정적 정의가 제대로 이뤄지려면 피해자의 회복이 강조되어야 한다.

문제의식 16
- 가해자에 대한 응보를 넘어 피해자에 대한 회복을 강조하는 정의는, 정의에 대한 당신의 관점을 어떻게 바꾸는가?

복 있는 사람은 악인들의 꾀를 따르지 아니하며
죄인들의 길에 서지 아니하며
오만한 자들의 자리에 앉지 아니하고
오직 여호와의 율법을 즐거워하여
그 율법을 주야로 묵상하는도다
_시편 1편 1-2절

그러나 그날 후에
내가 이스라엘 집과 맺을 언약은 이러하니
곧 내가 나의 법을 그들의 속에 두며
그들의 마음에 기록하여
나는 그들의 하나님이 되고
그들은 내 백성이 될 것이라
여호와의 말씀이니라

_예레미야 31장 33절

너희가 짐을 서로 지라
그리하여 그리스도의 법을 성취하라
_갈라디아서 6장 2절

3부

공동체를 위한 법

17장

법은 관계 안에서
존재를 드러낸다

—

독립된 존재가 둘 이상 있는 곳에는 관계가 성립되고, 이러한 관계를 규율하기 위해 '관계의 준칙으로서의 법'이 제정된다(실정법). 관계의 준칙으로서의 법은 가장 넓은 의미로 사용되는 법의 개념이다. 이에 관해 샤를 몽테스키외(Charles Montesquieu)는 다음과 같이 설명한다.

가장 넓은 의미에서 법이란 사물의 성격에서 유래하는 필연적 관계다. 그리고 이 같은 의미에서 모든 존재는 그들의 법을 갖는다. 신들도 그들의 법을 갖고 있다. 물질세계에도 그것의 법이 있다. 인간보다 우월한 영적 존재들도 그들의 법이 있다. 짐승들에게도 그들만의 법이 있다. 인간들도 그들의 법이 있다. … 법은 그것과 상이한 존재들 간 관계이자 여러 존재들의 상호 관계다. 창조주와 보존인과 마찬가지로 신은 우주와 관계를 맺는다.[1]

신의 존재를 긍정하는 사람은 우주에는 신과 인간과 자연이라는 세 존재를 인정하게 된다. 이러한 입장에서 법을 바라본다면, 법에는 '신과 관련된 규범인 신법', '인간에 관한 규범인 도덕과 실정법', '자연에 관한 자연법칙'으로 나눌 수 있게 된다.

서문에서 밝혔듯이 서양 중세 시대에는 도덕규범과 자연법칙을 합해 '자연법'이라고 했다. 자연법이라는 개념을 전제로 하면, 법은 신법, 자연법(도덕규범과 자연법칙), 실정법으로 분류할 수 있게 된다.[2] 그런데 근대 계몽주의 시대에 들어 이러한 자연법의 개념은 인간의 이성을 통해서 비롯되는 '자연법'과 물질과 동물을 지배하는 원리인 '자연법칙(과학 법칙)'으로 분리되었다.

하지만 현대에 이르러서는 자연법칙이 신뿐만 아니라 이성마저 몰아내고 주권자의 지위를 차지하려고 광기를 드러내게 되었다. 알랭 쉬피오는 다음과 같이 설명한다.

계몽주의 사상가들은 신의 율법, 자연의 법칙, 인간의 법률이라는 법의 세 가지 축을 이성이라는 이름으로 통합하여 자연의 법칙과 인간의 법률이라는 두 가지 축으로 대체했다고 한다. 이제 갓 태어난 사회 과학이란 학문은 이 두 가지 축마저도 하나로 압축하고 싶었던 모양이다. 이에 사회 과학은 과학의 입법자적 주권을 확립하고, 같은 맥락에서 (대학에서 과학에 밀려난) 신학과 법을 폄하하고자 했다. 학술적 측면에서 이같은 구상은 실패할 수밖에 없었다. (앞서 말한 바와 같이) 법칙의 연구에만 과학적 사고를 국한하면, 결국 그 지적 능력의 한계를 인식할 수밖에 없기 때문이다. 사회 과학이 전례 없이 수많은 지식을 축적해 나가면 나갈수록 사회 과학은 인간사회의 복잡성을 발견해 나갈 것이고, 그러면 (역사의 법칙, 경제의 법칙, 사회의 법칙 등) 최종 심급에서 인간의 운명을 결정해 줄 철의 법칙들을 밝히는 게 하등 소용없는 일이란 점도 함께 드러날 것이다.

반면 이데올로기와 정치적 차원에서는 이러한 구상이 굉장히 성공을 거두었는데, 힘에 대한 인간의 욕구 앞에 그야말로 무제한적인 지평을 열어 주었기 때문이다. 달리 말하면, 이는 곧 광기의 문을 열어 준 셈이었다. 20세기에 큰 궤적을 남긴 전체주의 체제는 이 사회를 과학적 방식으로 제어하겠다는 구상이 어떤 면에서 미친 발상이었던 것인지를 정확히 보여 준다.[3]

규범(도덕과 실정법)은 인간과 인간 사이의 관계 준칙이다. 예컨대 로빈슨 크루소가 무인도에 혼자 살 때는 '타인의 존재를 전제로 하는 규범'이 필요 없다고 해도 된다. 이는 도덕적으로는 자기 마음대로 행위를 해도 된다는 것이다. 벌거벗고 다니든, 한밤중에 고성방가를 하든 타인에게 해를 끼칠 염려가 없으므로 행동에 아무런 제약을 받지 않는다. 하지만 존재가 둘 이상일 경우에는 관계가 성립될 뿐만 아니라 규범이 형성된다.

규범은 '무엇을 한다'와 같이 '존재 또는 사실(is)'에 관한 것이 아니라 '무엇을 해야 한다(ought)'와 같이 '당위 또는 가치'에 관한 것이다. 로빈슨 크루소가 흑인 프라이데이를 만난 이후부터는 그의 삶은 제약을 받을 수밖에 없다. 그 제약이 바로 관계의 준칙, 다시 말해 두 사람 사이에 '지켜야 할' 규범이 된다. 먼저, 두 사람 사이에 어떤 사항을 지켜야 하는 것으로 약속한 경우에 이것은 규범이 된다.

다음으로, 명시적인 약속이 없었더라도 사실인 일정한 사회적 현상이 계속되면 그 현상이 관습이나 실정법으로서 받아들여져 지켜야 할 규범의 역할을 하게 된다. 예를 들어, 로빈슨 크루소와 프라이데이가 명시적으로 약속한 바는 없었으나 함께 생활하면서 공통의 생활규칙이 만들어지고 그 규칙을 계속 지켜야 한다고 생각한다면 그 규칙은 규범이 되는 것이다.

하나님과 인간 사이의 관계 준칙의 기본 내용은 "(에덴) 동산 각종 나무의 열매는 네가 임의로 먹되 선악을 알게 하는 나무의 열매는 먹지 말라 네가 먹는 날에는 반드시 죽으리라"(창 2:16-17)이다. 이는 하나님과 인간 사이의 관계의 근본을 보여 주는 것이다. 여기서부터 '십계명'이 파생되어 나왔다. 인간과 자연 사이의 관계 준칙의 근본 내용은 "땅을 정복하라, 바다의 물고기와 하늘의 새와 땅에 움직이는 모든 생물을 다스리라"(창 1:28)이다. 이 명령에서 핵심 단어는 '다스림'으로, 보통 '문화 명령'이라고 한다.

이 명령을 준수할 때는 두 가지 사항에 주의해야 한다. 먼저, 인간이 하나님으로부터 받은 것은 소유권이 아니라 관리권(청지기권)에 불과하므로 자연을 다스릴 때 소유자의 뜻을 올바로 헤아려야 하고 월권행위를 해서는 안 된다. 다음으로, 자연을 다스려야지 반대로 우상으로 숭배해서는 안 된다. 한편 인간과 인간 사이의 관계 준칙의 기본 내용은 "돕는 배필"(창 2:20)이다.

창세기에 아담과 하와의 이야기가 등장한다. 하나님은 천지 만물을 먼저 창조하셨고, 그다음으로 아담을 창조하셨다. 하나님은 동방의 에덴에 동산을 창설하시고 아담을 거기에서 살게 하셨으나, 하나님은 아담이 혼자 사는 것이 좋지 아니하다고 여기셨다. 그래서 아담을 잠들게 한 다음 그의 갈빗대 하나를 떼서 '돕는 배필'로 하와를 창조하시고는 아담에게로 이끌어 오셔서 두 사람을 짝지어 주셨다. 여기서 우리는 부부 관계의 존재 의미를 찾는다. 그런데 아담이 먼저 만들어지고 하와가 돕는 배필로 만들어졌다는 점에 중점을 두게 되면, 극단적으로 여필종부 사상에 이르는 왜곡이 발생할 수도 있다. 하지만 하나님이 평등하게 인간을 창조하셨는데, 혼인 관계로 인해 그 평등 관계가 깨어진다는 것은 있을 수 없는 일이다. 따라서 돕는 배필의 의미는 부부가 '서로' 돕는다는 것으로 받아들여야 한다.

돕는다는 것은 어떤 의미인가? 하나님은 자신의 형상대로 아담을 창조하심으로 하나님의 완전한 사랑을 보여 주셨다. 아담이 하나님에게 받은 사랑을 온전히 갚는 길은 하나님과 아담 자신을 제외한 타자에게 사랑을 베푸는 것이다. 그 타자가 바로 '돕는 배필'인 하와다. 정신과 의사이자 신학자인 티머시 R. 제닝스(Timothy R. Jennings)는 "아담은 자신을 내주고 희생할 수 있는 대상이 필요했다. 하와는 아담의 이타적 사랑의 수혜자로서 지음을 받았다"[4]고 말한다. 따라서 돕는다는 의미는 내게 어떤 유익을 준다는 의미가 아니라 내가 유익을 베풀 수 있도록 기회를 준다는 의미로 받아들여야 한다. 이것이 인간관계의 기본이다. 여기에서 출발해 우리는 이웃과의 관계의 준칙도 정립할 수 있다.

우리는 보통 이웃을 나를 기준으로 해서 나를 도와주고 나도 그를 도와주는 관계로 해석하지만, 예수의 가르침은 그렇지 않다. 앞에서 보았듯이 선한 사마리아인 비유에서 예수가 가르치고자 하는 바는, 내가 이웃 사랑을 실천할 수 있도록 상대방이 되어 주는 모든 사람이 나의 이웃이라는 것이다. '돕는 배필'의 의미가 내가 사랑을 실천할 수 있도록 상대방이 되어 주는 배필이라는 것과 마찬가지다. 그 상대가 가난하든 부자든 관계가 없다. 우리에게 사랑을 베풀 기회를 주는 모든 사람이 우리의 이웃임을 명심해야 한다. 그러므로 우리는 우리가 사랑을 베풀어 준 자들에게 감사하다는 말을 들을 필요가 없다. 오히려 우리의 사랑을 받아 주었기에 감사하다고 해야 할 것이다.

공동체를 위한 이해 17단계 : 관계 준칙

- 규범은 인간과 인간 사이의 관계 준칙이다.
- 성경에는 하나님과 인간 사이의 관계 준칙(창 2:16-17), 인간과 자연 사이의 관계 준칙(창 1:28), 인간과 인간 사이의 관계 준칙(창 2:20)이 나와 있다.
- 인간 사이의 관계 준칙인 돕는 배필의 의미는 내가 이웃 사랑을 실천할 수 있도록 상대방이 되어 주는 모든 사람이 나의 이웃이라는 것이다.

문제의식 17

- 성경이 말하는 관계 준칙에 따르면 이웃은 우리에게 사랑을 베풀 기회를 주는 모든 사람이다. 당신은 이러한 준칙을 지키기 위해 무엇을 할 수 있는가?

18장

인간의 자유 의지와
규범 제정의 한계

—

하나님은 우주와 인간을 창조했다. 하나님은 우주와 인간을 창조한 이후에도 우주와 인간의 역사에 개입하고 있다. 에피쿠로스학파가 주장하듯이 영적 세계에 머무를 뿐 인간사에는 더 이상 개입하지 않는 것이 아니다. 하지만 우주와 인간을 기계나 로봇처럼 조종함으로써 우주와 인간의 역사에 개입하는 것도 아니다. 특히 하나님은 인간에게 자유 의지를 주어 인간 자신과 우주를 통치하라고 했다. 천지 만물의 창조주인 하나님이 우주와 인간의 삶과 역사에 이런 방식으로 개입하는 것을 '섭리'라고 한다.

하나님은 절대 자유일 뿐만 아니라 절대 불변이다. 그러한 하나님이 인간에게 자유 의지를 부여한다고 선언했다. 이는 절대 불변인 하나님이 한 선언이므로 절대 불변의 약속이 된다. 이 약속으로 말미암아 하나님의 절대 자유에는 제약이 생겼다. 다시 말해, 하나님의 절대 자유는 인간의 자유 의지의 범위 내에서 자제되는 것이다. 이러한 자제에 대한 약속은 하나님일지라도 깨트릴 수 없는 언약적인 것이다. 그 증거는 이른바 '횃불 언약'이다.

횃불 언약 사건은 반으로 쪼개진 짐승들 사이를 하나님이 횃불이 되어 홀로 걸은 사건을 말한다(창 15:17). 구약성경 시대의 사람들은 약속을 지키기 위해 짐승을 반으로 갈라놓고, 그 사이를 약속의 당사자들이 함께 걷는 의식을 치렀는데, 그 뜻은 약속을 어기게 되면 이 짐승들처럼 반으로 쪼개져 죽음을 맞게 된다는 것이었다. 그런데 하나님은 믿음의 대표인 아브라함과 언약을 맺으면서 홀로 쪼개진 짐승 사이를 걸어갔다. 이는 설령 인간이 약속을 어길지라도 하나님은 절대로 약속을 어기지 않는다는 뜻이다. 우리는 이러한 제약을 '하나님의 언약적 자제'라고 할 수 있다.

하나님의 언약적 자제는 하나님의 '섭리의 원리'다. 하나님의 언약적 자제는 일정한 범위 내에서는 인간의 삶과 역사에 개입하지 않는다는 것을 의미한다. 또한 하나님의 언약적 자제는 하나님이 일정한 범위 내에서는 인간의 행위에 영향을 받는다는 것을 의미한다. 성경에서 하나님의 언약적 자제가 표현된 부분은 첫째, 직접 지구를 관리하지 않고 인간에게 지구의 관리권을 맡김으로 지구의 관리와 관련해서는 인간의 행위가 필요하게 해 놓은 것*, 둘째, 아담과 하와를

---

* 하나님이 자기 형상 곧 하나님의 형상대로 사람을 창조하시되 남자와 여자를 창조하시고 하나님이 그들에게 복을 주시며 하나님이 그들에게 이르시되 생육하고 번성하여 땅에 충만하라, 땅을 정복하라, 바다의 물고기와 하늘의 새와 땅에 움직이는 모든 생물을 다스리라 하시니라(창 1:27-28).

하나님이 부려 먹기에 편한 로봇처럼 만들지 않고 선악을 알게 하는 나무의 열매를 자유 의지로 따 먹을 수 있게 한 것, 셋째, 우주와 인간을 창조한 지 7일째 되는 날 안식하고, 인간들에게도 7일 주기로 안식하게 한 것,* 넷째, 인간의 기도에 따른 하나님의 개입으로 개인과 인류의 삶과 역사가 이루어져 가도록 한 것5, 다섯째, 온 우주에 충만한 신성 자체이신 하나님이 이스라엘 민족이 광야 생활을 할 때 만든 천막에서 머문 것, 여섯째, 인간들의 죄를 사면하기 위해 하나님인 예수로 하여금 전지전능한 창조주의 능력을 버리고 유한한 피조물인 인간의 몸을 입고 시공간 세계로 가게 한 것 등이 있다.

하나님의 언약적 자제로 인간에게 자유 의지가 부여되었다. 인간의 자유 의지는 인간으로 하여금 참 신인 하나님을 버리고, 거짓 신(우상)을 섬길 수 있는 여지를 남겼고, 인간이 그것을 실행에 옮길 때 하나님은 질투한다.** 인간의 자유 의지로 말미암아 인간은 자율적으로 공동체를 만들고, 규범을 만들어 공동체의 삶의 기준을 정해 갈

---

* 하나님이 6일 만에 우주와 인간을 창조하고 7일째 되는 날에 안식한 이유는 성경에 기록이 없다. 하나님은 전능한 분이기에, 유한한 능력의 인간들이 일을 하고 나면 반드시 쉬어야 하는 것과는 달리 영원히 '일'을 해도 문제가 없다. 그런데 주인이 쉬지 않으면 종이 쉴 수 없듯이 창조주 하나님이 쉬지 않으면 피조물인 인간과 우주도 쉴 수가 없다. 절대 존재가 쉰다는 것은 그의 무한한 능력 사용을 멈춘다는 뜻이다. 절대 존재인 하나님이 자신의 능력 사용을 멈추지 않으면, 절대적 존재가 아닌 인간과 우주는 탈이 생길 수밖에 없고, 특히 하나님이 한시도 쉬지 않고 시시콜콜 인간사에 개입한다고 하면, 인간은 로봇처럼 조종당하는 존재가 될 수밖에 없다. 피조물인 인간을 인간 되게 하는 것은 '하나님 안에서 자유(자율)를 부여받는 것'인데, 하나님이 쉬는 것, 다시 말해 자신의 절대적 능력 사용을 멈춘 것은 바로 인간에게 자유(자율)를 부여하기 위함이라고 볼 수가 있다.

** 너는 다른 신에게 절하지 말라 여호와는 질투라 이름하는 질투의 하나님임이니라(출 34:14).

수 있게 되었다. 다시 말해, 자율적으로 정치, 경제, 사회, 문화 활동을 할 수 있게 되었다. 하지만 인간의 자유 의지는 하나님과의 언약을 바탕으로 하고 있기 때문에 분명한 한계가 있다. 그것은 바로 인간의 자유 의지가 인간 행복의 척도가 되는 하나님과의 올바른 관계 안에서 행사되어야 한다는 것이다.

공동체와 관련해서 보면, 인간이 공동체를 만들고 공동체를 유지하기 위한 규범을 만드는 목적은 공동체의 구성원들로 하여금 하나님과의 올바른 관계를 유지하게 하여 행복을 누리도록 하기 위함이라는 것이 된다. 그런데, 아담과 하와가 선악과를 따 먹지 말라는 명령을 위반함으로 말미암아 인간은 전적 타락 상태에 놓이게 됨으로써 인간의 의지와 노력에 의해서는 최고선에 이를 수 없게 되었다.

이는 규범과 관련해서 보면, 인간이 만드는 모든 규범이 절대적으로 선하거나 정의로울 수 없다는 뜻이 되고, 결과적으로는 인간은 자신이 만든 규범을 통해서는 하나님과의 올바른 관계를 유지하기가 어렵게 되었다는 뜻이 된다. 이러한 인간의 타락 상태를 그냥 두고 볼 수 없었던 하나님은 인간에게 하나님과의 올바른 관계를 정립할 수 있는 길을 제시해 주기 위해 '계시'를 내렸는데, 그것이 바로 구약성경의 율법(토라)이다.

토라는 토테미즘, 애니미즘을 비롯한 다신론이 번성하던 고대 시대에 유사 사례를 발견할 수 없는 '유일신론'에 입각한 규범이기 때문에 그것이 신의 계시가 아니라 인간 모세에 의해 만들어졌다고 하는 것은 진실을 제대로 보지 못하는 것이다.

인간이 만드는 규범의 정당성의 최종 근거를 '최고 규범' 또는 '기본 규범'이라고 하는데, 최고 규범은 실정법의 정당성 판단의 최종 근거가 될 뿐만 아니라 정의 판단의 최종 근거도 된다. 공동체의 유지 및 공동체의 규범 제정의 목적이 위에서 본 바와 같다고 한다면, 공동체가 제정하는 규범의 정당성의 최종 근거, 다시 말해 최고 규범은 하나님이다. 이러한 입장을 '신법론자'라 해야 하겠지만, 법학계에서는 단도직입적으로 신법론자라고 부르기보다는 '자연법론자'로 부른다. 하나님이 창조한 자연을 통해 최고 규범인 하나님의 의지와 우주의 질서를 확인할 수 있다는 의미에서 자연법론자라고 하는 것이다. 이러한 자연법론자를 '유신론적 자연법론자'라고 할 수 있겠다.

그런데 이와는 달리 '범신론적 자연법론자'도 있다. 스토아학파에 뿌리를 두고 있으며 근대 계몽주의 시대 이후 자연법론의 대세가 된 이 입장은 기독교와 같은 유신론을 거부하고, 최고 규범은 신이 아닌 자연 그 자체에서 비롯된다고 주장한다. 따라서 자연법론자로 분류되는 사람들 중에는 유신론적 자연법론자와 범신론적 자연법론자로 나누어진다는 점을 염두에 두어야 한다.

한편, 유신론적 자연법론뿐만 아니라 범신론적 자연법론도 부정하는 '법실증주의자'는 기본 규범이 신이나 자연이 아니라 역사적으로 첫 번째 헌법이라고 주장하고, 그 첫 번째 헌법은 실정법 규범이 아닌 가설적 규범에 불과하다고 한다.[6] 여하튼 유신론적 자연법론자이든 범신론적 자연법론자이든 법실증주의자이든 최고 규범 또는 기본 규범이 인간 밖에 존재한다는 것을 전제한다는 점에서 공통점을 가지고 있다.

공동체를 위한 이해 18단계 : 자유 의지

- 하나님의 언약적 자제는 하나님의 섭리의 원리다.
- 하나님의 언약적 자제로 인간에게 자유 의지가 주어졌다.
- 자유 의지를 받은 인간은 하나님을 버리고, 거짓 신(우상)을 섬길 여지가 생겼고, 자율적으로 공동체를 만들고, 규범을 만들 수 있게 되었다.

문제의식 18

- 인간이 만드는 규범의 정당성의 최종 근거를 어디서 찾을 수 있는가?

19장

법은 우리 사회를
어떻게 지탱하는가

—

판사실에는 매년 판사의 신청에 따라 특정 출판사가 편찬한 법전이 한 권씩 주어진다. 왜냐하면 매년 국회 등에서 법률이나 대통령령 등과 같은 법령을 새로이 제정하거나, 기존의 법령을 폐지 또는 개정하기 때문에 이를 반영하기 위해 법전이 새로 만들어지기 때문이다. 이러한 법전에는 대한민국의 법령 전부가 수록된 것이 아니라 사회적 관심사가 높고 실무에서 빈번히 참조되는 법령만 출판사별로 선별되어 있다. 대한민국의 법령 전부를 파악하려면 대한민국 법령집을 보아야 한다. 하지만 그 양이 대해서 전체를 일독하는 데도 수많은 시간과 노력이 필요하다.

대한민국 법령이 방대하지만, 이것만으로는 사회 규범으로서 완전한 역할을 수행할 수 없다. 그 이유는 첫째, 사회 규범 중에서 대한민국 법령에 수용되어야 함에도 국민들의 동의를 받지 못하거나 국가와 사회의 사정상 대한민국 법령으로 아직 포섭되지 못한 것이 있다. 둘째, 대한민국 법령에 수용된 것 중에서 정의에 반하거나 시대의 변천으로 규범력을 상실하여 폐기되어야 할 규정도 있을 수 있다. 셋째, 대한민국 사회의 질서가 되는 규범이지만 그 본질 및 특성에 의해 법령으로 수용될 수 없는 것이 있기 때문이다.

실정법의 개념은 학자마다 많은 차이를 보인다. 대한민국 법령을 기초로 그들의 견해를 살펴보면 다음과 같다. 어떤 학자들은 '제정법'인 대한민국 법령집에 포함된 법령만을 실정법으로 보아야 한다고 주장하나, 어떤 학자들은 아직 대한민국 법령으로 포섭되지는 못했지만, 기존의 대한민국 법령을 지배하는 원리와 동일한 원리가 적용될 수 있는 규범은 실정법에 포함시켜야 한다고 주장한다. 어쨌든 두 견해는 실정법에는 이를 지배하는 공통의 원리가 있다는 것이고, 그러한 원리가 적용되지 않는 규범 영역이 있음을 전제하고 있다고 볼 수 있다.

실정법을 지배하는 원리가 적용되지 않는 법의 영역을 '법을 넘는 법'이라고 부르고자 한다. 법을 넘는 법을 '법 위의 법'이라고 하는 사람들도 있으나 이는 실정법과 실정법을 제외한 규범의 우열 관계를 전제로 하는 것이라서 오해의 소지가 있다. 실정법과 그것을 제외한 규범은 서로 다른 지배 원리를 가지는 것일 뿐이지 우열 관계가 있다고 할 수는 없다.

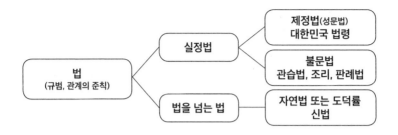

결국, 법의 덕목은 책임과 사랑이다

그렇다면 실정법과 법을 넘는 법의 지배 원리는 무엇인가? 사례를 통해 알아보기로 한다.

Y는 X로에게 1,000만 원을 빌렸다. 그런데 약속한 기일이 되었음에도 형편이 나아지지 않자 친구인 X에게 500만 원밖에 없으니 이것만 받고 나머지는 탕감해 달라고 부탁했다. 하지만 X는 Y의 부탁을 거절하며 약속한 대로 이행할 것을 종용하다가 결국 소송을 제기했다. 이 경우, 판사는 '원칙적으로' Y로 하여금 X에게 약속한 대로 돈을 지급하라는 판결을 선고하게 된다. 여기에서 우리는 실정법을 지배하는 정신 또는 덕목이 책임이라는 것을 알 수 있다. Y가 책임을 이행하지 않을 경우에는 그 이행을 위해 국가 기관의 강제력을 동원할 수 있다. 결국, 관계의 준칙 중에 실정법에 포섭될 수 있는지 여부에 관한 기준은 '강제적 이행 가능성'이라고 할 것이다.

실정법에 따른 요건 사실에 따라서만 재판할 수 있다면 인공 지능에게 재판을 맡겨도 문제가 없을 것이다. 그러나 실제 재판은 그렇게 단순하지 않다. 재판의 두 가지 이념은 '진실 발견'과 '절차 보장'이고, 절차 보장의 목적은 설득을 통한 승복을 이루기 위함이다. 절차를 보장하지 않은 채 단순히 기계적인 법 적용으로 결과를 도출하는 것은 당사자의 승복을 기대하기가 어렵고, 이는 재판 절차, 나아가 사법에 대한 불신을 초래한다. 따라서 재판이 승복을 얻기 위해서는 실정법에 따른 결론을 주저하게 만드는 사정들을 숙고해야 한다. 결론이야 책임의 법에 따라 기계적으로 도출한다고 하더라도, 최종 결론에 이르기까지는 호소와 경청을 통한 숙고라는 '인간의 얼굴'을 보여 주어야 한다.

그러한 숙고 과정의 하나가 '조정 절차'이고, 이 절차는 실정법의 덕목인 책임의 정신을 한 발 뒤로 물러서게 할 여지를 제공하는데, 그 전제는 다름 아닌 '양보'다. 위 사건의 조정 절차에서 실정법상의 원칙과 다른 결론이 도출되기 위해서는 X의 양보가 필수이고, 이는 숙고 과정인 조정 절차에서 가장 중요한 역할을 한다. 하지만 실정법상 당사자는 양보할 의무가 없고, 판사도 양보를 강제할 수가 없다.

자발성을 바탕으로 하는 양보는 강제성이 동원되는 실정법으로는 규율할 수 없는 덕목으로, 실정법과는 다른 차원의 법의 영역에서 도출된다. 이러한 차원의 법을 실정법과 비교하기 위해 '법을 넘는 법'이라고 하며, 자연법(도덕)과 신법 등이 여기에 해당한다고 볼 수 있다.[7]

실정법과 법을 넘는 법은 모두 '법(관계의 준칙)'으로서 사회를 지탱하는 역할을 한다. 법이 '관계의 준칙'으로서 사회를 지탱하는 역할을 한다고 말하지만, 엄밀히 말하면 그 속에 스며든 '관계의 덕목'이 그러한 역할을 수행하는 것이다. 실정법을 지배하는 덕목은 책임이다. 그런데 앞서 본 바와 같이 책임을 덕목으로 하는 실정법만으로는 인간다운 사회를 만들기 어려운 경우가 있다. 서로가 서로를 존중하는 인간다운 사회를 위해서는 실정법상의 덕목 외에 법을 넘는 법의 덕목이 필요하며, 어떤 의미에서는 후자가 더 중요한 덕목이라고도 할 수 있다.

그러한 덕목으로는 양보와 함께 정직, 배려, 존중, 봉사, 관용, 용서, 희생, 자비, 박애, 우정, 효, 충성, 복종 등을 들 수 있다. 이 덕목들을 한마디로 요약하라고 하면, 결국 '사랑'이라고 할 수 있지 않을까? 효는 부모에 대한 사랑, 우정은 친구에 대한 사랑, 충성과 복종은 국가와 권위에 대한 사랑, 정직, 배려, 존중, 봉사, 양보, 관용, 용서, 희생, 자비, 박애는 이웃과 동포와 인류에 대한 사랑의 표현이기 때문이다.

결국, 우리 사회를 지배하는 법의 덕목은 '책임'과 '사랑'이다. 책임은 행위의 예외를 허용하지 않는 엄중한 약속인 반면에 사랑은 여백을 허용하는 인간 존중의 정신이다. 사랑이 결여된 책임은 공허하고, 책임이 동반되지 않은 사랑은 맹목이다.

공동체를 위한 이해 19단계 : 책임과 사랑
- 실정법과 법을 넘는 법은 모두 법(관계의 준칙)으로서 사회를 지탱하는 역할을 한다.
- 실정법만으로는 인간다운 사회를 만들기 어려울 때가 있다. 인간다운 사회를 위해서는 실정법상의 덕목 외에 법을 넘는 법의 덕목이 필요하다.
- 우리 사회를 지배하는 법의 덕목은 책임과 사랑이다.

문제의식 19
- 법의 정신이 책임과 사랑이라는 것은 당신과 타인의 관계에 어떤 영향을 줄 수 있는가?

20장

—

법률상 다툼은
누가 어떻게 심판하는가

—

법관의 직무는 법률상의 쟁송(爭訟)에 대한 '심판(審判)'이다. 보통 '재판(裁判)'이라고 한다. 법관의 직무 근거는 헌법에 있는데, 헌법 제103조는 법관의 직무를 "법관은 헌법과 법률에 의하여 그 양심에 따라 독립하여 심판한다"고 규정한다.

재판이란 '구체적 사실을 소전제로, 법을 대전제로 하는 법적 삼단 논법에 의하여 권리 또는 법률관계의 존부(存否)를 확정하는 판단 작용'이다. 풀어서 말하면, 재판은 첫째, 분쟁(법률상의 쟁송)과 관련된 법을 해석하고, 둘째, 사실을 확정한 다음, 셋째, 확정된 사실을 해석된 법에 '포섭'시켜 결론을 내리는 작용이다. 하지만 실제 재판 과정에서는 사실을 확정하는 것이 분쟁과 관련된 법을 해석하는 것보다 선행된다. 예컨대 검사가 피고인을 절도죄로 기소했다고 할 때, 먼저 '피고인이 언제, 어디에서 무엇을 했다'는 사실을 확정하고, 다음으로 형법 제329조의 절도 규정을 해석하며, 마지막으로 확정된 사실이 형법 해석 규정에 해당한다고 하면, 피고인에 대하여 절도 규정에 정해진 범위 내에서 형을 선고한다.

법관은 무엇으로 재판하는가

그렇다면 법관이 재판에서 대전제로 삼을 수 있는 법에는 무엇이 있을까? 쉽게 말해, 법관은 어떤 법을 가지고 재판하는 걸까? 이에 관한 논의가 바로 '법의 연원(淵源)', 줄여서 '법원(法源)'에 관한 논의다.

먼저, 대한민국 법령집에 포함된 법령이 법에 포함됨은 당연할 것이다. 이러한 법령을 '제정법' 또는 '성문법'이라고 한다. 한편, 우리 민법 제1조에는 '민사에 관하여 법률에 규정이 없으면 관습법에 의하고 관습법이 없으면 조리에 의한다'고 되어 있으므로, 위 규정의 취지에 따라 대한민국 법관이 재판에서의 대전제로 삼을 수 있는 법의 범위에는 법률 외에도 관습법과 조리(條理)가 포함된다. 관습법과 조리를 합쳐서 '불문법'이라고 한다. 우리나라는 영미법 계통의 국가와는 달리 '판례법'은 원칙적으로 법원으로 인정하지 않고 있다.

관습법이란 '사회의 거듭된 관행으로 생성한 사회생활 규범이 사회의 법적 확신과 인식에 의하여 법적 규범으로 승인·강행되기에 이른 것'을 말한다. 우리나라 법원(法院)에서도 관습법상의 법정 지상권 등 몇 가지 관습법을 인정하고 있다. 다음으로 조리의 의미는 '사람의 이성에 기하여 생각되는 규범', '사람이 사회생활상 준수하지 않으면 안 된다고 인정하는 객관적 원리 혹은 법칙', '어떤 사회에서 구성원이 일반적으로 정의롭다고 여기는 규범', '사물의 본질적 법칙 또는 사물의 도리로, 경험칙, 사회통념, 사회적 타당성, 신의 성실, 사회 질서, 형평, 정의 등의 이름으로 불리는 것'이라는 등 견해가 다양하다.

우리나라 대법원 판결은 조리를 "사물의 본질적 법칙, 사물의 도리 또는 사람의 이성에 의하여 생각되는 규범 등으로 정의되고, 경우에 따라서는 경험칙, 사회적 타당성, 사회 질서, 형평, 정의 등으로 표현된다. … 또한 조리는 일정한 내용을 가진 것이 아니라 법질서 전체 또는 그 속에 흐르는 정신에 비추어 가장 적절하다고 생각될 경우에 끌어 쓰는 극히 추상적인 말로서, 같은 유형의 분쟁 해결에 일반적·보편적으로 적용될 수 있는 법리와는 다르다"[8]라고 한다.

그런데 관습법과 조리를 법의 연원으로 삼을 때 사법부가 삼권 분립 원칙을 위배하여 재판을 통하여 법의 연원을 적극적으로 만들어 가서는 안 된다는 것이나 성문법을 지배하는 책임의 원칙을 벗어나서는 안 된다는 것과 같은 일정한 한계가 있을 것이다. 이러한 한계로 인해 실제 재판에 있어서는 관습법과 조리는 아주 제한적으로 법원(法源)으로 인정되고 있다. 그러한 제한 내에서 보면, 관습법과 조리도 넓은 의미에서는 실정법에 속한다고 할 것이다.

민법 규정 중 '조리의 규범성'을 수용하여 권리자의 권리 행사를 부정하는 등 사적 자치 내지 계약 자유의 원칙에 제한을 가하는 것이 '신의 성실의 원칙'이다. 로마법이 기원인 신의 성실의 원칙은 민법 제2조에 규정되었는데, 그 내용은 "① 권리의 행사와 의무의 이행은 신의에 좇아 성실히 하여야 한다. ② 권리는 남용하지 못한다"이다.

대법원은 위 원칙의 의미를 "민법상의 신의 성실의 원칙은 법률관계의 당사자는 상대방의 이익을 배려하여 형평에 어긋나거나 신뢰를 저버리는 내용 또는 방법으로 권리를 행사하거나 의무를 이행하여서는 안 된다는 추상적 규범을 말하는 것으로서, 신의 성실의 원칙에 위배된다는 이유로 그 권리 행사를 부정하기 위해서는 상대방에게 신의를 공여했다거나, 객관적으로 보아 상대방이 신의를 가짐이 정당한 상태에 이르러야 하고 이와 같은 상대방의 신의에 반하여 권리를 행사하는 것이 정의 관념에 비추어 용인될 수 없는 정도의 상태에 이르러야 한다"[9]고 설시한다.

신의 성실의 원칙 규정은 원칙적으로는 사법 영역에서 소유권 절대주의 내지 계약 자유의 원칙의 엄격한 적용으로 인해 발생하는 권리 남용을 차단하거나 불공정을 시정할 여지를 남겨 두기 위해 마련된 규정이었다. 하지만 신의 성실의 원칙은 그 중요성으로 인해 사법뿐만 아니라 공법 영역에서도 권력 남용에 대항하거나 부정의를 시정하는 원칙으로 자리를 잡았다.

예를 들면, 지방 자치 단체가 매도할 수 없는 행정 재산인 토지를 매도했다가 매도일로부터 20년이 지난 후 당해 토지가 행정 재산임을 이유로 매매 계약이 무효라고 주장하며 소유권 이전 등기의 말소 등기 절차의 이행을 구하는 소를 제기한 것에 대해, 대법원은 당해 토지가 매도된 이후 당해 토지에 대해 공용 폐지*까지 되었다면 당해 토지가 매매 당시에 행정 재산임을 내세워 무효라고 주장하는 것

---

* 공용 폐지란 행정 주체가 공공용물에 대하여 그 물건을 공용에 제공하는 것을 폐지하는 것인데, 이로 인해 그 물건에 대한 공법상의 제한이 배제되어 사법상의 거래도 가능하다.

은 신의 성실의 원칙에 반하는 권리 행사에 해당되어 허용될 수 없다고 했다.[10]

한편, 우리나라는 대륙법 체계, 다시 말해 '제정법(성문법)주의'를 원칙으로 하고 있기 때문에 법원의 판결로 이루어지는 '판례법'은 원칙적으로 법의 연원에 포함되지 않는다. 이 부분이 영미법 체계의 국가와 가장 큰 차이가 난다. 때문에 우리나라에서는 기존의 판결, 특히 대법원 판결이 당해 사건에서만 기속력(羈束力)을 미치지 다른 사건에서는 기속력을 미치지 않는다. 따라서 실정법의 적용과 관련해 다른 사건에서의 대법원 판결, 특히 대법원 전원 합의체 판결에 위배되는 판결을 내렸다고 해서 그것이 '판례법의 위반'이 되는 것은 아니라, '제정법의 해석에 대한 오해'에 불과할 뿐이다.

결론적으로, 우리나라에서 인정되는 법의 연원은 성문법으로서 제정법과 불문법으로서 일부 관습법과 조리가 있다고 할 것이다. 이들 제정법, 관습법, 조리를 합쳐 우리는 실정법이라고 한다. 하지만 영미법 체계의 국가에서는 판례법도 법의 연원인 실정법에 포함된다.

법과 도덕은 어떤 관계가 있는가

결국, 대한민국 법관은 제정법(대한민국 법령), 관습법, 조리를 재판의 준거로 삼고 있다고 할 것이고, 그중에서 제정법을 가장 많이 활용한다. 제정법인 대한민국 법령집에는 엄청난 양의 법령이 수록되어 있다. 하지만 시대의 변화로 구체적 사건을 해결할 때 법이 없는 '법의 공백' 현상을 막을 수가 없을 뿐만 아니라 '정의에 반하는(위헌적인) 법'으로 그 적용이 배제되어야 할 규정도 없다고 할 수 없다. 법의 공백과 부정의한 법의 문제를 대하는 방식에는 크게 법실증주의와 자연법주의가 대립된다. 이들 견해의 대립은 도덕과 실정법(이하 이 단락에서는 도덕과 법이라고 함)의 관계를 어떻게 설정할지에 집중된다.

법과 도덕은 어떤 관계에 있는가? 이 질문은 드워킨의 표현에 따르면 "수 세기 동안 법률가들의 손가락을 가장 고통스럽게 찔러 왔던 밤송이"[11]다. 법과 도덕의 관계를 논함에 있어 가장 시급한 질문은 '도덕의 제정자는 누구인가?'이다. 이 질문에 관한 답은 법의 제정자가 누구인지에 관한 질문의 해답도 함께 제공한다.

먼저, 도덕은 '인간이 만드는 것이 아니다'라는 견해들이 있다. 이러한 견해들에는 단순히 도덕은 인간에게서 나온 것이 아니라는 소극적 주장뿐만 아니라 인간 외부에 있는 신이나 자연이 만들었다는 적극적 주장도 포함된다. 드워킨은 소극적으로 "법은 대체로 인간의 다양한 우연적인 결정이나 관행에 따라 만들어진다. … 도덕은 특정인이 만드는 것이 아니며(물론 일부에서는 신은 예외로 한다) 도덕은 인간의 결정이나 관행에 의존하지 않는다. 과실로 타인에게 손해를 가한 사람은 배상 능력이 있는 한 피해자에게 배상해야 할 도덕적 의무를 갖는다는 것은 우연적 사실이 아니라 필연적 사실이다"[12]라고 말한다.

한편, 도덕을 신이나 자연이 만들었다는 적극적인 주장들에 따르면, 신과 자연은 인간보다 선재(先在)하므로 도덕은 법(성문법 및 불문법)에 앞서 이미 만들어져 있고, 법은 도덕을 확인하고 구현하는 것이 된다. 즉 인간이 법 규범을 제정할 수 있는 것은 도덕 창조자의 권위에서 비롯된 것이므로, 법은 도덕에 합치되어야 한다. 그렇다면 법과 도덕은 동일한 규범 체계를 이루는 같은 성격의 규범에 불과하다. 결국, 법과 도덕은 '일원론적 관계'에 있다. 이러한 견해들을 통틀어 '자연법론자'라고 할 수 있다.

다음으로, '도덕도 인간에게서 비롯된 것'이라는 견해가 있다.[13] 도덕이 인간의 어디에서 비롯된 것인지는 '이성'에서 비롯되었다는 견해가 있고, '도덕 감정'에서 비롯되었다는 견해도 있다. 어쨌든 이러한 견해들에 의하면 도덕은 법과 마찬가지로 특정한 공동체에 속하는 것이고, 사람들이 만드는 것이며, 우연한 것이라고 주장한다.[14]

이러한 견해들은 도덕은 이미 주어진 것이 아니라 인간에 의해 창조되고, 법도 선재하는 도덕을 확인하고 구현하는 것이 아니라 인간에 의해 창조되는 것이라고 한다. 이러한 견해에 따르면 법과 도덕은 상이한 규범 체계를 이루며 서로 완전히 독립되어 있고, 강제가 가능해지는 법과 강제가 불가능한 도덕은 '이원론적 관계'에 있다. 주로 '법실증주의자'가 주장하는 바다. 드워킨은 법실증주의를 '법리적 실증주의', '사회학적 실증주의', '분류학적 실증주의'로 유형화하여 법과 도덕의 관계에 관한 그들의 입장을 설명하고 있다.[15]

구체적 사건을 해결하기 위해 법을 적용하는 법관들과 관련해서 보자면, 우리나라 법관들은 거의 대부분 사건을 해결하는 데 자신이 법실증주의자인지 자연법론자인지를 염두에 두고 재판하는 것이 아니라 (미국의 대법원 판사들처럼 자신이 법실증주의자인지 자연법론자인지를 구체적으로 밝히기도 꺼린다) 구체적 사건에서 적법·타당한 해결을 최우선으로 고려한다.

하지만 법을 해석하여 적용하는 단계에서 법의 공백이나 부정의 (不正義) 문제가 발생하면 법관은 의회가 제정한 법에 대해 자신의 태도를 결정할 수밖에 없다. 이런 경우에 어떤 법관들은 구체적인 정의를 실현하기 위해 헌법이나 도덕률 등을 포함한 전체 규범 체계를 탐구하여 법의 공백을 메우려고 하거나 정의롭지 않다고 주장된 법 규정에 대해 위헌 법률 심판을 제청하는 등 적극적인 자세를 취하기도 한다. 반대로 어떤 법관들은 의회의 입법권을 존중하여 법의 공백이 있는 경우 적용할 법이 없다고 판단하거나 정의롭지 않다고 주장된 법에 도덕적으로는 몰라도 실정법적으로는 정의롭지 않다고 선언할 수 없다며 그에 대한 개정을 의회에 맡기는 등 소극적인 자세를 취하기도 한다. 이런 태도가 일정한 경향성을 보이면[16] 우리는 그 법관에 자연법론자나 법실증주의자라고 평가를 내릴 수 있을 것이다.

그런데 의회의 입법에 대한 '적극적 태도(사법 적극주의)'와 '소극적 태도(사법 소극주의)' 중 무엇이 옳으냐는 질문에 일반론으로 답할 수는 없다. 다만, 성급하게 법이 없다고 선언하거나 도덕적으로는 몰라도 법적으로 부정의하지 않다고 선언하는 태도는 경계해야 할 것이다.

절제되지 않는 자유의 극단에는 부자유가 드러난다

공동체에서 생활하는 사람들의 행위 영역은 '공적 영역'과 '사적 영역'으로 나뉜다. 공적 영역이란 공동체나 그 기관의 결정에 따라 행위가 이루어지고 그에 따른 책임이 공동체에 귀속되는 영역이고, 사적 영역이란 공적 영역을 제외한 영역으로 사인(私人)의 자발적 결정에 따라 행위가 이루어지고 그에 따른 책임이 사인에게 귀속되는 영역이다.

공적 영역에서의 행위, 이른바 공적 행위를 지배하는 최고 원칙은 '법치주의 원칙'이다. 불문법 국가인 영미법계에서는 '법의 지배'라고 한다. 예를 들어, 행정청이 행위를 할 때는 법률에 근거해 법률이 정하는 바에 따라야 하는데, 이를 법치 행정이라고 한다. 사적 영역에서의 행위, 이른바 사적 행위를 지배하는 원칙은 '자기 결정 원칙'이다. 개인이 행위를 할 때 자발적으로 결정한 것이라야 그 행위에 따른 책임을 그에게 지울 수 있으므로, 국가나 타인은 사적 영역에서의 행위는 간섭하거나 강요해서는 안 된다는 원칙이다. 이러한 자발적 결정 원칙에서 근대 민법의 3대 원칙인 '사유 재산 존중 원칙', '사적 자치의 원칙', '자기 책임의 원칙'이 파생했다. 사적 자치의 원칙 가운데 대표적인 것이 '계약 자유의 원칙'이다.

자발적 결정 원칙, 특히 계약 자유의 원칙을 철저히 하게 되면, 사적 영역에 대한 국가의 방임, 이른바 '자유방임주의'에 이르게 된다. 앞에서 본 '자유방임주의적 자유주의'는 이러한 이념을 배경으로 하고 있다. 하지만 역사적으로 자유방임주의가 극단으로 치닫던 시절에 사회와 국가는 빈부 격차의 심화로 인한 인간의 존엄성 침해, 사용자나 기업의 우월적 지위로 인한 계약 자유 원칙의 형해화, 자본주의의 심화로 인한 제국주의의 확산 등 정의롭지 못한 모습을 드러내었다. 이러한 폐해를 극복하기 위해서는 자유방임주의의 사상적 근거가 된 자유주의의 자기 결정론의 수정이 필요하게 되었다. 특히 근로자나 소비자에 대해 우월적 지위에 있는 사용자나 기업의 계약상의 권리 행사에 제약을 가할 필요가 생겼다. 이와 같은 제약을 할 수 있는 이념이 바로 '공공복리' 또는 '공동선'이다.

자유방임주의의 폐해를 극복하기 위한 이념이 바로 롤스의 평등주의적 자유주의와 같은 '수정자유주의'나 '공동체주의'다. 수정자유주의와 공동체주의의 영향으로 계약 자유의 원칙을 수정하거나 제한하는 법률들이 다량 제정되었고, 특히 노동관계법(근로기준법, 노동조합 및 노동관계 조정법 등)처럼 공법과 사법[17]의 중간 성격을 가진 일명 '사회법'이라는 일단의 법률들이 대거 등장하게 되었다. 이로 인해 사적 영역이 자유방임주의 시절보다는 공동체의 개입이나 간섭을 더 받게 되었는바, 자유주의 입장에서는 자유의 제약이라고 할 수 있지만 공동체주의 입장에서는 자유의 보장 내지 실현이라고 할 수 있다.[18]

공동체를 위한 이해 20단계 : 법의 연원
- 대한민국 법관은 제정법(대한민국 법령), 관습법, 조리를 재판의 준거로 삼고 있고, 그중에서 제정법을 가장 많이 활용한다.
- 자연법주의자는 법은 도덕에 합치되어야 한다는 일원론적 관계를 말한다. 법실증주의자는 법과 도덕은 완전히 독립된다는 이원론적 관계를 말한다.
- 자기 결정 원칙이 지배하는 자유방임주의 폐해를 극복하기 위한 이념이 롤스의 평등주의적 자유주의와 같은 수정자유주의나 공동체주의다.

문제의식 20
- 법과 도덕의 관계에 대해 다시 생각해 보라.

21장

개인의 가치와
공동체의 선의 통합

—

외적 규범인 법과 도덕의 목적은 정의의 실현에 있고, 이를 위해 기본적으로 보장되어야 할 것이 '사회 질서 유지'다. 뒤집어서 말하면 사회 질서를 유지하여 정의를 달성하기 위해서는 규범을 지켜야 한다는 것이 된다. 공동체 구성원의 입장에서 보면, 규범을 지키는 이유는 무엇인가? 이에 대해서는 크게 세 가지 경우가 있다. 첫 번째는 이익을 얻거나 적어도 불이익은 당하지 않기 위해서 지키는 경우이고(목적론적 윤리론), 두 번째는 공동체 구성원으로서의 의무이기 때문에 규범을 지키는 경우이고(의무론적 윤리론), 세 번째는 외적 규범이 내적 규범화되어 성품에 따라 규범을 지키는 것이 좋은 삶으로 이끌기 때문에 지킨다는 경우다(덕 윤리론).

가치의 충돌과 규범의 기능을 보자. 논의에 앞서 공동체의 선이며 외적 규범인 법과 도덕을 '규범'이라고 하고, 개인의 가치관이라고 할 수 있는 개인선인 내적 규범을 '가치'라고 표현하기로 한다. 공동체 생활을 할 때는 가치의 충돌을 염두에 두어야 하고, 이러한 가치의 충돌을 해결하여 사회 질서를 유지하는 것이 규범의 기능이다.

가정적인 예를 들어 보자. A는 B가 거주하는 주택에 근접한 도로에서 확성기를 사용하여 무언가를 선전했다. 그 행위가 몇 시간째 계속되자 더 이상 참을 수 없었던 B는 A에게 가서 주거 평온의 자유가 침해당하고 있다며 A에게 방송을 그만두라고 했다. 이에 대해 A는 자신의 표현의 자유를 주장하며 방송을 멈추지 않았다. 참다못한 B는 A를 고소했고, 이로 인해 A는 이웃 주민의 '수인한도(受忍限度)'를 넘어 방송했다는 이유로 경범죄 처벌법 위반죄로 처벌을 받았다. 앙심을 품은 A는 '이런 법이 어디 있느냐'며 다시 와서 방송했고, B의 고소로 A는 또 처벌을 받았다. 이후에도 A가 방송하고, B는 고소하는 일이 되풀이되고 있다. A와 B는 각자의 '선(가치)인 자유'를 주장하며 충돌을 빚는 것이다. 이 사례에서 A와 B 두 사람의 충돌을 해결하는 길은 A가 방송을 그만두는 것인데, 이를 위해서는 법을 위반하고 있음을 자각하고 법을 지켜야겠다는 A의 결심이 선행되어야 한다.

다른 예를 들어 보자. 어느 마을의 주민들이 자연환경에 '공유지의 비극'을 초래하지 않고 후손들에게 온전한 자원으로 물려주기 위해 지하수의 사용량을 줄이자는 결의문을 채택했다. 하지만 그 마을에서 공장을 운영하는 C는 결의문으로 인해 경제적 손실이 있다며 따르지 않았다. 이 경우는 현세대의 가치와 미래 세대의 가치가 충돌하는 상황이다.

위 두 사례 모두 가치 충돌이 있는 경우다. 첫 번째 사례에서는 법이 규범으로서 가치의 충돌 문제를 해결하고, 두 번째 사례에서는 도덕이 규범으로서 가치의 충돌 문제를 해결한다. 이를 최종적으로 해결하는 방법은 첫 번째 사례에서는 A가 방송을 그만두는 것이고, 두 번째 사례에서는 C가 주민들의 결의문을 따르는 것이다. 두 사례 모두 A와 C가 규범을 내면화하여 자신의 행위를 그만두지 않는 한 충돌 문제는 해결할 수가 없다. 여기에서 우리는 법을 지키도록 하는 것은 처벌보다는 공동체 구성원들로 하여금 법을 위반하지 않기로 마음먹게 하는 것이 근본적인 처방책임을 알게 된다. 아이러니하게도 '사회 질서 유지' 기능을 가진 법이 그 기능을 제대로 수행하기 위해서는 사람들이 법을 지켜야 한다는 것이다.

A와 C의 행위를 깊이 분석하면, 그들은 타인의 가치와도 충돌하고 규범과도 충돌(대립)하고 있음을 알 수 있다. 그렇다면 '가치의 충돌 문제'를 해결하기 위해 1차적으로는 '규범과의 충돌 문제'부터 해결해야 한다. 위 두 사례에서 규범과의 충돌 문제를 해결할 수 있는 방법으로는 A와 C가 규범을 지켜야 할 의무를 인정하거나, 그러한 의무의 인정을 넘어 타인의 주거의 안녕이나 미래 세대의 가치도 보장해야 한다는 정의로운 성품을 가지는 것이다. 다시 말해, 외적 규범인 도덕과 법이 내적 규범인 개인 윤리로 받아들여져야 한다는 뜻이다. 이러한 입장에서 보면, A와 C에게는 가치와 규범이 분리되어 있다고 평가할 수 있다.

개인에게 개인선인 가치와 공동체의 선인 규범의 분리는 필연적인

가? 아니라면 어떻게 규범을 가치로 내면화할 수 있는가? 이 질문은 인류 공동체의 윤리와 도덕의 역사와 깊은 연관이 있다. 고대 그리스 인들은 가치와 규범을 분리함이 없이 자신의 삶에 통합시켰다고 평 가된다.[19] 하지만 알렉산드로스 대왕 이후 헬라-로마 시대라는 범세 계적 국가 시대에 이르자 가치와 규범의 분리가 이루어졌고,[20] 이러 한 경향이 지속되다가 로마가 공화정을 폐지하고, 황제를 정점으로 하는 제국이 되어 기독교를 국교로 받아들이게 되자 다시 가치와 규 범은 통합되었다.

르네상스와 종교 개혁으로 중세 가톨릭 시대가 끝을 맺고 근대 계 몽주의 시기가 도래하자 사회의 관습과 규범의 지배를 받지 않는 자 연 상태의 개인의 주체적 자아가 강조되기 시작하면서 다시 가치와 규범은 분리되었다.[21] '자유주의적 개인주의(자유지상주의적 자유주의)' 사 회가 도래된 것이다. 가치와 규범이 분리되는 자유주의적 개인주의 사회는 현대에 이르러 개인들에게 삶의 의미의 상실, 두려움, 공허함 과 같은 정신적·심리적 문제를 안겨 주었다. 이러한 문제들을 극복 하기 위해 다시 가치와 규범이 통합되어야 한다는 주장이 대두되고 있다. 이들은 공동선을 통한 공동체 회복을 주장하는 공동체주의자 들이다.[22]

규범인 도덕과 실정법이 정당성이 인정되는 때에도 이를 수용하 는 태도는 사람마다 다르다. 규범이 자아의 실현에 영향력을 행사하 는 것을 거부하는 사람들은 규범을 자유의 제약으로 여긴다. 다시 말 해, 이들은 자신의 가치나 목적을 자신이 자발적 독립적으로 정하지 않고, 규범을 통한 규제와 간섭으로 정하는 것은 자유의 침해라고 생각한다. 이들은 공동체가 정한 규범을 자신의 가치로 내면화하기가 쉽지 않을 것이고, 자신의 가치나 이익에 반하는 규범을 지켜야 할 때면, 내면에서 갈등을 겪을 가능성이 높을 것으로 생각된다. 남이 보지 않는다면, 별다른 가책 없이 규범을 어길 가능성도 배제할 수 없다. 이와는 반대로 공동체의 합의로 제정된 규범이 자유를 보장하거나 확장시켜 준다고 생각하는 사람들은 규범을 자신의 가치로 내면화하는 거부감이 적다고 볼 수 있다. 이러한 사람들은 보는 사람이 있든 없든 상관없이 규범을 지킬 가능성이 높을 것이다.

위와 같은 규범을 대하는 사람들의 상반된 태도는 '자유주의'와 '공동체주의'의 대립과 맥락을 같이 하는데, 이는 인간의 본성에 관한 견해의 차이에서 출발한다. 인간이 본성상 공동체적이라는 견해는, 인간은 천성적으로 공동체성이 있으므로 공동체에서 사는 것이 혼자 사는 것보다 자연적이라고 주장한다.

이에 대해 에피쿠로스는 '인간은 본성적으로 공동체에서 사는 데 적합하지 않다'고 주장한다. 에피쿠로스의 계보를 잇는 자유주의자들은 공동체 구성원 각자는 공동체의 성립 이전인 자연 상태에서 이미 자유롭고 독립적인 자아(이른바 '무연고적 자아')를 가지고 있었으므로, 개인의 가치와 목적을 형성하는 데 구성원들로 하여금 자발적으로 선택할 수 있게 해야지 공동체가 개입해서는 안 된다고 주장한다. 이들은 "모든 법은 자유의 침범"이라는 제러미 벤담의 주장처럼, 원칙적으로 규범은 자유의 제약이라고 본다.

이에 대해 아리스토텔레스의 계보를 잇는 공동체주의자들은 공동체의 구성원은 공동체 및 공동체의 나머지 구성원들과 분리해서는 온전히 파악할 수 없는 자아(이른바 '연고적 자아')를 가지고 있다고 본다. 이들은 공동체가 그 구성원을 공동체 활동에 자발적으로 참여시켜 그들로 하여금 공동체적 덕성을 함양할 수 있도록 해야 한다고 주장한다. 나아가 법이 있으면 소수의 난폭자에게서 다수의 시민의 자유를 보호할 수 있듯이, 규범은 자유의 제약이 아니라 보장이나 확장이라고 말한다.

　규범과 관련한 자유주의자와 공동체주의자의 대립은 가치를 규범보다 우선할지, 아니면 규범을 가치보다 강조할 것인지에 관한 문제이기도 하다.[23] 규범은 공동체의 목적이나 목표를 인식시키고 지향하게 하는 기능을 가진다. 사람들은 규범을 떠올릴 때마다 가장 먼저 공동체의 목적이나 목표를 염두에 두게 된다. 공동체의 목적이나 목표는 구성원을 연대하고 통합시킬 수 있는 깃발이다. 이 때문에 한 나라에서 헌법이 매우 중요한 의미를 부여받게 되는 것이다. 하지만 이러한 기능을 가진 공동체의 규범이 공동체 구성원의 가치로 통합되지 않는 것은 공동체와 그 속에서 삶을 살아가는 구성원에게는 불행이 아닐 수가 없다. 공동체에 매몰되지 않는 주체적 구성원의 개인선도 중요하지만, 구성원의 연대와 통합을 위한 공동선의 회복도 중요하다. 자유주의적 개인주의에 너무 치우친 윤리관 및 도덕관을 심화하기보다는 한동안 사라져 버렸던 공동체주의적 윤리관 및 도덕관을 시급히 회복하는 일이 중요하다고 생각한다.

공동체를 위한 이해 21단계 : 개인선과 공동선

- 인간은 자유롭고 독립적인 자아를 지녔으므로 개인의 가치와 목적을 형성하는 데 공동체가 개입해서는 안 된다고 주장하는 자유주의자들은 규범을 자유의 제약으로 본다.
- 공동체주의자들은 인간은 공동체 및 구성원과 분리해서는 온전히 파악할 수 없는 자아를 가졌다고 본다. 규범은 자유의 제약이 아닌 보장이나 확장이라고 말한다.

문제의식 21

- 규범과 관련한 자유주의자와 공동체주의자의 대립에 관해 살펴보라.

22장

—

권리와 의무로
촘촘히 짜인 우리 삶

—

  '인권(human rights)'은 문자 그대로 풀이하면 '인간의 권리'다. 영어에서는 'men's rights'라고 쓰이다가 1948년에 제정된 〈세계 인권 선언〉에서부터 'men'이 'human'으로 대체되었다. 인권을 이해하려면, 우선 '권리'의 의미부터 알아야 한다.

  '근대적 의미의 권리 개념'은 계몽주의 시대 이후에 생겨난 개념이다. 서양의 중세 시대에서 개인은 사회나 공동체의 한 부분으로 생각되었지 독립된 인격체로 여겨지지 않았다. 따라서 공동체 구성원은 사회적 신분이나 지위에 따른 역할에 충실하기만 하면 되었다. 그런데 계몽주의 시대에 이르러 신분 해방이 이루어지고 나자 사람들은 사회나 공동체와는 별개의 '고유한 인격을 가진 독립된 주체로서의 개인'으로 간주되었다. 이러한 개인에게 부여된 것은 신분이나 지위에 고정되어 수행해야 할 '역할'이 아니라 누구의 간섭도 받지 않고 스스로 자신의 인생을 결정해 나갈 수 있는 '권리'이었다. 다시 말해, '신분에서 계약으로'의 이행은 '역할에서 권리로'의 이행을 초래했다.

권리의 본질은, 권리가 권리 주체의 '의사(자율, 통제)'를 보호하기 위해 존재한다는 의사설과 권리 주체의 '이익'을 보호하기 위해 존재한다는 이익설이 있으나, 우리나라의 전통적인 견해는 법력설로 '권리는 일정한 구체적 이익을 누릴 수 있도록 법에 의하여 권리 주체에게 주어진 힘'이라고 한다.[24]

여기에서 법의 유형에 따라 권리가 실정법에 근거를 두고 있으면 '실정법적 권리'라고 하고, 그렇지 않으면 '법을 넘는 법적 권리(종교법적, 자연법적, 도덕법적 권리)'라고 한다. 예컨대 국회의원 선거에서 투표할 권리는 실정법적 권리이고, 행복을 추구할 권리는 자연법적 또는 도덕법적 권리다. 실정법적 권리와 법을 넘는 법적 권리의 중요한 구분 기준은 권리를 향유함에 있어 국가 기관의 '강제력'을 동원할 수 있는지 여부다. 예컨대 투표권의 경우 국가 기관이 어느 국회의원 선거에서 투표용지를 받지 못한 경우에 국가 기관의 강제력을 동원하여 투표용지를 받을 수는 있으나, 행복 추구권의 경우 아파트의 위층에 사는 사람이 마음에 안 들어 행복하지 않다는 이유로 법의 강제력을 이용하여 위층 사람을 이사하게 할 수는 없다.

앞서 정의가 '공동체 구성원 상호 간에 정당하게 대우하는 것'이고, 인간이 인간으로서 정당한 대우를 받아야만 하는 이유는 인간이 '존엄'하기 때문이라고 했다. 한편, 인간의 존엄성의 근거에는 인간이 '이성'을 가졌기 때문이라는 견해도 있으나 기독교는 인간이 '하나님의 형상(Imago Dei)'을 닮은 존재이기 때문이라고 한다.[25] 그렇다면 인간이 권리를 통해 누릴 수 있는 이익이란 가장 포괄적인 의미에서는 '인간으로서의 정당한 대우를 받는 것'이라고 할 수 있을 것이다. 이를 전제로 권리에 관한 전통적인 견해를 수용하여 인권의 개념을 규정하면 '인권이란 인간으로서의 정당한 대우를 받을 수 있도록 하기 위해 인간에게 주어진 힘'이라고 할 수 있다.

인간의 역사는 인권의 역사라고 할 수 있다. 인권 투쟁을 통하여 종교적 또는 도덕적 영역에서 주장되던 인권이 실정법에 편입되어 왔다. 헌법에 편입된 인권을 '기본권(기본적 인권)'이라고 한다. 실정법에 편입된 인권 침해는 국가 기관의 개입이 정당하게 이루어지지만, 그렇지 못한 인권은 여전히 도덕적인 충돌이 예상된다. 그로 인해 지구촌 각 국가는 사정에 따라 차이는 있겠지만, 실정법에 편입시키지 못한 인권 문제와 중대한 인권 침해의 소지가 있어 실정법에서 배제시켜야 할 규정에 관한 문제로 많은 어려움을 겪고 있다. 따라서 인류의 역사에 있어 인권 투쟁은 현재 진행형이다.

그런데 모든 권리를 인권이라고 할 수 없고, 만약 그렇게 한다면 인권을 인권이라고 부를 필요가 없을 것이다.[26] 그럼 인권, 특히 실정법에 편입되지 못한 인권을 권리와 구분해 주는 것은 무엇일까? 앞에서 인권을 인간으로서 정당한 대우를 받을 수 있도록 하기 위해 인간에게 주어진 힘이라고 했다. 그 힘의 내용이 무엇인지 아래의 글을 보자.

인권은-기본권에 침전되는 추상적인 규범적 명제를 내용으로 할 수도 있고, 보통의 권리와 같이 구체적인 규범적 명제를 내용으로 할 수도 있지만-기본권이나 보통의 권리와 다른 점은 그것이 내용으로 하는 규범적 명제를 주장하는 강도가 이례적으로 매우 높다는 데에 있다. 우리가 어떤 규범적 명제를 인권으로 보아야 한다고 말하는 것은 현실에서는 아직 보장되지 못하거나 실현되지 못하고 있지만, 그 규범적 명제가 타당한 것으로 수용되어야 한다는 점을 강력하게 호소하는 것이다. 그런 호소적 요소는 실제로 주장된 규범적 명제의 타당성을 수용할 때 중요한 작용을 할 수 있다. 인권 개념에는 근대적 인권 개념의 전통에서 계승한 절대 불가침의 속성이 달라붙어 있기 때문이다. 즉 무엇을 인권이라 주장할 때에는 절대로 침해되어서는 안 되는 권리임을 상기시킴으로써 권리로서 '지금 여기서' 무조건적으로 보장되어야 한다는 호소가 내포되어 있다.[27]

인권의 '존재'는 예컨대 런던 중심부에 있는 빅벤의 존재와 같지 않고, 제정되어 법령집에 나오는 법의 존재와도 다르다. 인권의 선언은 인권이라 불리는 것의 존재를 인정하는 형식으로 기술되어 있지만, 실제로는 해야 할 것에 관한 강력한 윤리적 선언이다. 그것은 의무가 승인될 것을 요구하고, 이 권리들을 인식하는 자유가 실현되어야 한다고 지적한다.[28]

나는 이 문구를 강력한 의미의 정치적 권리, 즉 으뜸 패를 지정하는 의

미에서 사용하고자 한다.[29]

그렇다면 인권과 권리를 구별하기 위해서는 인권이 지닌 힘은 '권리에 부여되는 힘(지배권, 청구권, 형성권, 항변권)'을 넘어 상대방의 양심을 강력하게 자극하는 '윤리적 및 도덕적 호소력'을 가지고 있어야 한다고 생각한다. 그리고 그러한 호소력은 인권으로 호소하는 바에 따라 대우하지 않을 경우에는 인간을 인간으로 대접하기를 포기하는 것이 될 때 생기는 것이다. 인권 주장이 남용되면 실질적으로 존중되어야 할 인권이 존중받지 못하는 상황에 이를 수도 있으므로 인권 주장을 할 때는 권리와 구별되는 인권 담론을 항상 염두에 둘 필요가 있다.

법적 의무와 도덕적 의무는 성격상 다르지 않다

의무란 간단히 말하면 '일정한 행위를 하거나 하지 말아야 할 부담'이라 할 수 있다. 먼저, 공동체의 삶에서 발생하는 의무에는 그것이 도출되는 영역에 따라 '실정법적 의무와 도덕적 의무'(이하 이 단락에서는 법적 의무와 도덕적 의무라고 한다)로 나눌 수가 있다. '법적 의무'와 '도덕적 의무'의 관계에 관한 논의는 법과 도덕의 관계에 관한 논의의 연장선상에 있다. 법과 도덕의 관계에 관한 일원론에 따르면 법적 의무와 도덕적 의무는 동일한 규범 체계에서 비롯되는 동일한 성격의 의무라고 하고, 이원설에 따르면 법과 도덕은 서로 독립된 규범 체계이므로 법적 의무와 도덕적 의무도 성격이 같을 수 없다고 한다.

법적 의무와 도덕적 의무가 성격이 다르다는 주장에 따르면, 법적 의무와 도덕적 의무 사이에 충돌이 발생한 경우에 심판할 중립적 관점이 없게 되고, 극단적으로는 힘의 논리가 등장할 수밖에 없게 된다. 드워킨은 다음과 같이 피력한다.

우리는 헌법, 법률, 판례, 관행, 그리고 나머지 학설 등 법적 자료를 찾아본다. 그리고 묻는다. 이러한 자료의 올바른 독해에 따르면 법과 도덕의 관계가 어떤 것인가? 법적 자료를 어떻게 읽을 것인가에 관한 이론을 손에 들고 있지 않은 채로는 이 질문에 답할 수 없으며, 도덕이 법의 내용을 확정하는 데 어떤 역할을 하는가를 미리 정해 놓지 않으면 우리는 이러한 이론을 가질 수 없다.[30]

부부간의 정조 의무를 예로 생각해 보자. 우리나라 형법상의 간통죄는 도덕적 의무라고 할 수 있는 부부간의 정조 의무가 처벌의 중요한 하나의 근거가 된다. 그런데 헌법재판소는 간통죄 규정에 성적 자기 결정권을 침해한다는 이유로 위헌 결정을 내림으로써 간통 행위에 대한 형사법상의 처벌을 면하게 해 주었다. 그렇다고 간통 행위가 도덕적으로 용인할 수 있는 행위라고 판단한 것은 아니라 본다. 오히려 헌법재판소는 "부부간 정조 의무 및 여성 배우자의 보호는 간통한 배우자를 상대로 한 재판상 이혼 청구(민법 제840조 제1호), 손해 배상 청구(민법 제843조, 제806조), 자(子)의 양육, 면접 교섭권의 제한·배제 등의 결정에서의 불이익 부여(민법 제837조, 837조의2), 재산 분할 청구(민법 제

839조의2) 등에 의하여 보다 효과적으로 달성될 수 있다"[31]고 하며 여전히 도덕적 의무라고 할 수 있는 부부간의 정조 의무가 우리나라 법체계상 보호받고 있다고 선언했다. 이러한 헌법재판소의 결정으로 미루어 볼 때, 도덕성은 법의 권위의 근거가 되고 있다고 할 것이고, 그렇다면 법과 도덕이 동일한 규범 체계에 속하고, 법적 의무와 도덕적 의무가 동일한 성격을 가진다고 함이 현행 실정법 체계를 이해하는 데 도움이 될 것으로 생각한다.

자연적 의무와 책무 그리고 연대 의무

의무는 다시 '자연적 의무(Natural duty)', '책무(責務, obligation)'와 '연대 의무'로 나눌 수 있다. '책무'라는 용어는 대한민국 헌법에서는 제66조 제2항에서 한 번 등장하는데, 그 규정은 '대통령은 국가의 독립·영토의 보전·국가의 계속성과 헌법을 수호할 책무를 진다'이다. 그 외에는 "대통령은 조국의 평화적 통일을 위한 성실한 의무를 진다"(대한민국 헌법 제66조 제3항)는 규정과 같이 '의무'라는 용어를 사용하고 있다. 헌법에서 규정하는 대통령의 책무가 대통령의 의무와 어떤 의미로 쓰였는지는 규정만으로는 파악하기가 어렵다.

한편, 우리나라 민법학에서는 '의무'와 '간접 의무'를 구분하는데, 간접 의무를 보통 '책무'라고 부른다. 간접 의무로서의 책무는 이를 위반한 경우 간접 의무 부담자에게 법에 의한 일정한 불이익이 발생하지만, 상대방이 그것을 강제하거나 그 위반에 대하여 책임을 물을 수 없는 것을 말한다.

하지만 자유주의 정의론에서는 '책무'는 '자연적 의무(natural duty)'의 대향 개념으로 사용된다. 책무는 특별한 관계, 드워킨의 표현[32]을 빌리자면 수행적 관계(동업 관계, 계약 관계), 유대적 관계(가족, 연인, 친구), 정치적 관계(정치적 공동체 관계)에서 당사자 쌍방에게 주어진 역할에 따라 부과되는 부담이다. 이에 반해 자연적 의무는 인간에게 보편적으로 부과되는 부담을 말한다. 롤스는 책무와 자연적 의무는 다음과 같은 특징이 있다고 한다.

먼저, 책무는 "우리의 자발적인 행위의 결과로 생겨나는 것이고, 그 내용은 언제나 제도나 관행에 의해 규정되며, 부담은 보통 일정한 개인들, 즉 해당 체제를 유지하는 데 협력하는 사람들이 지게 된다"[33]는 특징이 있으나, 자연적 의무는 책무와 비교해 볼 때, "우리의 자발적인 행위와 상관없이 우리에게 적용되고, 더욱이 그것은 제도나 관행과도 필수적인 관계는 없으며 일반적으로 그 내용이 이러한 체제상의 규칙들에 의해 규정되지 않는"[34] 특징이 있다고 한다. 또한 책무는 사회 형태에 대한 원칙들을 전제로 성립되고 자연적 의무는 그 반대이나, 이에 대한 예외로서 사회 형태에 대한 원칙들이 성립된 이후에 성립되는 자연적 의무가 있는데, 그것은 바로 "정의로운 제도를 지지해야 할 의무"[35]다.

자연적 의무와 책무의 기본적인 차이는 '사회 계약에 따른 합의'가 필요한지 여부에 있다. 따라서 자연적 의무는 원칙적으로 사회 계약에 따른 합의가 필요하지 않은 보편적 의무를 말하고, 책무는 사회 계약에 따른 합의가 필요한 특수한 의무를 의미한다. 그런데 공동체주의는 사회 계약에 따른 합의가 필요치 않은 특수한 의무로서 자유주의가 인정하지 않는 제3의 의무인 '연대 의무'를 인정한다. 이에 관해 샌델은 다음과 같이 설명한다.

인간을 자발적 존재로 볼 것인가, 서사적 존재로 볼 것인가를 결정하는 한 가지 방법은 사회 계약으로는 설명할 수 없는 세 번째 범주의 의무를 인정하는가를 묻는 것이다. 그 의무를 연대 의무 또는 소속 의무라고 말해 두자. 자연적 의무와 달리 연대 의무는 보편적이지 않고 특수하다. 그 의무에는 우리가 떠안아야 할 도덕적 책임이 있다. 이 책임은 상대를 이성적 존재가 아닌, 역사를 공유하는 존재로 인식한다. 그러나 자발적 의무와 달리, 합의에 좌우되지는 않는다. 이 책임에 담긴 도덕의 무게는 소속된 자아라는 도덕적 고민에서, 그리고 내 삶의 이야기는 다른 사람의 이야기에 포함된다는 인식에서 나온다.[36]

따라서 정의론에서는, '책무'는 특정한 제도나 관행에 기초하여 공동체 구성원으로서 자발적으로 지게 되는 부담이라고 할 것이고, '연대 의무'는 역사를 공유하는 존재인 공동체 구성원이 당연히 부담하는 책임이라고 할 것이며, '자연적 의무'는 제도나 관행이 있든 없든 관계없이 인간으로서 보편적으로 지게 되는 타인 존중에 관한 부담이라고 할 것이다. 예컨대 길을 지나가다가 배고파 쓰러진 노숙자나 기아로 죽어 가는 아프리카 대륙의 여성들과 아이들을 도와주어야 할 의무는 '자연적 의무'에 해당되고, 함께 생활하는 가족이 아

파서 쓰러진 경우에 병원으로 데려가 치료를 받게 해 주어야 하는
의무는 드워킨의 '유대적 책무' 또는 샌델의 '연대 의무'에 해당된다
고 할 것이다.

공동체를 위한 이해 22단계 : 권리와 의무

- 인권이란 인간으로서의 정당한 대우를 받을 수 있도록 인간에게 주어진 힘이다.
- 인권과 권리를 구별하기 위해서는 인권이 지닌 힘은 권리에 부여되는 힘을 넘
  어 상대방의 양심을 강력하게 자극하는 도덕적 호소력을 가져야 한다.
- 법적 의무와 도덕적 의무는 성격상 다르지 않으며 의무는 다시 자연적 의무, 책
  무, 연대 의무로 나뉜다.

문제의식 22

- 권리와 의무는 삶에서 어떻게 균형을 이뤄야 하는가?

23장

잘못된 권리 사회는
선과 덕을 추구하지 않는다

—

　지구촌 곳곳에서 갈등과 분쟁이 줄어들 기미가 보이질 않는다. 갈등과 분쟁은 의견 대립에서 시작되고, 의견 대립의 뿌리는 가치관이다. 이질적인 종교적 배경에서 자란 사람들처럼, 서로 양보할 수 없는 가치관을 가진 당사자 사이에 분쟁이 생긴 경우에는 해결책을 찾기가 쉽지 않다. 그런 경우의 해결책으로 각자의 가치관은 토끼의 간처럼 떼어 내 '선반 위에 올려 두어야(bracket)' 한다는 주장이 있다. 그 의미는 종교, 지역, 가족 등 가치관 형성에 영향을 주는 모든 것은 분쟁 해결에 방해가 되므로 '무지의 베일'로 가려 사람들이 자신의 '연고(緣故)'를 내세우지 못하도록 만든 다음 옳음과 그름을 판단해야 한다는 것이다.

　이런 주장을 우리는 '선이 없는 정의론'이라고 한다. 그 핵심 내용은 이미 가치관에 영향을 받는 선(좋음)의 내용이 법(규범)에 반영되어 있으므로 법에 따라 판단만 제대로 하면 선을 동원하지 않아도 정의를 이룰 수 있다는 것이다.

합리적이고 이성적 사회를 지향하는 '선이 없는 정의론'에서는 법을 정의의 판단 기준으로 삼으므로 분쟁 해결이 '법에 근거한 권리와 의무의 존부'로 귀결된다. 권리가 있다고 판정받은 사람은 그에 대응하는 의무를 가진 사람에게 의무 이행을 요구할 수 있다. 따라서 이 정의론에서는 법에 근거한 권리의 보유가 중요한 의미를 가지고, 이로 인해 사회는 '권리 사회'가 되어 간다. 권리 사회의 정점에는 법정이 있고, 법정을 보면 권리 사회의 전형을 엿볼 수 있다. 우리 사회의 법정 풍경을 통해 권리 사회를 그려 보면 다음과 같다.

첫째, 권리 사회는 공동체의 선보다는 개인의 권리가 우위에 있는 사회다. 분쟁이 자치적으로 해결되지 않을 경우에 권리를 인정받기 위해 법원으로 가야 하므로 법원의 사건 폭증은 필연적이다. 법정은 권리 획득의 게임장으로 전락한다. 한쪽이 권리를 주장하면 다른 쪽은 다른 권리로 맞서고, 최후에는 비장의 아이템인 '인권'을 내세운다. 하지만 권리 간의 우열을 가리기 어려운 경우는 분쟁의 해결이 난감해진다. 이 경우에 법의 해석을 통해 권리의 우열을 정하면 된다고 하나 시대가 바뀌면 해석이 달리 내려질 수도 있으므로 종국적인 해결책은 아니다.

둘째, 권리 사회는 '제로섬 게임(zero-sum game) 사회'다. 법정에서 법관의 판결로 최종 해결을 꾀할 경우에는 (전)승 아니면 (전)패가 초래된다. 소송에 잘못 대응했다가는 패가망신할 수도 있다 보니, 당사자는 정의의 실현보다는 분쟁의 승리에 혈안이 될 수밖에 없다. 이기기 위해 수단과 방법을 가리지 않고, 위증과 거짓말까지도 양심의 가책과는 상관없이 동원한다. 법관을 분쟁의 제3의 당사자로 끌어들여 판결에 대한 비난이 법관을 향하도록 만든다. 판사를 법대(法臺)에서 끌어내려 피고석에 앉히고 싶어 안달이 나 있다.

셋째, 권리 사회는 '법이 목적이 되는 사회'다. 옳음과 그름은 법의 저촉 여부로 판가름 나므로 모든 분쟁에 양보 등의 미덕 발휘를 통한 당사자 사이의 자율적인 해결보다는 강제적인 법을 통한 해결이 앞선다. 그러다 보니 사람들은 공동선을 이루는 덕의 실현을 통한 해결보다는 권리의 근거가 되는 법을 통한 해결에 과하게 의존한다. 이는 법을 그 토대가 되는 선을 이루는 수단이 아니라 그 자체가 목적이 되게 만든다. 성경이 엄중 경계하는 '율법주의'다. 그에 따른 결과는 사람보다 법이 우선시되고, 분쟁 해결이 진실 발견이 아니라 추상적인 법 개념의 해석론을 둘러싸고 전개된다. 이해관계에 따라 법 해석의 권위를 부정하므로 법관의 권위는 날로 추락한다. 이를 해결하기 위해 법을 상세히 규정하나, 그 규정을 둘러싸고 새로운 해석 충돌이 일어나므로 법 규정은 기하급수적으로 늘어만 간다.

넷째, 권리 사회는 'X와 Y의 사회'다. 법정에서는 당사자가 원고, 검사, 고소인, 고발인, 피해자(X)나 피고, 피고인, 피고소인, 피고발인, 가해자(Y)의 이름으로 만난다. 당사자의 연고가 베일에 가려져 있다고도 할 수 있다. 당사자를 완전 '무연고적' 상태로 만들면 분쟁의 배경이 되는 콘텍스트를 읽지 못하게 되어 사건 처리가 획일화된다. 예컨대, 학교에서 교사와 학생 사이에 교육 과정에 충돌이 발생한 경우, 그들의 사회적 공간과 지위를 배제한 채 인간 대 인간으로만 사건을 처리하는 것은 길거리에서 우연히 서로 모르는 교사와 학생 사이에 발생한 폭행 사건을 처리하는 것과 아무런 차이가 없게 만드는 것이다.

우리 사회의 저변에 권리 사회의 부정적인 모습이 광범위하게 퍼져 있는 듯하다. 공동체가 해체되고 개인주의화가 고도로 심화되는 상황에서 권리 사회는 돌이킬 수 없는 흐름일지도 모른다. 그렇다고 해도 이를 그대로 지켜볼 수만은 없다. 그 문제점들이 우리 사회에 어떤 치명적인 결과를 초래할지 모르기 때문이다. 이러한 문제점들은 분쟁 해결에 있어 법의 토대가 되는 선도 판단 기준이 되어야 한다는 '선이 있는 정의론'에서 그 해결책을 찾을 수 있다고 본다. 예컨대 교사와 학생 사이에 분쟁이 발생한 경우 '학교라는 공동체의 목적과 그 구성원들에 무엇이 좋은지(공동선)'를 고려하게 되면 교권과 학생권의 우열 관계를 판단하지도 않고도 우리는 해결의 실마리를 발견할 수 있다. 권리 사회의 문제에 대한 대안은 공동선과 개인의 덕의 회복이다.

공동체를 위한 이해 23단계 : 권리 사회와 대안

- 선이 없는 정의론에서는 법을 정의의 판단 기준으로 삼으므로 권리와 의무에 관한 법 규정에 따라 분쟁을 해결한다.
- 법에 근거한 권리 주장이 중요해질수록 사회는 권리 사회가 되어 간다.
- 권리 사회의 부정적인 모습에 대한 해결책은 선이 있는 정의론에서 찾을 수 있다.

문제의식 23

- 우리 사회 저변에 권리 사회의 부정적인 모습이 어떻게 나타나고 있는가? 당신의 삶도 권리 사회에 영향을 받고 있지 않은지 생각해 보라.

24장

—

왜 법과 도덕을
지키는가

—

우리가 법과 도덕을 지키는 이유는 무엇인가? 대부분의 사람은 사회 정의를 이루기 위함이라고 한다. 하지만 앞서 정의는 외면적 선들의 분배·향유의 문제인 사회 정의 외에도 '인간 성품인 덕'(덕성)으로서의 정의도 있다고 했다. 지금까지 우리는 규범인 법과 도덕을 통해 우리의 덕성을 함양해 나간다는 생각은 거의 하지 않고 살았다. 그 이유는 우리 사회를 지배하는 공리주의 내지 자유주의의 영향 때문이라고 생각한다. 규범, 특히 법만 지키면 되지 법이 우리의 내면적인 문제까지 간섭할 수가 없다는 것이 현대 사회의 흐름이다.

하지만 형식적으로 법을 지키는 것만으로는 우리가 달성하려고 의도하는 사회 정의를 실질적으로 이룰 수 없다. 왜냐하면 사람들 중에는 자신의 이해관계에 따라 법을 위반하려고 하는 사람도 있는가 하면, 시대의 흐름에 뒤처진 법이 있어 변경되어야 하나 변경이

지체되는 동안 새로운 가치관의 적용을 거부하고, 사문화된 법을 지키기를 주장하는 사람도 있기 때문이다. 따라서 우리가 법을 지키는 것을 소중히 생각해야 함은 물론이나, 더 나아가 그 법의 이면에 있는 선을 목적 삼아 우리의 덕을 갖추어 나가는 것도 중요하다.

형법상 죄에 관한 규정은 크게 '재물에 관한 부분', '성에 관한 부분', '권력에 관한 부분'으로 범주화해 볼 수 있다. 재물에 관한 부분에는 절도죄, 횡령죄, 사기죄, 강도죄 등이 포함될 것이고, 성에 관한 부분에는 강제추행죄, 강간죄 등이 포함될 것이며, 권력에 관한 부분에는 살인, 상해, 폭행 등을 포함시킬 수 있을 것이다. 재물과 성에 관한 부분은 그렇게 범주화하는 것에는 별다른 설명이 필요하지 않는다고 보나, 살인, 상해, 폭행 등이 권력에 관한 부분으로 분류하는 것에는 다음과 같은 설명이 필요하다.

어느 누구도 사람을 살해하거나, 사람에게 상해를 입히거나, 폭행을 가할 권리는 없다. 만약 그런 행위를 한 사람을 그냥 그대로 두는 것은 그러한 행위를 한 사람에게 정당성을 인정해 주는 꼴이 된다. 그런데 폭력을 인정해 주는 정당성이 바로 권력이라고 할 수 있기 때문에 살인, 상해, 폭행 등 폭력에 관한 죄들은 권력에 관한 부분으로 범주화할 수 있는 것이다.

이를 기초로 하면 우리가 범죄에 관한 법인 형법을 지킴으로써 1차적으로 우리는 시대의 우상인 재물과 성과 권력에 대한 탐욕이 초래할 결과가 무엇인지를 알게 된다. 그러한 탐욕이 외부로 표출되어 행위로 나타나면 결국 다른 사람에게 분배된 권리의 향유를 막는 것이고, 이는 사회 정의에 위배되는 것이 된다. 하지만 우리가 그러한 탐욕을 내면적인 덕을 통해 자제하고 우리의 성품을 닦아 나간다면 우리는 형법을 통해 내면적인 선을 이룰 수가 있게 된다. 결국, 우리는 법을 통해 외면적인 선을 실현함으로써 사회 정의를 이룰 수 있을 뿐만 아니라 내면적인 선인 정의로운 성품을 함양하여 상대방의 권리를 존중하고 배려함으로써도 사회 정의를 이룰 수 있다.

하나님은 아담을 창조하신 뒤 아담에게 특별한 계명을 내렸다. 그것은 "선악을 알게 하는 나무의 열매는 먹지 말라 네가 먹는 날에는 반드시 죽으리라"(창 2:17)는 '선악과 명령'이다. 이 계명의 체계는 우리나라 형법 규정과 같다. 형법 제250조 제1항이 "사람을 살해한 자는 사형, 무기 또는 5년 이상의 징역에 처한다"고 규정하고 있듯이, 선악과 명령도 '명령을 위반하면, 반드시 죽는다'고 되어 있다.

선악과 명령에 관한 구절을 주의 깊게 읽으면 하나님이 그냥 특정한 나무 한 그루를 지적하시면서 이 나무의 '열매를 따 먹지 말라'고 명령한 것이 아니라 '선악을 알게 하는 나무'의 열매는 따 먹지 말라고 명령했음을 알게 된다. 이러한 명령 체계를 통해 하나님이 의도한 바는 인간이 단순히 선악과를 따 먹지 않기만 하면 하나님의 명령을 준수한 것이 되는 것이 아니라, 인간의 성품이 선악과를 향한 탐욕을 버리고 하나님의 형상을 계속 담고 있어야 진정으로 선악과 명령을 지킬 수 있게 된다는 것이다.

이와 마찬가지로 살인 금지 규정도 우리가 단순히 사람을 살인하지 않는 것에 만족할 것이 아니라, 이 규정을 통해 타인을 해하려는 마음을 버리고 진정으로 사람을 존중하고 배려하는 성품을 내면화해야 한다는 뜻으로 받아들여야 한다. 결국, 선악과 명령을 통해 우리가 깨달아야 하는 바는 외적 규범인 하나님의 명령을 인간의 내적 규범으로 받아들이지 않으면 하나님과의 관계가 바로 정립될 수 없다는 것이다.

외적 규범의 내적 규범화, 다시 말해 규범의 가치화를 통해 우리가 누릴 수 있는 유익은 무엇인가? 그것은 바로 '자유'다. 그 이유는 아래와 같다.

인간은 자신의 욕구나 의지를 실현할 수 없거나 제약을 받는 부자유한 존재다. 먼저, 물리적으로 만유인력의 법칙의 지배를 받기 때문에 날고자 하는 욕구나 의지를 실현할 수가 없다. 다음으로, 생물학적으로 죽음이 전제되어 있기에 영원히 살고자 하는 욕구나 의지가 있어도 이를 이룰 수가 없다. 끝으로, 인간은 사회적 존재이기 때문에 공동체 구성원의 간섭이나 개입을 피할 수 없고, 이를 회피하려면 공동체 생활을 포기하든가 공동체 구성원 상호 간에 상호 불가침의 한계, 다시 말해 규범을 설정하여 두는 수밖에 없다. 결국, 인간에게는 규범적 부자유도 있다는 뜻이다.[37]

물리적 및 생물학적 부자유는 인간으로서는 해결할 길이 없으나, 규범적 부자유는 해결할 가능성이 있다. 그것은 바로 나에게 제약으로 생각되는 규범을 나의 내면적 규범인 가치로 삼는 것이다. 바로 '규범의 가치화' 또는 '규범의 내면화'다. 공동체의 질서 유지에서 최종적으로 기대해야 할 것은 규범의 내면화다. 헌법을 비롯한 공동체의 규범은 사회 질서 유지 기능을 수행하는 외에도 구성원들로 하여금 공동체의 목적이나 목표를 인식하고 지향하게 하고, 공동체 구성원들을 연대하고 통합하는 기능도 수행한다. 하지만 규범이 그러한 기능을 온전히 달성하기 위해서는 공동체 구성원들이 규범을 지키겠다고 마음먹는 것이 무엇보다 중요하다.

공동체의 규범이 개인의 가치로 되지 않으면 그 개인에게 있어 규범과 가치는 분리될 수밖에 없고, 이는 규범이 자유를 제약하는 것으로 보게 만들어 개인으로서는 가능하면 규범을 회피하고자 할 것이다. 하지만 공동체주의(공화주의)는 공동체 구성원의 자치의 실천을 통해 제정된 공동체의 규범은 개인의 자유를 제약하기 위함이 아니라 개인의 자유를 실현하기 위함이므로 개인이 규범을 자율적으로 자신의 가치로 받아들이는 것도 자유의 실현이라고 본다.[38] "자신이 만든 법에 자신이 복종할 때 자유가 있다"[39]는 루소의 말도 같은 의미라고 생각한다.

예수는 "진리를 알지니 진리가 너희를 자유롭게 하리라"(요 8:32)고 선포했다. 이는 '규범의 가치화'라는 측면에서 보면 좀 더 잘 이해할 수 있다고 생각한다. 이러한 측면에서 보면 이 말씀은 인간이 예수의 능력으로 진리인 하나님의 명령을 인간의 내적 규범, 다시 말해 자신의 가치로 받아들여 하나님의 형상을 회복하게 되면 자유를 얻을 수 있다는 뜻으로 해석할 수 있다. 이렇게 해석하고 나면 "나의 법을 그들의 속에 두며 그들의 마음에 기록"(렘 31:33)해 두겠다는 말씀을 비롯한 성경 전반에 걸쳐 흐르는 가르침을 이해할 수 있게 된다.

결국, 우리가 법을 지키는 이유는 단순히 불이익이나 이해관계 때문이 아니라 우리의 성품을 창조의 텔로스(목적)에 맞게 조율하고, 그러한 성품 상태에서 그 텔로스에 합치되는 행위를 함으로써 자유를 이루기 위함이다. 이것이 진정으로 우리가 법을 지켜야 하는 이유다. 이로 인해 우리는 행복에도 이를 수가 있다. 이러한 입장에서 시편 1편을 다시 써 보면 아래와 같다.

행복한 사람은 악인들의 꾀를 좇지 아니하며 죄인들의 길에 서지 아니하며 오만한 자들의 자리에 앉지 아니하고 오직 하나님의 법을 즐거워하여 하나님의 율법을 주야로 묵상함으로써 하나님의 법을 그의 영혼에 두며 그의 마음에 기록하여 자유를 누리는 자다.

공동체를 위한 이해 24단계 : 법과 도덕
- 법을 통해 외면적인 선을 실현할 수 있고, 내면적인 선인 정의로운 성품을 함양하여 상대방의 권리를 존중하고 배려함으로써 사회 정의를 이룰 수 있다.
- 규범의 내면화를 통해 자유를 누릴 수 있다.
- 법을 지키는 궁극적인 이유는 성품을 창조의 텔로스에 맞게 조율하고, 그러한 성품 상태에서 텔로스에 합치되는 행위를 함으로써 자유를 이루기 위함이다.

문제의식 24
- "진리가 너희를 자유롭게 하리라"는 예수의 말은 당신의 삶에 어떻게 적용될 수 있는가?

—

25장

실정법만으로는
정의를 세우지 못한다

—

　법과 정의의 관계에 관한 주장 중에는 법의 분석에서 정의에 대한 고려를 배제할 수 있다고 믿는 주장(법실증주의), 법이 정의와 무언가 관련이 있다는 점을 부인하지는 않지만 정의를 개인적 효용의 극대화와 동일시하는 주장(공리주의), 법이 정의와 직접적이고 밀접한 관련이 있다는 주장(자유주의와 공동체주의)이 있다는 것은 서문에서 보았다. 그런데 '법' 하면 연상되는 말이 '정의'일 정도로 법이 정의의 실현에서 차지하는 역할이 아주 중요하므로, 법은 정의와 직접적이고 밀접한 관련성이 있다고 할 것이다. 따라서 법을 분석함에 있어서는 정의에 대한 고려를 배제할 수가 없다.

　사회 정의란 '사회적 가치의 분배 및 향유가 적법·정당하게 이루어지는 것'이다. 여기서 사회적 가치는 '소득과 부, 권리와 의무, 권력과 기회, 공직과 영광' 등 우리가 중요하다고 생각하는 것들이므로, 결국 정의로운 사회는 '사회적 가치가 적정하게 분배되고 있는 사회'라고 할 수 있다. 사법 작용과 관련해서 보면, 정의란 권리와 의무의 분배가 적정히 이루어지고, 국가의 형벌권이 적정하게 행사되는 경우라고 하겠다.

사람들은 법이 곧 정의가 되는 사회를 꿈꾸나, 이를 위해서는 실정법상의 공백과 흠이 없음을 전제로 그 법에 따른 정당한 결론이 도출될 것이 요청된다. 그런데 이미 앞서 보았듯이 사회생활을 하는 데 필요한 규칙 중에서 사회를 유지하는 데 필요 불가결하다고 여겨지는 사항들을 사회 구성원들의 합치된 의사에 따라 정리한 것에 불과한 실정법에는 법의 공백이 있을 수밖에 없다.

나아가 사건의 진실이 완벽하게 드러나지 못하는 등의 문제로 정당한 결론이 도출되지 못하는 경우가 아주 드물게 발생한다. 실정법의 공백이 있고, 정당한 결론이 도출되지 못하는 경우가 있다는 것은 법이 곧 정의가 되지 못하는 경우가 있다는 것을 의미한다. 이는 실정법을 근거로 이루어지는 현대 사법에서는 현행법에 따라 흠이 없는 재판을 했다고 하더라도, 사회 전체 입장에서는 정의가 실현되었다고 보기 어려운 경우가 있다는 것을 의미한다.

하지만 법을 지키는 것은 '원칙적으로' 옳음(의와 정의)을 이루게 된다고 할 수 있다. '원칙적으로'라는 말의 의미는 법을 지키는 것이 당연히 옳은 결과로 이어지는 것은 아니라는 것이다.

실제 사례를 들어 보자. 근로자인 A는 처음에 원청업체인 B 회사를 상대로 임금 청구 소송을 제기했으나, 그와 B 회사 사이에는 근로 계약이 체결된 적이 없다는 이유로 법원에서 패소 판결을 받았다. 그 뒤 A는 B 회사의 하청업체인 C 회사를 상대로 다시 임금 청구 소송을 제기했다. 그런데 A가 C 회사에 임금을 청구할 수 있는 기간('소멸 시효 기간'이라고 한다)이 지나버려 A는 두 번째 소송에서도 패소 판결을 받을 수밖에 없는 상황이다. 사건을 담당하는 판사가 딱한 처지에 놓인 A를 구제하기 위해 온갖 법리를 구상해 보지만, 현행 실정법의 테두리에서는 A를 구제해 줄 방법을 찾을 수가 없었다. 결국, 판사는 A에 패소 판결을 내렸다.

위 사건에서 판사가 내린 결론은 '실정법에 따른' 권리와 의무의 적정한 분배라는 사법 정의의 측면에서 보면 적법하고, 공정하며, 정의로운 것이라고 하지 않을 수 없다. 하지만 사회 전체의 분배의 적정성까지 고려해 보면, 그 결과에 대해서는 정의롭다고 하기 어려운 점이 있다. A가 근로 계약을 체결하고 근로를 제공한 것은 분명한 사실이므로 임금을 받는 것은 지극히 당연한 일인데, A가 실수로 또는 법을 잘 몰라 임금 청구 기간을 넘겨 더 이상 임금을 받지 못하게 된다는 것은 일반인의 법 상식에서는 이해하기 쉽지 않다. 더 나아가 A와 C 회사의 사주 사이에 빈부 격차가 매우 심한 경우라면 부의 적정한 분배라는 사회 정의의 차원에서는 더욱 받아들이기 어려운 결과가 될지도 모른다.

이 경우에 실정법상의 테두리를 넘어 보편타당한 결론을 이끌어 낼 수 있는 길이 있다. 그것은 바로 C 회사의 양보다. 임금 청구 기간이 지났음에도 불구하고 C 회사가 자발적으로 A에게 임금을 지급하게 된다면, 이는 사회 구성원 모두가 환영하는 결과가 될 것이고, 그로써 담당 판사의 고뇌도 사라지게 된다. 이러한 결과는 유사한 사건의 재판에 임하는 모든 법관의 염원이기도 하다.

위 사례에서 보듯이 실정법만으로는 때에 따라서는 구성원 대다수가 바라는 정의를 세우지 못할 때가 있을 수 있다. 정의를 세워 가는 데는 강제성을 바탕으로 하는 실정법뿐만 아니라, 양보, 희생, 박애와 같은 자발성을 바탕으로 하는 법을 넘는 법도 함께 작용해야한다는 것이다. 결국, 법이 곧 정의가 되는 사회에서의 법에는 실정법 외에 법을 넘는 법까지도 포함시켜야 함을 잊어서는 안 된다.

공동체를 위한 이해 25단계 : 실정법과 법을 넘는 법
- 실정법만으로는 구성원 대다수가 바라는 정의를 세우지 못할 때가 있다.
- 정의를 세워 가는 데는 강제성을 바탕으로 하는 실정법뿐 아니라, 양보, 희생, 박애와 같은 자발성을 바탕으로 하는 법을 넘는 법도 함께 작용해야 한다.

문제의식 25
- 법을 넘는 법의 덕목이 필요한 이유는 무엇인가?

—

26장

법과 정의와 호의
그리고 사랑

—

인간의 공동체적 삶은 '법'과 '정의'와 '호의'의 영역으로 나눌 수 있다. 최저 임금제의 예를 들어 보자.

대한민국 헌법 제32조 제1항은 "국가는 … 법률이 정하는 바에 의하여 최저 임금제를 시행하여야 한다"고 규정하고 있고, 이 규정을 근거로 '최저임금법'이 제정되었다. 최저임금법 제8조에 제1항은 "고용노동부 장관은 매년 8월 5일까지 최저 임금을 결정하여야 한다"고 규정하고 있는데, 이 규정에 따라 정해진 시간당 최저 임금은 2015년도에는 5,580원이었고, 2019년도에는 8,350원이었으며, 2020년도에는 8,590원이다. 매년 정해지는 최저 임금 수준은 사용자와 근로자 사이의 '관계의 준칙'인 최저임금법에 따라 정해지는 것이므로 법적 강제성을 띠게 된다. 사용자는 임금을 최저 임금 이하로 낮출 수 없고, 반대로 근로자는 최저 임금 이상으로 임금에 관한 계약을 체결할 수가 있다. 결국, 최저 임금 선에서 강제의 영역인 '법의 영역'이 형성된다.

그런데 앞에서 보았듯이 최저 임금은 매년 인상되고 있다. 그러면 최저 임금의 인상은 어디에서 멈출 것인가? 다시 말해, 법으로 강제할 수 있는 최저 임금의 상한은 얼마인가? 이에 관한 확정된 기준은 존재하지 않는다. 시대와 공동체에 따라 그 상한선이 달라질 것이기 때문이다. 현재의 대한민국을 기준으로 시간당 최저 임금을 100만 원이라고 한다면 어떨까? 아마 이것에 동의하기는 어려울 것이다. 그러면 시간당 10만 원은 어떤가? 그것도 받아들이기가 쉽지 않다. 그렇다면 시간당 3만 원은 어떤가? 이렇게 사유 실험을 해 가다 보면 공동체 구성원 대다수가 수긍할 만한 최저 임금의 선이 정해질 것이다.

이렇게 공적 추론을 통해서 정해질 수 있는 선이 바로 최저 임금의 상한이고, 각자에게 정당한 몫을 나누어 주는 '정의의 영역'의 한계라고 할 수 있다. 한편, 사용자가 특정 근로자의 딱한 가정 형편을 감안하여 일시적으로 시간당 10만 원으로 계산한 임금을 추가로 지급했다고 하자. 이것이 바로 호의다. '호의의 영역'은 정의의 영역 바깥에 존재하며, 그 한계는 '자기희생'이다.

위의 사례에서 보듯이 최저 임금의 상한에서 현재의 최저 임금을 뺀 부분은 법의 영역이 아니라 '정의의 영역'으로 남게 된다. 남은 정의의 영역으로 법의 영역을 확대하는 것을 둘러싸고 갈등이 발생한다. 인류 역사를 보면, 최저 임금이 상승해 나가듯이, 공동체 구성원 간의 갈등 조정을 통해 법의 영역은 정의의 영역으로 확대되어 왔음을 알 수 있다. 법의 영역에서는 법적 권리·의무 관계가 성립되므로 권리자는 법의 힘을 빌려 권리를 실현할 수 있고, 정의의 영역은 도덕적 권리·의무 관계가 성립될 뿐이므로 잠재적 강제 가능성은 있을지 몰라도 법으로 포섭되기 전까지는 강제는 안 된다. 하지만 호의는 현실적으로든 잠재적으로든 강제할 수 없는 영역이므로 강제가 가능한 '법과 정의의 영역'을 '호의의 영역'으로 확장시킬 수는 없다.

비강제의 영역, 다시 말해 법으로 포섭되지 못한 정의의 영역과 법으로 포섭될 수 없는 호의의 영역에서 어떤 사람에게 무언가를 하게 만드는 길은 두 가지다. 첫 번째는 '약속'을 받아 내는 것이다. 약속의 대표적 형태인 '계약'이 성립되면 권리자는 계약한 바를 강제를 통해 성취할 수 있다. 이처럼 약속은 강제될 수 없는 행위를 법적으로 강제하여 가능하게 만든다. 예컨대 사용자와 근로자가 시간당 5만 원으로 근로 계약을 체결했고 계약을 이행하는 데 법적으로 문제가 없다면, 사용자는 근로자에게 약속한 임금을 지급해야 한다. 두 번째는 대가가 따르지 않는 자선이나 기부와 같은 자발적 행위다. 호의의 영역에서의 대부분의 행위는 두 번째 경우다.

법과 정의가 할 수 없는 일은 호의에 맡겨진다. '기부는 습관'이라는 말도 있듯이 호의를 베푼다는 것은 어지간한 마음 자세가 아니면 하기 어렵다. 호의가 절실한 사람이 호의를 요청하는 경우에 그에 따를 법적 의무가 없다고 하더라도 인류애를 바탕으로 하든 신앙에 근거하든 아무튼 '의무'가 있다고 생각하면, 호의를 베푸는 것이 조금은 쉬워질 것이다.*

그런데 호의를 베풀 경우에 상대방의 인간으로서의 존엄성을 해치지 않도록 신중해야 하고, 호의를 빌미로 사람을 지배해서도 안 된다. 법과 정의의 도움을 받지 못해 공동체 구성원의 호의에 기댈 수밖에 없는 궁박 상태에 놓인 사람들은 비굴함을 감수하고 호의를 요청할 수도 있고, 품위 훼손에 대한 염려나 수치심에 호의를 베풀어달라는 요청을 포기할 수도 있다. 극단적인 경우에 자신의 존엄을 유지하기 위해 비극적인 선택도 감행한다.

예수는 "너는 구제할 때에 오른손이 하는 것을 왼손이 모르게 하여 네 구제함을 은밀하게 하라"(마 6:3-4)고 가르쳤다. 이는 명예욕을 위해서가 아니라 순수하게 이웃을 사랑하는 마음에서 은밀하게 선행을 베풀어야 한다는 뜻도 있지만, 도움을 받는 사람이 수치심을 느끼거나 지배당한다는 생각을 갖지 않도록 배려의 마음으로 해야 한다는 뜻도 있다. 참된 호의는 공동체에 바치는 꽃이고, 공동체의 품격을 일깨우는 향기다.

---

* 호의는 권리와 의무의 영역이 아니지만, 호의가 계속될 경우 권리로 받아들이는 사람들도 있다. 이로 인해 '호의가 계속되면 권리가 된다'는 격언도 생겼고, 이러한 격언에서 비롯된 법 원칙이 '신뢰 보호의 원칙'이다. 예를 들어, 행정법에서의 신뢰 보호의 원칙은 행정 기관의 어떠한 말이나 행동의 정당성 또는 존속성에 대해서 국민이 신뢰를 갖고 행위를 한 경우 그 국민의 신뢰가 보호할 가치가 있는 것이라면 그 신뢰를 보호하여 주어야 한다는 것을 말한다.

공동체 삶의 최고 덕목 : 책임을 감내하는 사랑

정의		호의(선의)
법(강제적 정의)	정의(자발적 정의)	(자발적 실천)
-법적 권리·의무	-도덕적 권리·의무 -자연적 권리·의무 -책무 -연대 의무	-윤리적 실천(의무) -종교적 헌신(의무)
사랑		

'법은 정의의 최소한'이라는 말이 있듯이, 법의 기본 목적은 정의의 실현이다. 따라서 원칙적으로 법을 지키는 것은 옳고, 법을 위반하는 것은 옳지 않다고 한다. 하지만 법을 준수하는 것이 반드시 좋음(선)을 이룬다고는 할 수 없고, 선을 이룬다고 해서 반드시 옳다(義)고 할 수가 없는 경우가 있다.

예컨대 생명이 위급한 환자를 차에 태우고 응급실로 가는 중에 정지 신호를 지키는 경우, 신호 준수는 법을 지키는 것이라 옳음이 되겠지만, 만일 그 사이에 위급한 환자가 제때에 치료를 받지 못해 사망하게 되면 좋음이 되지는 못한다. 반대로 사람을 살리기 위해 신호를 위반하고 불법으로 유턴하여 제시간에 응급실에 도착해 생명이 위급한 환자를 죽음에서 건진 경우는 좋음은 이루었지만, 그 과정에 옳음은 실천하지 못한 것이 된다.

첫 번째의 경우 차량 운전자는 '법 준수와는 관계없이 좋지 못한 결과를 초래했다'는 이유로 도덕적 및 법적으로 비난과 책임을 받을 가능성이 높고, 두 번째의 경우 차량 운전자는 '비록 법을 위반했지만 좋은 일을 했다'는 이유로 법 위반에 책임을 면제받을 뿐만 아니라 속칭 '의인'이라는 영예를 누릴 수 있다. 따라서 옳음과 그름을 판단할 때, 선과 법 어느 한 쪽만을 기준으로 삼아서는 '논리적으로' 불합리한 결과가 도출되는 경우가 있음을 염두에 두어야 한다.

실정법의 핵심 덕목은 '책임'이다. 그런데 실정법을 준수하는 것은 이웃에 대한 존중과 배려, 더 넓게 말하면 이웃에 대한 사랑을 표현하는 것이다. 따라서 실정법의 핵심 덕목인 책임에서 이웃 사랑의 정신을 배제할 수 없다. 다시 말해, 사랑이 결여된 책임은 공허한 것이다. 타인에 대한 존중(향유·시정적 정의)과 배려(분배·조정적 정의)를 요구하는 정의와 자발적으로 이웃에 대해 배려하는 호의(선의)에도 법과 마찬가지로 이웃 사랑의 정신이 깊이 뿌리내리고 있다고 할 것이다.

사랑은 기본적으로 존중과 배려를 요구한다. '책임을 대신하는 의미로서의 사랑'을 이루기 위해서는 희생이 필요할 때도 있다. 하지만 책임이 동반되지 않는 사랑은 맹목에 불과하다. 따라서 사랑에도 한계는 있다고 할 것이다. 때문에 '책임을 감내하는 사랑'은 법과 정의와 선의를 포괄하는 최고의 덕목이라고 할 것이다.

공동체의 정의는 사랑으로 온전해진다

민주주의 정치하에서 이루어지는 공동체는 호혜성과 연대성을 바탕으로 하는 정의의 실현, 다시 말해 인간과 공동체 구성원으로서 대우받은 만큼 대우해 주는 것을 목표로 하는 '정의의 공동체'라고 할 수 있다. 정의의 공동체는 '계약'(사회 계약)을 전제로 한다. 하지만 기독교가 지향하는 언약을 바탕으로 하는 공동체는 '언약'을 전제로 정의의 실현을 넘어 희생과 용서를 전제로 하는 '사랑의 공동체'다. 그래서 앞에서 본 바와 같이 매킨타이어는 기독교 공동체를 '특별한 종류의 역사를 가진 공동체'라고 한 것이다.

미국의 기독교 작가 짐 월리스의 말처럼 "우리는 새로운 사회적 계약, 더 나아가 사회적 언약을 만들어 갈 방법을 모색해야 한다."[40] 그리스도인들은 '정의의 공동체'에 발을 붙이고 '사랑의 공동체'를 지향하는 사람들이다. 정의의 공동체를 무시한 채 사랑의 공동체를 지향할 수는 없다. '정의는 사랑의 최소한이고, 사랑은 정의의 최대한이다.'[41] 우리 삶은 정의를 무시한 채 사랑으로 비약할 수 없다. 각자에게 주어진 몫의 정당한 분배 및 재분배와 분배된 몫의 배타적 향유를 이상으로 하는 정의가 전제되지 않으면, 희생과 용서로 이루어진 사랑의 공동체를 이룰 수 없다. 구약성경에서 가장 강조되었던 '공의와 정의'가 폐기된 것이 아니라 예수 그리스도의 사랑으로 완전하게 되었다고 할 것이고, 구약성경의 '율법(토라)'은 폐기된 것이 아니라 '하나님 사랑과 이웃 사랑'으로 온전케 되었다고 할 것이다.

따라서 그리스도인들도 호혜성을 넘어 연대성을 지향하는 정의를 실현해야만 한다. 일반 사회에서 말하는 정의에 담는 내용물과 기독교 공동체가 정의에 담는 내용물에는 차이가 있을 수도 있다. 하지만 그 차이는 우리의 노력 여하에 따라 좁혀질 것이다. 자신과 교회 조직에 갇혀 세상과 등지는 일은 있어서는 안 된다. 우리가 발 붙인 곳에서 공의와 정의를 세우며 사랑으로 충만한 공동체, 다시 말해 '하나님 나라'의 선을 실현해 나가야 한다.

직장의 경우를 보자. 기업의 텔로스는 원천적으로 '이익 창출과 분배 추구'에 있으므로 1차적으로는 사랑의 공동체라기보다는 정의의 공동체라고 할 수 있다. 하지만 사랑의 공동체의 원리를 도입하면, 개개 구성원은 사랑의 실천을 통해 직장 분위기를 변화시킬 수 있고, 또 이익 창출 방식과 사회 환원에 관한 기업의 역할을 바꿀 수 있다고 생각한다.

공동체를 위한 이해 26단계 : 정의와 사랑
- 책임을 감내하는 사랑은 법과 정의와 선의를 포괄하는 최고의 덕목이다.
- 정의는 사랑의 최소한이고, 사랑은 정의의 최대한이다.
- 우리가 발붙인 곳에서 공의와 정의를 세우며 사랑으로 충만한 공동체, 곧 하나님 나라의 선을 실현해 나가야 한다.

문제의식 26
- 사랑의 공동체라는 접근으로 정의의 공동체에 기반을 둔 직장 문화를 어떻게 바꿀 수 있겠는가?

—

27장

더 나은 세상을 향한 노력은
우리 의무다

—

　사회 정의는 개인에게 사회적 가치를 적정하게 분배하고(분배적 정의), 분배의 격차가 사회의 유대를 깰 정도에 이른 경우에는 격차를 조정하며(조정적 또는 재분배적 정의), 분배된 사회적 가치는 배타적으로 누릴 수 있게 하고(향유적 정의), 사회적 가치를 침탈당하거나 그 누림에 방해가 있을 경우에는 이를 바로잡게 하는(시정적 정의) 권능을 가지고 있다. 그런데 만약 여러 가지 사정으로 인해 누릴 수 있는 사회적 가치를 보유하지 못하는 사람들이 늘어난다면 어떻게 될까?

　공동체에 회의를 느껴 사회의 통합을 방해하는 요소가 될 수도 있고, 극단적인 경우에는 타인의 사회적 가치를 침탈하는 범죄 행위를 저질러 질서를 깨뜨릴 수도 있다. 이는 결국 다른 공동체 구성원에게도 영향을 미쳐 자신에게 분배된 사회적 가치를 제대로 누릴 수 없게 할 가능성마저 있다. 따라서 사회 정의의 출발점이자 핵심은 사회적 가치를 어떻게 분배하고 분배 격차를 여하히 조정할 것인가 하는 배분적 정의에 있다고 생각한다.

분배적 정의는 공동체 구성원으로 하여금 사회적 가치에 합당한 자신의 몫을 적정하게 분배해 줄 것을 청원할 수 있는 힘을 부여한다. 그 힘은 법적으로 보호받는 경우도 있고, 법의 보호 밖에 있는 경우도 있다. 법적으로 보호받는 힘은 '권리'라고 하고, 법의 보호밖에 있는 힘은 '정의의 요구' 또는 '도덕적 권리'라고 할 수 있을 것이다.

예컨대 계약직 노동자의 경우, 동일한 근로를 제공하면서 정규직 노동자에 비해 낮은 급여를 받는다고 해도 법적으로 보호받는 급여는 사용자와 맺은 계약에 따른 것에 불과하고 그 차액은 법적으로 요구할 수는 없다. 정의의 차원에서 지급해 줄 것을 요구할 수 있을지 몰라도 실정법적 차원에서는 그럴 권리가 없다는 것이다. 정의의 요구가 이루어지지 않을 때 사람들은 억울함을 느낀다. 하지만 이처럼 억울함을 호소하는 목소리가 많아지면, 정의의 요구는 정치적으로 그 힘을 발휘하여 점차 실정법적인 권리로 확대되어 간다.

실정법 영역이 정의의 영역으로 확대되어 가는 것, 다시 말해 실정법 밖에 있던 정의의 영역이 실정법으로 포섭되어 가는 것은 공동체가 선진화되어 간다는 방증이다. 이러한 과정에서 반발로 인해 일시적으로 사회적 혼란이 초래될 수도 있으나 시간이 흐르면 타협의 산물이 도출되어 통합이 이루어지는 것을 우리는 역사 속에서 무수히 목도해 왔다. 이것이 바로 역사를 통해 드러나는 '정의의 힘'이다. 역사가 이렇게 흘러간다면, 정의의 요구를 하는 사람들도 그에 반대하는 사람들도 상대의 의견을 존중하는 자세를 견지해야 한다. 의견 불일치가 국론 분열에까지 이르러서는 좋을 게 없다. "그러나 어떤 생각을 억압한다는 것이 심각한 문제가 되는 가장 큰 이유는, 그런 행위가 현세대뿐만 아니라 미래의 인류에게까지-그 의견에 찬성하는 사람은 물론이고 반대하는 사람에게까지-강도질을 하는 것과 같은 악을 저지르는 셈이 되기 때문이다. 만일 그 의견이 옳다면 그러한 행위는 잘못을 드러내고 진리를 찾을 기회를 박탈하는 것이다. 설령 잘못된 것이라 하더라도 그 의견을 억압하는 것은 틀린 의견과 옳은 의견을 대비시킴으로써 진리를 더 생생하고 명확하게 드러낼 수 있는 대단히 소중한 기회를 놓치는 결과를 낳는다"[42]는 영국 경제학자 존 스튜어트 밀(John Stuart Mill)의 충고를 명심할 필요가 있다.

하지만 실정법적 권리로 수용될 수 있는 정의의 요구 영역은 한계가 있음을 명심해야 한다. 사회적 가치에 합당한 모든 분배 요구를 정의의 요구로 받아들일 수는 없기 때문이다. 예컨대 아무리 배가 고파도 제과점에 가서 공짜로 빵을 요구할 수 없는 것처럼 개인의 '필요'에서 비롯된 사회적 가치의 분배 요구는 현행 사회 질서 내에서 정의의 요구로 받아들일 수 없다. 부탁이나 요청을 했음에도 아무도 관심을 보여 주지 않고 냉랭한 반응만 돌아온다면, 서러움을 느끼는 게 인지상정이겠으나 이러한 요청을 받아들이지 않는다고 정의롭지 않은 사회라고 할 수는 없다. 만약 배고픈 사람을 가엽게 여긴 제과점 운영자가 빵을 나누어 주더라도 그것은 그 사람에게 받을 만한 권리가 있거나 정당한 요구를 했기 때문이 아니라, 단지 은

혜를 받는 것에 불과하다. 은혜를 구하는 것은 권리도 아니고 정의의 요구도 아니며, 은혜가 베풀어졌을 때 감사할 수 있는 조건일 뿐이다.

그렇다고 어려움에 처한 사람들을 그대로 방치하는 것은 공동체가 그 임무를 다하지 않는 것이 된다. 은혜를 요청하는 사람은 그렇게 할 수밖에 없는 자신의 처지에 서러움과 비참함을 느끼게 마련이다. 그러한 감정을 해소해 줄 수 있는 길은 은혜의 요청에 그것을 권리로 인정하지는 않더라도 '정의의 의무' 또는 '신앙적 의무'로 응대하는 것이다.

복지 수급을 요청하는 것과 같이 어떤 것을 이행해 줄 것을 요청할 수 있는 자격이 법적 권리인지 의견이 대립되는 경우가 있다.[43] 이러한 경우 법적 권리가 아니라고 하게 되면, 그것을 요청하는 자로서는 상대방의 호의에 기댈 수밖에 없기 때문에 사람들은 품위 훼손에 대한 염려나 수치심에 도움을 받는 것을 포기할 수도 있고, 어떤 사람들은 궁박에서 벗어나기 위해 비굴하게 될 여지도 있다. 이러한 경우에 베푸는 사람은 도움을 받는 사람이 인간의 존엄성을 잃지 않도록 신중하게 처신해야 한다.

호의를 빌미로 사람을 지배해서는 안 되므로,[44] 우리의 호의가 올바르다고 평가받기 위해서는 우리는 상대방이 우리에게 어떤 것을 이행할 권리는 없지만, 우리는 그들에게 정의에 근거하든 아니면 신앙에 근거하든 아무튼 '의무'가 있다는 태도를 취해야만 한다. 이러한 이념을 반영하는 것이 구약성경의 '체데카(공의)'다. 복지 제도를 세밀하게 정비해 나가고, 미비한 복지 제도는 사회 구성원들이 의무감을 가지고 자선을 베푸는 등 공백을 메워 나가는 것이 바로 체데카의 정신이다. 고아와 과부와 나그네와 옥에 갇힌 자와 장애인과 병자로 대표되는 사회적 약자들에게 사랑을 실천하라는 체데카 정신이야말로 오늘날 우리 사회에 꼭 필요한 정신이 아닐까?

공동체를 위한 이해 27단계 : 정의와 공의
- 구약성경은 상대방에게 의무가 있는 것처럼 호의를 베풀어야 한다고 가르친다.
- 사회적 약자들에게 사랑을 실천하라고 권면하는 것은 체데카(공의) 정신이다.

문제의식 27
- 구약의 체데카 정신을 회복하기 위해 어떤 노력이 필요한가?

エピローグ

도덕성의 회복이
곧 선의 회복이다

이상의 논의를 바탕으로 삶의 모습을 유형화하면 다음과 같다.

첫 번째는, '투쟁의 삶'으로서 유한한 자원과 지위를 획득하기 위해 치열하게 경쟁하는 삶이다. 투쟁의 삶은 이번 경쟁의 결과에 따른 보상이 연속되는 경쟁에서 승리의 발판이 되는 승자 독식의 삶이다. 이 삶은 "먼저 된 자로서 나중 되고 나중 된 자로서 먼저 될 자가 많으니라"(마 19:30)라는 예수의 가르침과는 달리, 패자 부활이나 역전의 삶이 보장되지 않으므로 한 번 밀리면 끝장이라는 불안감에 수단과 방법을 가리지 않고 '무한 경쟁'하고, 현재의 순위를 유지하거나 상승하기 위해 '만인에 의한 만인의 투쟁'을 벌여야 하는 삶이다.

두 번째로, '정의로운 삶'이다. 이 삶의 모습은 "남에게 대접을 받고자 하는 대로 너희도 남을 대접하라"(눅 6:31)라는 황금률에 압축되어 있다. 황금률에는 '호혜성' 또는 '상호성'의 원리가 담겨 있는데,

쌍방이 행위를 동시에 할 수 없는 경우의 호혜성은 '네가 하면 나도 하겠다'가 아니라 '내가 하면 너도 하라'가 되어야 한다. 그렇지 않으면 황금률이 지향하는 바가 온전히 달성될 수 없다.

100m 달리기 경주를 예로 든다면, 어느 선수가 심판 몰래 출발선에서 50m 앞선 지점에서 출발한다고 다른 선수도 그렇게 해서는 안 된다는 뜻이다. 반칙으로 얻은 이익이 경기 규칙의 준수를 통해 얻을 수 있는 이익보다 클 때, 반칙하고 싶은 욕망을 억누르고 공정하게 경쟁하는 것은 생각보다 쉬운 일이 아니다. 하지만 반칙한 선수에게는 정당한 응보가 있을 것으로 생각하고, 우직하게 출발선에서 기다려야 한다. 한편, 공정하게 경쟁한 이상 순위 매김은 있을 수밖에 없으므로 승자가 보상을 받더라도 불만을 품어서는 안 된다. 결국, 정의로운 삶은 공정한 경쟁의 결과에 겸허하게 승복하는 삶이다.

세 번째로, '(에로스적) 사랑의 삶'이다. 이 삶은 공동체 구성원 상호 간의 호혜적인 보상이나 응보와는 상관없이 인간 자체로 존귀함을 인정하는 것에서 비롯되는 삶이다. 능력이나 노력에서 천차만별인 인간 상호 간의 경쟁은 권력, 지위, 부에서 차이를 만든다. 이러한 차이를 방치하면 불평등이 심화될 가능성이 높고, 불평등이 심화되면 공동체의 연대와 통합은 기대하기 어려울 것이며, 그에 따른 결과는 '투쟁의 삶'으로 되돌아가는 것이다. 이러한 결과가 초래되지 않으려면 우선 공동체 구성원들이 정의로운 삶을 살아야 하겠지만, 그런 삶만으로 해결되지 않는 문제는 사랑의 삶으로 보완해야 한다.

사랑의 삶을 영위하는 사람은 증세 등 빈부 격차를 줄이기 위한 법적 제도를 만드는 것을 지지할 뿐 아니라 제도의 미비로 어려움을 겪는 이웃들에게 자발적으로 호의를 베풀기도 한다. 하지만 이러한 사랑의 삶에는 자기애라는 한계가 있다. 나는 설령 굶어 죽더라도 이웃에게는 먹을 것을 주겠다는 것은 자기애와 양립할 수 없다. "네 이웃을 네 자신같이 사랑하라"(마 22:39), "사람이 만일 온 천하를 얻고도 제 목숨을 잃으면 무엇이 유익하리요 사람이 무엇을 주고 제 목숨과 바꾸겠느냐"(마 16:26)는 예수의 가르침에는 자기애가 전제되어 있다.

네 번째로, '(아가페적) 초월의 삶'이다. 이 삶은 자기애를 넘는 자기 부인과 희생의 삶이다. 사랑의 삶이 나르시시즘이 아닌 '에로스적 자기 긍정'을 바탕으로 한다면 초월의 삶은 '아가페적 자기 부정'을 바탕으로 한다. "누구든지 나를 따라오려거든 자기를 부인하고 자기 십자가를 지고 나를 따를 것이니라"(막 8:34)는 가르침이 지향하는 삶이다. 예수의 가르침을 따르면 초월의 삶은 '오른쪽 눈이 죄를 짓게 하면 빼내 버리고, 오른손이 죄를 짓게 하면 잘라 버리는 삶', '오른뺨을 때리면 왼뺨도 돌려 대 주는 삶', '고발하여 속옷을 빼앗으려고 하면 겉옷까지도 내주는 삶', '억지로 5리를 가게 하면 10리를 동행하는 삶', '소유를 다 팔아 가난한 사람들에게 나누어 주는 삶', '우두머리가 되기 위해 종이 되는 삶', '일곱 번뿐 아니라 일곱 번을 일흔 번까지라도 용서하는 삶', '원수를 사랑하고, 박해하는 자를 위해 기도하는 삶'이다. 보통 사람들은 감히 범접할 수 없는 삶이다

정의로운 삶과 제도를 이룰 수 있는 논의의 방식은 세 가지다. 먼저 제도론인데, 이는 정의를 이루기 위해서는 제도부터 완벽하게 만

들어야 한다는 것으로 롤스가 대표적인 학자다. 다음은 실천 중심론인데, 이는 제도도 중요하지만 현실에서 드러나는 구체적인 부정의부터 없애야 한다는 것으로 월터스토프, 센이 대표적인 학자다. 끝으로 덕 윤리론인데, 이는 정의와 용기와 진정성의 덕(성품)이 없다면, 정의를 위한 실천들은 부패시키는 제도들의 힘에 저항할 수 없다는 것으로 매킨타이어가 대표적인 학자다.

아무리 좋은 법과 제도를 만든다고 해도 공동체 구성원이 제도의 권위를 인정하지 않고 온갖 수단과 방법을 동원하여 편법이나 탈법을 자행한다면, 정의로운 삶과 사회는 이루기 어렵다. 이에 대한 증거는 우리 사회의 역사에 넘쳐흐른다. 따라서 정의 사회를 실현하기 위해서는 제도를 잘 정비하는 것도 필요하겠지만, 용기를 내어 정의를 실천할 수 있는 정의로운 성품이 구성원 개개인에게 함양되어야 한다.

덕의 함양은 가족 공동체가 결정적인 영향을 미친다. 그런데 오늘날 자기중심적이고 이기적인 사람들이 많아지는 것을 보면서 우리 사회의 가족 공동체가 구성원들에 대하여 정의로운 성품을 함양하는 것을 비롯한 도덕적 기능을 거의 상실했다는 생각을 떨칠 수가 없다. 그래서 아이들의 성품 교육 강화를 위해 인성교육진흥법까지 만들었지만, 성적 경쟁에 매몰된 학교의 실상과 맞물려 가정에서 이미 고착된 아이들의 성품을 바꾸겠다는 생각은 무리였음이 드러난다.

가족 공동체의 도덕적 기능의 상실은 가족의 해체와 형해화(形骸化)가 주된 원인이다. 8년간 소년보호사건을 처리하면서 위기 청소년들의 가족 공동체가 심하게 망가진 것을 뼈저리게 체험했다. 가족 공동체의 해체는 위기 청소년들로 하여금 경제적으로는 곤궁하게 하고, 정신적·심리적으로는 패배감과 분노감에 지배되게 했으며, 윤리적으로는 법과 질서를 어지럽히며 자신과 타인을 존중하거나 배려하는 성품을 익히지 못하게 만들었다.

한편, 지난 십수 년간 진행된 인사 청문회를 보면서 경제적으로 어려움이 적은 이른바 상류층 사회는 시골의 오래된 농가처럼 가족공동체가 뼈대만 남아 있을 뿐 도덕적 기능을 제대로 수행하지 못하고 있음을 보게 된다. 부부는 배우자가 옳지 못한 일을 하는 것을 모르고, 아버지는 자녀들이나 가족들이 부도덕이나 편법을 저지르는 것을 모른 채 살아간다. 이는 가족들이 상호 간의 소통을 통해 도덕적 성품을 함양해 나가기가 매우 어렵게 되었다는 것을 의미한다.

도덕적 성품을 함양하지 못한 사람들은 도덕을 윤리가 아니라 논리로 활용한다. 도덕을 논리로 활용하는 것은 '도덕적으로' 바르지 못한 행위를 지적받았을 때 잘못을 시인하고 책임지는 자세가 아니다. 도덕 논리자는 우선 '나는 그 사실을 몰랐다'는 답변으로 책임을 회피하려고 한다. 과거에 다른 사람을 비난한 도덕 논리자의 발언을 상기시켜 주면 '나는 법적으로는 아무 문제가 없다'라고 하는 한편 '과거에 내가 비판한 사안과 지금 비판받는 사안은 동일한 잣대로 판단할 수 있는 사안이 아니다'라고 대답한다. 그러다 '그러는 당신들은 깨끗하냐'며 상대방을 공격하기 시작하고, 결국은 '나도 피해자'라는 식으로 자기방어에 급급할 뿐만 아니라 '내가 이렇게 당하는 것은 국가와 사회를 개혁하기 위해서다'라며 궤변을 늘어놓기도 한다.

반면 '규범인 도덕이 가치인 윤리가 된다'는 것은 자신의 신념을 지키기 위해 책임과 희생을 각오한다는 뜻이다. 앞서 보았듯이 드워킨은 "도덕은 심히 곤궁한 자에게 담배 광고 회사 취직을 거부하라고 요구할지 모른다. 그가 그 회사에 취직해서 성공했다면 대부분의 사람이 보기에는 그가 더 좋은 삶을 산 것일 거다. … (하지만) 도덕적 책임성의 매력적인 개념관은 가끔 커다란 희생을 요구하기도 한다. 우리에게 생명을 걸거나 포기할 것을 요구할 수도 있다"고 했다. 이것이 바로 진정성 있는 삶이라고 생각한다. 19세기 낭만주의의 영향을 받은 사람들은 위선을 배격하는 진정성을 자신의 감정에 따라 솔직하게 행동하는 것이라고 하지만, 참다운 진정성은 자신이 선언한 신념에 따라 삶을 살고 그 삶의 최종 결과에 정직하게 책임을 지는 것이다.

  우리 사회에 도덕 윤리가 아닌 도덕 논리가 만연한 것 같아 안타깝다. 나아가 당파성에 휩싸여 도덕 논리에 대한 심각한 문제의식이 없는 것에 위기감마저 느낀다. 도덕 논리로 개인은 당장의 위기에서 벗어날지는 모르나 공동체는 악영향을 입게 된다. 선진 사회로 진입하려면 법과 제도를 정치하게 마련하는 것도 중요하지만, 도덕적 성품을 제대로 갖춘 사람들을 확보하는 것이 더 중요하다고 생각한다. 이를 위해서는 해체되고 형해화된 가족 공동체의 도덕적 기능을 회복시켜야 하고, 도덕을 윤리로 받아들이는 사회적 기풍도 조성해 나가야 한다.

  도덕성의 회복은 선의 회복이고, 선의 회복은 정의로운 신의 귀환이다. 우리 사회가 진정성과 책임성이 있는 성품과 삶을 지향하며 제도의 도덕성을 능가하는 사람들로 북적이게 되는 날을 기대한다.

주

서문 | 프롤로그

1 알랭 쉬피오, 《법률적 인간의 출현》(글항아리), 32쪽.

2 신은 실재이면서도 절대선이기 때문에 신법에서는 실재에 관한 존재의 문제와 선(가치)과 관련된 당위의 문제가 통합된다. 한스 켈젠은 아리스토텔레스의 형이상학의 특징도 다른 철학자들의 형이상학과 마찬가지로 존재와 당위가 통합되는 데 있다고 한다. "존재하는 것의 원리와 원인들에 대한 인식은 존재해야 하는 것 또는 행해져야 하는 것에 대한 인식 즉 선에 대한 인식과 일치한다. 왜냐하면 선, 즉 목적은 원인들 중의 하나이기 때문이다. 그리하여 그 어떤 진정한 형이상학에서도 마찬가지이지만, 아리스토텔레스의 형이상학에서도 존재와 당위, 실재와 가치의 이분법은 포기된다. 왜냐하면 그 어떤 진정한 형이상학에서도 마찬가지이지만, 아리스토텔레스의 형이상학은 그것의 궁극적인 단계에서 신의 개념을 목표로 한다. 신은 동시에 제1원인이고 궁극적인 목적, 즉 절대선이다."-한스 켈젠, 《정의란 무엇인가》(울산대학교출판부), 172쪽.

3 사회와 공동체의 관계는 다음의 글을 참조하기 바란다. "지금 우리가 쓰는 사회라는 용어는 서양의 말을 번역한 것인데, 서양에서도 19세기 전까지는 사회라는 말이 다른 의미로 사용되었다. 이처럼 19세기까지는 동서양을 막론하고 사람들은 사회 대신 국가를 인간 공동체의 가장 중요한 요소로 보았다. 사회가 중요해진 것은 서양에서 국가와는 다른 인간 공동체가 있다는 사실을 발견한 뒤부터다. 즉 신에 의하여 점지되었거나 자연 질서의 자연스러운 일부분이라고 생각되었던 국가란 것이 사실은 그보다 더 근본적인 사회라는 인간 공동체 안에 있고, 그 사회를 구성하고 있는 사람들의 계약에 의하여 존립할 수 있다는 사회 계약설이 등장한 후에야 사회라는 것이 중요한 실체로 인정받기 시작했다. 더 나아가 '사회'가 오늘날처럼 중요하게 여겨지기 시작한 것은 19세기에 들어와서다. 그것은 인간이 사회를 만들 뿐만 아니라 사회도 인간 형성에 매우 중요한 역할을 한다는 사실을 발견하고, 사회란 것이 영원불변하지 않으며 언제든 사람들이 바꿀 수 있다는 걸 알게 되었기 때문이다. 이런 생각은 서양에서 19세기부터 시작되었으나, 20세기 들어서는 1960년대부터 또다시 강력하게 대두되었다. 오늘날 이렇게 중요시되는 사회란 단순히 사회 계약설에서 말하는 것처럼 국가와 구별되는 것이 아니라 인간 공동체 일반을 뜻한다."-손봉호, 《나는 누구인가》(샘터), 142쪽.

1부

1 찰스 테일러, 《자아의 원천들》(새물결), 169쪽.

2 "그리스도의 인격을 통해 회복된 하나님 형상은 그리스도와 함께하는 공동생활에 바탕을 둔 공동체를 시작하게 만든다. 회복된 형상으로 새로워진 삶은 본질적으로 공동체적이다. 믿는 자들에게 하나님의 공동의 아버지이며 그리스도는 공동의 머리이기 때문이다. 하나님 형상은 거듭난 제자들 간에 '서로 실행하는 사랑'으로 나타난다. 복음으로 태동한 공동체는 누군가를 배제하는 공동체가 아니라 모두를 포용하는 공동체. 모든 신자는 '하나님이 그들에게 베풀어 주신 복을 서로 소통한다는 조건으로 그리스도와 교제 안에서 하나가 된다.' 그리스도는 하나님 형상에 따른 상호 선한 삶을 진정으로 회복하시며 신자들의 공동 유익을 위한 삶의 토대가 되신다."-송용원, 《칼뱅과 공동선》(IVP), 67쪽.

3 "내가 주장해 오고 있는 것은, 우리 삶에 최소한의 의미라도 부여하기 위해서는 그리고 정체성을 갖기 위해서는 선에 대한 방향 감각이 필요하고, 이 방향 감각을 얻기 위해서는 질적 구별에 대한, 비교할 수 없이 고차적인 것에 대한 일정한 의식을 가져야 한다는 것이다. 여기서 선에 대한 이 의식은 이제 내 삶을 하나의 전개되어 나가는 이야기로 이해하는 것과 연결되고 있다. 그러나 이 말은 우리 자신을 이해하는 또 다른 기본 조건을 진술하고 있다. 즉 우리는 삶을 서사(narrative)로 이해한다는 것이다."-찰스 테일러, 《자아의 원천들》(새물결), 106쪽.

4 "선은 우리의 정신적 방향 감각을 규정하며, 또 이러한 선을 통해 우리는 우리 삶의 가치를 측정한다."-찰스 테일러, 《자아의 원천들》(새물결), 97쪽.

5 "그 견해는 그런 질문에 대하여 아무런 객관적인 정답이 없다고 한다. 그리고 변호사나 판사나 어느 누구라도 발견할 우주에 '있는' 정치적 도덕에 관한 아무런 객관적인 권리도 없다고 한다. 이 견해에 의하면, 이러한 사안들, 그리고 더 근본적인 쟁점들, 이를테면 인종 청소가 사악한 것인지 또는 인종 차별이 부정의한지 또는 표현의 자유가 애초에 근본적 권리인지를 포함하는 더 근본적인 쟁점들에 관한 우리의 확신은 단순히(비트겐슈타인, 이제 그만 용서해 줘야 할 그가 유명하게 만든 문구를 사용하자면) '언어 게임'의 창조물에 불과하다."-로널드 드워킨, 《법복 입은 정의》(도서출판 길), 100쪽.

6 "도덕 상대주의에 관한 그(리처드 포스너)의 설명은 곧바로 모순을 낳는다. 만일 중국의 도덕 코드가 이미 두 명의 아이를 가진 모가 또 수정을 하면 언제나 낙태하도록 요구하고, 아일랜드의 코드는 어떠한 경우에도 낙태를 금지한다면, 포스너의 정의(定義)에 따르면, 중국인은 중국이나 아일랜드에 있는 어느 누구든 일정한 여건에서는 낙태할 의무를 진다고 말할 때에 '타당한' 주장을 산출하고 있으며, 아일랜드인 역시 두 나라 국민 모두 정확히 그 반대의 의무를 진다고 선언할 때, '타당한' 도덕적 주장을 산출하는 것이다,

아마도 그는 '그 주장이 개진되는 곳'이 아니라 '그 행위가 일어나는 곳'에서를 염두에
두었을지 모른다. 그 독법에 따르면 중국인 발화자와 아일랜드인 발화자는 서로 모순
될 필요가 없다. 각자는 모든 여성은 그들 자신의 공동체의 코드에 복종할 의무가 있다
고 말할 수 있게 된다. 그렇다면 이렇게 정의(定義)된 상대주의를 받아들이는 아일랜드인
발화자는 중국 여성이 낙태할 때에 아무런 잘못을 저지르지 않는다는 점에 동의해야 한
다. 그러나 포스너는 그러한 결과를 가져오는 상대주의의 '천박한' 판본을 거부한다고
말한다."-로널드 드워킨,《법복 입은 정의》(도서출판 길), 154쪽.

7 프리드리히 A. 하이에크, 《노예의 길》(자유기업원), 117쪽.

8 니콜라스 월터스토프, 《정의와 평화가 입 맞출 때까지》(IVP), 134쪽.

9 "하나님은 인간이 인간성을 갖듯이 신성을 지니신 분이 아니라, 신성 자체이시다. 그분
의 본성은 존재나 생명이라는 내용물로 가득 채워진 용기(그릇)가 아니라, 존재 자체이시
며 생명 자체이시다."-월터 패렐,《신학대전 해설서 I》(수원가톨릭대학교 출판부), 122쪽.

10 과학이 인간의 모든 문제를 해결해 줄 수 있다는 과학주의는 맹신에 불과하다. 손봉호
는 다음과 같이 주장한다. "과학적 지식은 어떤 대상이나 사건 전체에 대하여 무엇을 가
르쳐 주지 않는다. 다만 그 대상이나 사건의 어떤 양상만 알려 줄 뿐이고, 그것도 반드
시 절대적인 것이 아니다. 예를 들어, 생물학이 꽃에 대하여 설명한다면, 꽃의 생물학적
인 양상에 대해서만 말해 줄 수 있을 뿐이지 그것의 아름다움이나 경제적 가치, 혹은 우
리의 마음에 일으킬 수 있는 심리적 반응에 대해 말해 줄 수는 없다. 그러나 꽃의 아름
다움이나 그 경제적 가치, 그리고 꽃이 우리의 마음에 일으키는 정서적 감흥은 꽃이라
는 식물을 이해할 때 매우 중요한 요소다. 꽃에 대한 생물학적 설명이 전부이거나 핵심
적인 지식이라고 생각하는 것은 인간의 생식 본능이 사랑에 있어 가장 중요한 요소이자
핵심이라고 생각하는 것처럼 일방적인 주장이다. … 별의 아름다움은 별의 물리적 구성
요소 못지않게 별의 본질에 속하는 것이다. 만약 별에서 아름다움을 제거한다면, 그 별
은 천문학자의 별일지는 모르나 우리가 아는 별도 아니고 실제의 별의 모습도 아니다.
천문학자가 보는 별만을 별의 참모습이라고 생각하는 것은 현대 과학에 대한 과대 평가
요, 과학의 본질을 오해한 소치다."-손봉호,《나는 누구인가》(샘터), 59-61쪽.

11 "아리스토텔레스는 선은 모두가 욕구하는 것이라는 플라톤의 정의(定義)에서 시작하지
만, 이데아라는 초월적인 세계를 거부하면서 선과 존재는 같다고 주장한다. 즉, 선이 존
재에 덧붙여진 것이 아니라 선이 존재인 것이다. 따라서 존재와 선은 객관적으로 같은
것이며 모든 존재는 선이고 모든 선은 존재이다. 존재와 선에 대한 개념은 형식적으로
는 다르다. 존재는 그저 현존한다는 것을 의미하는 데 비해 선은 완전이나 존재의 완전
에 기여하는 힘을 의미한다. 이로부터 악(evil)은 존재가 아니라는 것, 즉 존재의 박탈이
라는 것이 도출된다."-이종은,《정치와 윤리》(책세상), 60쪽.

12 이나가키 료스케, 《토마스 아퀴나스 신학대전 새로 알기》(가톨릭출판사), 115쪽.

13 톰 라이트, 《악의 문제와 하나님의 정의》(IVP), 131쪽.

14 라인홀드 니버는 인간의 전적 타락 교리에 대해 회의적인 입장을 취한다. 그는 "하나님의 형상이 완전히 타락했다고 하는 '전적 타락(total depravity)'의 교리는 정통 기독교의 '원죄' 교리와 마찬가지로 그것이 완성하려는 통찰에 대해 파괴적이다"라고 주장한다. -라인홀드 니버, 《기독교윤리의 해석》(종문화사), 139-140쪽}. 이러한 주장의 연장선상에서 라인홀드 니버는 '악은 선의 부재가 아니라 타락'이라고 주장한다. 그는 "고도로 응집된 국가만이 세계의 평화를 위협할 수 있는 것처럼, 악마 또한 하나님이 통제하시는 세상 속에서만 존재할 수 있으며, 그가 신성의 능력(potency)을 어느 정도 가지고 있을 때에만 영향력을 발휘할 수 있는 것이다. 다시 말해, 악은 선의 부재가 아니라 선의 타락이며, 선에 기생한다"고 말한다.-라인홀드 니버, 《기독교윤리의 해석》(종문화사), 123-124쪽.

15 한스 켈젠은 원죄의 관념에는 '집단 책임'이 함축되어 있다고 한다. -한스 켈젠, 《정의란 무엇인가》(울산대학교출판부), 21쪽.

16 월터 패렐, 《신학대전 해설서 I》(수원가톨릭대학교출판부), 230쪽.

17 알래스데어 매킨타이어, 《덕의 상실》(문예출판사), 91쪽.

18 이사야 벌린, 《자유론》(아카넷), 451쪽.

19 알랭 쉬피오, 《법률적 인간의 출현》(글항아리), 83쪽.

20 아리스토텔레스, 《니코마코스 윤리학》(이제이북스), 30쪽.

21 톰 라이트, 《그리스도인의 미덕》(포이에마), 68쪽.

22 아리스토텔레스, 《니코마코스 윤리학》(이제이북스), 458쪽. 에우다이모니아의 에우(eu)는 '잘(well)'을 의미하고, 다이몬(daimon)은 '영적이고 신적인 존재'를 의미한다.

23 같은 책, 63쪽.

24 같은 책, 63쪽.

25 홍석영, 《니코마코스 윤리학》(풀빛), 17쪽.

26 아리스토텔레스, 《니코마코스 윤리학》(이제이북스), 30쪽.

27 "1세기 중엽의 헬라-로마 세계의 두드러진 특징은 광대한 다양성과 활력에 있다. 로마 제국이 당시 지중해 전역을 지배했고, 헬라 문화가 제국의 가장 먼 변방까지 침투해 들어갔지만, 지역적인 통치 형태와 생활 방식들은 계속 이어졌을 뿐만 아니라 사회 조직에 대한 다소 새로운 시도들도 번성하여 많은 사람을 매혹하기 시작했다. 전통적으로 사람들이 관여하는 두 가지 형태의 주요한 공동체가 있었다. 하나는 '폴리테이아(politeia)'로, 이는 사람들이 속한 도시 국가, 즉 국가의 공적인 생활을 의미하고, 또 다른 하나는 '오이코노미아(oikonomia)'로, 이는 그들이 태어났거나 연결된 가정의 질서를 가리킨다"-로버트 뱅크스, 《바울의 공동체 사상》(IVP), 30쪽.

28 "아리스토텔레스를 대신해서 리케이온(Lykeion)을 맡은 테오프라스투스(Theophrastus)는 오이케이오시스(oikeiosis), 즉 사람은 모두 친족 관계라고 믿는 사람이었다. 이 발상에 따르면 사람과 사람을 서로 묶어 주는 자연적인 유대, 위대한 연대의 끈이 있는데, 공통된 대의를 위한 봉사라든지 상대의 상호 존중에 의해 정착된 관습이라든지 효용에 입각한 주장 따위가 아니라 인생이 하나로 묶여 있다는 느낌, 인간으로서 인간의 가치, 세계 전체의 경계 안에서 인류가 한 가족을 이룬다는 생각이 바로 그 끈이다. 이는 정치적인 관념이 아니고 생물학적이고 도덕적인 관념이다."-이사야 벌린, 《자유론》(아카넷), 592쪽.

29 "요컨대, 사람들은 일찍이 경험하지 못했던 바인, 단독으로 살아가는 방법을 배워야만 했으며 도시 국가보다 더 크고 훨씬 더 몰개인적인 새로운 형태의 사회적 결합 속에서 함께 살아가는 것을 배워야만 했다. 이 최초로 당한 과제가 얼마나 어려웠던가 하는 것은 이 고대 세계에서 종교 양식이 꾸준히 성장했다는 점에서 가장 잘 살펴볼 수 있을 것이다. 이러한 종교 양식들은 개인적 영생의 소망을 제공하고 어떤 신-때로는 고통당하고 또 현세와 내세에 있어서의 구제의 수단을 제공하기도 하고 좀 더 원시적 형태로서는 운명을 바꾸고 심령의 도움을 확보하는 마술을 제공하기도 했다. 아리스토텔레스 이후의 모든 철학은 윤리적 설교와 위안의 대리자가 되었으며, 세월이 흐름에 따라 그것들은 점점 더 종교적 색채들을 지니게 되었다. 또 철학이 신념이나 감정을 포함했다는 점에서, 철학은 종종 식자들이 가지는 유일한 종교가 되기도 했다. 이 시대에 있어서 종교가 인간의 관심 속에서 점차 커다란 비중을 차지했다는 점, 종교기관이 점차 큰 중요성을 가지게 됐다는 점보다 더 뚜렷한 사회적 경향을 찾아볼 수 없으며, 이러한 경향은 마침내 기독교의 출현과 기독교 교리의 형성으로 그 극에 도달했다."-조지 세이빈·토머스 솔슨, 《정치사상사 I》(한길사), 240-242쪽.

30 알래스데어 매킨타이어, 《덕의 상실》(문예출판사), 258쪽.

31 "(성경에서 가난과 사회 정의라는 주제를 가진 부분을 잘라 냈다) 나는 이 성경을 '구멍 숭숭 뚫린 성경'이라고 부르곤 했고, 아직도 사무실에 그 성경책을 보관하고 있다. 우리는 성경책의 많은 부분을 잘라 냈다. 가난과 사회 정의라는 주제는 히브리 성경(구약)에서 두 번째로 중요한 주제이기 때문이었다. 가난한 사람과 정의에 대한 요구는 신약성경에서 열여섯 절마다 한 번씩, 첫 세 권인 공관복음에는 열 절마다 한 번씩, 누가복음에는 일곱 절마다 한 번씩 등장한다."-짐 월리스, 《가치란 무엇인가》(IVP), 129쪽.

32 톰 라이트, 《광장에 선 하나님》(IVP), 237-239쪽.

33 "어떤 지고선에 기초한 시각이 우리의 변화됨-'성장', '성화', '더 고차적인 의식'이라고 불리는 변화-을 부르고, 나아가 이전의 선들에 대한 거부를 부른다는 사실이 바로 지고선을 그토록 문제적이게 만드는 것이다.-찰스 테일러, 《자아의 원천들》(새물결), 151-152쪽.

34 이종은, 《정치와 윤리》(책세상), 58쪽.

35 매킨타이어가 말하는 '실천'의 의미는 다음과 같다. "내가 말하고자 하는 실천은, 특정한 활동 형식에 적합하고 또 부분적으로는 이 활동 형식을 통해 정의(定義)된 탁월성의 기준을 성취하고자 하는 시도의 과정에서 이 활동 형식에 내재하고 있는 선들이 이 활동을 통해-탁월성을 성취할 수 있는 인간의 힘과, 관련된 목표와 선들에 관한 인간의 표상들이 체계적으로 확장되는 결과를 가져오는 방식으로-실현되는, 사회적으로 정당화된 협동적 인간 활동의 모든 정합적, 복합적 형식을 뜻한다."-알래스데어 매킨타이어, 《덕의 상실》(문예출판사), 277쪽.

36 같은 책, 279쪽.

37 같은 책, 279쪽.

38 같은 책, 282-283쪽.

39 같은 책, 287-288쪽.

40 같은 책, 289쪽.

41 가토 히사다케는 공리주의자이면서 자유주의 윤리의 원조라고 할 수 있는 존 스튜어트 밀이 제기한 자유주의 윤리의 원칙을 "① 판단력을 갖춘 성인이라면 ② 자신의 생명, 신체, 재산에 관해서 ③ 타인에게 위해를 끼치지 않는 한, ④ 설령 그 결정이 본인에게 있어서 불리한 것일지라도 ⑤ 자기가 결정할 권한을 갖는다"로 요약할 수 있다고 한다. -가토 히사다케, 《현대 윤리에 관한 15가지 물음》(서광사), 139쪽.

42 같은 책, 155-156쪽.

43 알래스데어 매킨타이어, 《덕의 상실》(문예출판사), 287-288쪽.

44 마이클 샌델, 《민주주의의 불만》(동녘), 180쪽.

45 샌델은 공화정의 이상에서 덕성 함양을 배제하는 공화정을 '절차적 공화정'이라고 한다. '자발주의적 자유관'을 바탕으로 하는 절차적 공화정은 '시민적 자유관'을 바탕으로 하는 미국의 '전통적 공화정'의 모습은 아니고, 제2차 세계 대전이 끝나고 미국이 지배권을 쥐게 된 흥미로운 순간에 탄생하여 현재 미국 정치의 주류가 되어 있다고 한다. 샌델은 "오늘날과 같은 전 지구적 상호 의존의 세계에서는 가장 강력한 민족 국가들조차도 더 이상 자기 운명의 주인이 아니다. 그리고 합중국처럼 다양한 다원주의 사회에서는 우리가 공동선에 지배될 만큼 전체의 이익과 일체감을 갖고 있는지가 결코 분명하지 않다. 그런데 국가 차원에서의 공동생활의 부재는 절차적 공화정의 출현을 촉진한다. 오늘날의 자유주의자들은 우리가 설령 도덕이나 종교 혹은 궁극적 목적들에는 합의할 수가 없다고 하더라도 스스로 자신의 목적을 선택할 수 있는 인간의 권리를 존중하는 조건들에 대해 의견이 일치하지 않는다는 점에는 합의할 수 있을 것이라고 주장한다. 이렇듯 절차적 공화정은 자발주의적 자유관을 실현하면서 그와 함께 정치와 법을 실질적인 도덕적 논쟁에서 분리시키려 한다. 그러나 오늘날 미국 정치를 휩싸고 있는 불만

과 좌절감은 절차적 공화정이 제시하는 해결책의 한계를 시사해 준다"고 말한다.-같은 책, 276쪽.

46 "1968년에 쓴 글 '공유지의 비극'에서 가렛 하딘(Garrett Hardin)은 왜 사람들이 가축으로 하여금 공유지의 풀을 너무 많이 뜯어 먹게 해서 결국 공유지를 망치게 되는지를 설명했다. 마을 사람들이 가축을 데려와 풀을 먹일 때, 각 사람은 자기 가축을 배불리 먹이고 건강하게 만드는 데 관심이 있다. 물론 공유지를 잘 유지해 해마다 그곳에서 자기 가축이 먹을 수 있게 하는 데도 관심이 있다. 그러나 사람들이 저마다 올해 자기 가축을 건강하게 만드는 데 갖는 관심이 앞으로 5년, 10년 동안 공유지를 잘 유지하는 데 갖는 관심보다 훨씬 컸다. 당연히 공유지는 쉽게 소멸되고 말았다. 오늘날 우리 사회의 공유지는 가축에게 풀을 먹이는 공간이 아니다. 오히려 우리가 마시는 물, 우리가 숨 쉬는 공기가 바로 우리의 공유지다."-짐 월리스, 《가치란 무엇인가》(IVP), 222쪽.

47 "좋은 삶 또는 성공적 삶은 각 개인의 다양한 삶의 가치에 따라 규정되며 이 주관적 개별적 가치 표상들이 모여 일반적으로 한 사회의 주요한 선 개념과 객관적 가치를 형성한다. 공동체 구성원은 이 사회적 가치와 선을 내면화하여 자신의 도덕적 이상을 형성하고 자신의 삶을 계획한다. 자기 정체성과 자기실현의 물음은 가치와 관련되어 대답되며 이것이 다시 사회적 최고선을 구성한다."-이상형, '가치와 규범, 그 대립과 종합' <사회와 철학 제29집>, 274쪽.

48 "내재적 선들은 실제로 탁월하고자 하는 경쟁의 결과다. 그러나 그것의 성취가 실천에 참여하는 전체 공동체에 대한 하나의 선이라는 사실이 내면적 가치들의 특질이다. 따라서 터너가 회화에 있어서 바다 경치를 새롭게 변형시켰을 때, 또는 W.G. 그레이스가 크리켓에서 타구의 기술을 아주 새로운 방식으로 개선했을 때, 그들의 업적은 관련된 전체 공동체를 풍요롭게 만들었던 것이다."-알래스데어 매킨타이어, 《덕의 상실》(문예출판사), 282쪽.

49 "가난한 이들이 더 너그럽다. … 인디펜던트 섹터(Independent Sector)에서 실시한 연구에 따르면, 미국인 중 가장 가난한 5분의 1은 언제나 자신의 능력보다 더 많이 기부하고 있으며, 그다음 5분의 2는 자신의 능력만큼 기부하는 반면, 가장 부유한 5분의 1은 대체로 지금의 기부액보다 2-3배 더 기부할 능력이 있는 것으로 나타났다. 경제 불황 속에서 미국인의 상위 5분의 4는 기부액을 32-42퍼센트까지 줄였지만, 하위 5분의 1의 경우는 단 23퍼센트만 줄였다."-짐 월리스, 《가치란 무엇인가》(IVP), 151쪽.

50 플라톤은 도시 공동체의 선을 개인의 선보다 우선시했고, 아리스토텔레스는 개인을 더 배려하며 개인이 더 큰 사회의 공동선을 위한 부분이라고 보았다.-송용원, 《칼뱅과 공동선》(IVP), 18쪽.

51 프리드리히 A. 하이에크, 《노예의 길》(자유기업원), 105쪽.

52 김경희, '국가와 공공선/공동선' <정치사상연구 제18집 1호>, 44쪽.

53 같은 책, 40쪽.

54 "아리스토텔레스까지 거슬러 올라가는 강한 유형의 공화주의적 이상은 시민의 덕과 정치 참여를 자유에 본질적인 것으로 본다. 인간이 본질적으로 정치적 존재라고 할 때, 우리는 공동선에 대해 숙고할 수 있는 능력을 발휘하고, 자유 도시나 자유 공화국의 공적 생활에 참여하는 한에서만 자유롭다는 것이다. 이에 비해 온건한 유형의 공화주의적 이상은 시민의 덕과 공적 봉사를 자유에 도구적인 것으로 본다. 이러한 견해에 따르면, 우리가 자신의 목적을 추구할 자유는 정치 공동체의 자유에 달려 있으며, 이 정치 공동체의 자유는 공동선을 우리의 사적 이익보다 위에 놓고자 하는 의사에 달려 있다."-마이클 샌델, 《민주주의의 불만》(동녘), 44-45쪽.

55 알래스데어 매킨타이어, 《덕의 상실》(문예출판사), 348쪽.

56 프리드리히 A. 하이에크, 《노예의 길》(자유기업원), 107쪽.

57 마이클 샌델, 《민주주의의 불만》(동녘), 20쪽.

58 "공화주의 이론은 권리를 좋음에 관한 견해들에 대해 중립적인 원리에 따라 정의하지 않고, 좋은 사회에 대한 특정한 견해(자치 공화정)에 비추어 해석한다. 옳음이 좋음에 우선한다고 주장하는 자유주의와 달리 공화주의는 공동선의 정치를 주장한다."-같은 책, 44쪽.

59 고바야시 마사야는 "마이클 샌델의 사상의 뼈대는 '공동체주의적 공화주의'에 있다"고 한다.-고바야시 마사야, 《마이클 샌델의 정치철학》(황금물고기), 168쪽. 이에 반해 양천수는 샌델의 사상을 '자유주의적 공동체주의(liberal communitarianism)'로 이해할 수 있다고 한다.--양천수, '자유주의적 공동체주의의 가능성-마이클 샌델의 정치철학을 중심으로 하여-'《법철학연구 제17권 제2호》, 207쪽. 하지만 샌델이 전제하고 있는 자유는 존 스튜어트 밀이나 이사야 벌린 등 전통적인 자유주의자가 주장하는 소극적 의미에서의 '불간섭'이 아니라 공화주의자가 주장하는 적극적 의미에서의 '자치'다. 따라서 샌델에 대해 전통적인 의미에서의 '자유주의적'이라는 평가를 할 수 있을지는 의문이다.

60 마이클 샌델, 《민주주의의 불만》(동녘), 46쪽.

61 "루소의 정치를 억압 쪽으로 기울게 만드는 것은 바로 이러한 가정, 즉 공동선은 단일하고 논의할 여지가 없이 분명하다는 가정이다. 하지만 그러한 가정 없이도 공화주의 정치는 가능하다. 미국에서 시민권의 정치경제학이 걸어온 길에서 볼 수 있듯이, 시민적 자유관은 의견을 불일치를 불필요한 것으로 보지 않는다. 시민적 자유관은 정치적 논쟁을 뛰어넘는 방법이 아니라 정치적 논쟁을 수행하는 하나의 방법을 제시한다."-같은 책, 425쪽.

62 마이클 샌델, 《정의란 무엇인가》(김영사), 365쪽.

63 자유주의자들은 충성과 헌신 같은 덕에 대해 "동의에 기초하지 않은 충성과 헌신은 설사 그것들이 심리적으로 매우 강력하다고 해도 도덕의 문제가 아니라 감정에 문제이므로 '무속박적 자아들'(무연고적 자아들)에게 실현 불가능한 의무를 부여하지 않는다"고 비판한다.-마이클 샌델, 《민주주의의 불만》(동녘), 31쪽.

64 같은 책, 44쪽.

65 알랭 쉬피오는 '연대'의 유형을 '인적 연대'와 '제도적 연대'로 나누고 있는데, 공동체주의는 인적 연대를 지향한다고 할 수 있다. 알랭 쉬피오는 다음과 같이 설명한다. "인적 연대에서 제도적 연대로의 이행은 서구에서도 최근에 나타난 현상이다. 연대의 개념은 사실 민법에서 유래한 것인데, 민법에서 연대 개념은 하나의 동일한 의무 사항에 대해 다수의 권리권자들(적극적 연대) 혹은 다수의 의무 이행자들(소극적 연대)이 생김으로써 파생되는 단점들에 대해 중화적인 역할을 하는 개념이었다. … 그러나 민법에서 사회법으로 넘어오면서 연대의 개념은 달라졌다. 연대라는 개념이 채권자들과 채무자들을 직접 연결하는 법적 관계를 지칭하기보다는 새로운 유형의 제도 구성 원리가 되었기 때문이다. 아프리카의 톤틴 연금 같은 전통적 재분배 구조와는 달리 복지 국가의 틀 속에서 제도화된 연대 방식은 채권자들과 채무자들 사이의 모든 인적 관계를 배제한다. 이에 따라 연대의 개념이 한 나라 전체로 확대되어 ('국민 연대의 원칙'에 근거한) 전국 단위의 사회 보장 제도나, 혹은 (시민 누구나가 건강, 에너지, 교통, 교육, 정보 등의 필수적 재화를 이용할 수 있도록 보장하는) 공공 서비스가 실시될 수 있는 것이다. 이러한 맥락에서의 연대는 익명성을 지닌다. 이는 연대의 힘을 강화시키기도 하지만 약하게 만들기도 한다."-알랭 쉬피오, 《법률적 인간의 출현》(글항아리), 316-317쪽.

66 시민의 덕들이 공동선을 향해 효율적으로 조직될 수 있도록 하기 위한 논의가 '사회적 자본(social capital)'이라는 주제로 다루어지고 있다. 사회적 자본의 의미를 로버트 D. 퍼트넘은 다음과 같이 설명한다. "물리적 자본이 물리적 사물, 인적 자본이 개인의 특성을 가리키듯, 사회적 자본이란 개인들 사이의 연계, 그리고 이로부터 발생하는 사회적 네트워크, 호혜성과 신뢰의 규범을 가리키는 말이다. 이런 의미에서 사회적 자본은 몇몇 사람들이 '시민적 품성(civic virtue)'이라고 부르던 것과 밀접하게 관련되어 있다. 시민적 품성은 호혜적 사회관계의 촘촘한 네트워크 속에 자리 잡고 있을 때 가장 강력한 힘을 발휘한다는 사실에 '사회적 자본'은 주목한다. 바로 이것이 단순한 시민적 품성과 사회적 자본의 차이점이다. 시민으로서의 품성은 풍부하게 갖추고 있지만 서로 연결되지 못한 고립적 개인들로 이루어진 사회는 사회적 자본이 풍부하다고 보기 어려운 것이다."-로버트 D. 퍼트넘, 《나 홀로 볼링》(페이퍼로드), 17쪽.

67 김대근, '자유지상주의의 인권과 정의에 대한 시론' 《권리와 인권의 법철학》(세창출판사), 295쪽.

68 김슬기, '불운과 불법' <법관연수 어드밴스 과정 연구논문집>(사법연수원), 316쪽.

69 같은 글, 314-315쪽.

70 마이클 샌델, 《민주주의의 불만》(동녘), 32쪽.

71 마이클 샌델, 《정의란 무엇인가》(김영사), 366쪽.

72 마이클 샌델, 《민주주의의 불만》(동녘), 20쪽.

2부

1 이렇게 쓴 칼럼들을 모아 2018년 4월에 졸저 《호통판사 천종호의 변명》(도서출판 우리학교)을 출판했다.

2 양천수는 《정의란 무엇인가》라는 책을 다음과 같이 평가하고 있다. "《정의란 무엇인가》는 생각만큼 쉬운 책이 아니다. 허리케인 찰리나 서브프라임 금융 위기와 같은 사례들이 독자들의 흥미를 끌고, 샌델의 분석과 비판, 논증이 공감을 불러일으키기도 하지만, 그렇다고 이 책은 여느 개론서처럼 정의가 무엇인지에 대해 명확한 대답을 제시하지는 않는다. 샌델은 다양한 사례 및 이에 대한 분석과 논증 속에서 자기 생각을 살짝 곁들일 뿐이다. 그 때문에 필자는 이 책에 흥미를 가진 사람들은 많이 접했지만, 이 책을 완독했다는 사람은 별로 만나 보지 못했다."-양천수, '자유주의적 공동체주의의 가능성-마이클 샌델의 정치철학을 중심으로 하여-'<법철학연구 제17권 제2호>, 219쪽.

3 로널드 드워킨, 《정의론》(민음사), 319쪽.

4 니콜라스 월터스토프, 《하나님의 정의》(복 있는 사람), 148쪽.

5 같은 책, 163쪽.

6 같은 책, 151쪽.

7 같은 책, 151-152쪽.

8 제라드 리드, 《C.S. 루이스의 악과 선》(도서출판 누가), 126쪽.

9 롤스는 "우리 논의의 대부분이 질서 정연한 사회를 규제하는 정의의 원칙을 검토한다는 점이다. 그래서 모든 사람이 정의롭게 행동하고 정의로운 제도를 유지하기 위해 각자의 역할을 하는 것으로 가정한다"라 했다.-존 롤스, 《정의론》(이학사), 36쪽.

10 같은 책, 41쪽.

11 니콜라스 월터스토프, 《하나님의 정의》(복 있는 사람), 60쪽.

12 같은 책, 66쪽.

13 월터스토프는 이러한 사회를 '기본적 정의'의 실천이 없는 사회라고 하고, 그 예로 제2차

세계 대전 이후부터 1991년까지 시행된 '아파르트헤이트 정책'(분리, 격리라는 뜻의 극단적인 인종 차별 정책)이 유지되고 있던 남아프리카 공화국을 들고 있다.-같은 책, 58쪽.

14 월터스토프는 이러한 사회를 '반응적 정의'의 실천이 없는 사회라고 하고, 그 예로 중앙 아메리카의 온두라스를 들고 있다.-같은 책, 266쪽 이하.

15 같은 책, 69쪽.

16 아마르티아 센, 《정의의 아이디어》(지식의 날개), 81쪽.

17 필립 페팃, 《왜 다시 자유인가》(한길사), 276쪽.

18 슈테판 츠바이크, 《다른 의견을 가질 권리》(바오), 16쪽.

19 니콜라스 월터스토프, 《사랑과 정의》(IVP), 154쪽.

20 프리드리히 A. 하이에크, 《노예의 길》(자유기업원), 296쪽.

21 찰스 테일러, 《세속화와 현대문명》(철학과 현실사) 253, 254쪽.

22 최성애, 《정서적 흙수저와 정서적 금수저》(해냄), 16쪽.

23 로버트 D. 퍼트넘, 《나 홀로 볼링》(페이퍼로드), 435-437쪽.

24 아리스토텔레스, 《니코마코스윤리학》(이제이북스), 159쪽.

25 콘라트 파울 리스만 편저; 엘리자베스 홀츠라이터너 지음, 《정의》, 10-12쪽.

26 이와 달리 왈쩌는 ①성원권, ②안전과 복지, ③돈과 상품, ④공직, ⑤힘든 노동, ⑥자유 시간, ⑦교육, ⑧혈연과 사랑, ⑨신의 은총, ⑩인정, ⑪정치권력으로 세분화하여 논의하고 있다.-마이클 왈쩌, 《정의와 다원적 평등》(철학과 현실사).

27 마이클 왈쩌, 《정의와 다원적 평등》(철학과 현실사), 230쪽.

28 같은 책, 405-406쪽.

29 마이클 샌델, 《정의란 무엇인가》(김영사), 368쪽.

30 "우리 시대 칸트로부터 도출된 도덕 이론의 공동 슬로건은 질적 구별들의 배제를 정당화하는 데도 이바지한다. 좋음(善)보다 옳음(義)이 우선이라는 원칙이 그것이다. … 그러나 이 원칙은 공로주의 이론의 핵심인 욕망 충족이라는 동질적 선을 격하시키는 데 이용될 수 있을 뿐만 아니라 우리의 도덕적 견해를 뒷받침하는 질적 구별들을 포함해 모든 선 관념을 격하시키는 데도 이용될 수 있다. 예컨대 롤즈는 《정의론》에서 '선에 관한 얇은 이론'-이것은 내가 말하는 약하게 가치 평가되는 선을 의미한다-에서 시작하는 정의관을 발전시킬 것을 제안하고 있다. 그러나 이 제안은 가장 깊은 수준에서는 수미일관하지 않는다. 물론 롤즈는 정의의 두 가지 원칙을 어떻게든 도출해 낸다(합리적 선택 이론을 통한 그의 주장들이 유효하다면). 그러나 본인도 동의하듯이 이것이 정말 수용할 만한 정의의 원칙인 이유는 그것들이 우리 직관과 들어맞기 때문이다. 이 직관들 이면에 있는 것을 명시화한다면 우리는 선에 관한 매우 '두터운' 이론을 상세히 논하게 될 것이다. 정의 의론을 발전시키는 데는 이 두터운 선 이론이 '필요하지' 않다고 말하는 것은 아주 그

룻된 것이다. 실제로는 두터운 선 이론을 상세히 논하지 않는다 해도 무엇이 정의의 적절한 원칙인지를 결정하기 위해서는 우리가 여기서 갖고 있는 선 의식에 의지해야 한다. … '선'이 어떤 결과주의 이론의 일차적 목적을 의미한다면 그리고 옳음의 여부가 결정될 때 그것이 이 목적을 성취하는 수단으로 중요한지 아닌지에 의해서만 결정된다면, 우리는 사실 옳음이 선함보다 일차적일 수 있음을 주장해야 한다. 그러나 우리가 '선'을 지금 내가 논하는 의미에서 사용한다면, 따라서 그것이 질적 구별들에 의해 보다 고차적인 것으로 선별되는 어떤 것을 의미한다면, 우리는 그와 반대가 사실이라고, 어떤 의미에서는 선이 항상 옳음보다 일차적인 것이라고 말할 수 있다. 선이 일차적인 이유는 선이 우리가 앞에서 논의한 의미에서 더 기본적인 이유를 제공하기 때문이 아니라 선이 옳음을 정의하는 규칙들의 의미를 제공하기 때문이다."-찰스 테일러,《자아의 원천들》(새물결), 189~190쪽.

31 인간이 중립성을 옹호하는 칸트적 인간관에서 비롯된 무연고적 자아가 아니라는 비판에 직면하여 자유주의자들은 자아를 '사적 자아'와 '공적 자아'로 나누어 사적 자아는 연고적 자아를 인정하고, 공적 자아는 무연고적 자아가 되어 중립성을 지켜야 한다는 주장을 한다. 이러한 주장을 '최소주의적 자유주의'라고 한다. 샌델은 "최소주의적 자유주의자들은 우리가 선택하지 않은 도덕적·종교적 의무들이 우리에게 부여될 수도 있다는 사실을 인정한다. 하지만 그들은 우리가 공적 영역에 들어갈 때는 이러한 의무를 제쳐 두어야 하며, 정치와 법을 숙고할 때는 우리의 도덕적·종교적 신념들을 괄호 쳐야 한다고 주장한다. 그들에 따르면 개인의 삶에서 우리 자신을 '어떤 종교적·철학적·도덕적 신념들이나 지속적인 애착과 충성들로부터 분리되어 있는' 존재로 보는 것은 생각할 수 없는 일이다. 하지만 개인적 정체성과 정치적 정체성은 구별되어야 한다. 우리가 아무리 사적으로 이런 저런 유대 관계에 묶여 있고 도덕적·종교적 신념들의 요구하에 있다 해도, 공적으로는 우리 위에 놓은 짐들을 괄호 치고 우리 자신을 공적 자아로 생각해야 한다. 즉 특별한 충성이나 좋음에 대한 특정한 견해들로부터 독립해 있는 존재로 생각해야 한다"고 주장한다.-마이클 샌델,《자유주의》(동녘), 34쪽.

32 마이클 샌델,《민주주의의 불만》(동녘), 117쪽.

33 존 호스퍼스는 공리주의가 이기주의가 아닌 이타주의, 엄밀히 말해 '사실상의 보편주의'라고 한다. "흔히 이타주의라고 서술되는 입장은 다른 사람의 이익뿐만 아니라 가지 자신의 이익도 증진시켜야 하는 사실상의 보편주의다. 모든 사람이란, 단지 당신만이 아니라 또 다른 사람들만이 아니라 당신 자신을 포함한 모든 사람이다. 이러한 입장은 전통적으로 공리주의라고 불린다."-존 호스퍼스,《인간행위론》(간디서원), 211쪽.

34 가토 히사다케,《현대 윤리에 관한 15가지 물음》(서광사), 59쪽.

35 존 호스퍼스,《인간행위론》(간디서원), 331쪽.

36 가토 히사다케, 《현대 윤리에 관한 15가지 물음》(서광사), 59쪽.

37 마이클 샌델, 《정의란 무엇인가》(김영사), 64쪽.

38 이와 같이 자유주의는 '자기 소유 이론'을 주장하며 인간의 몸에 대한 다양한 조작들에 대해 긍정적인 시각으로 접근한다. 하지만 샌델은 이러한 유전공학적 강화 등이 인간성을 위협하고 인간의 자유 및 도덕적 책임에 상치될 수 있는 것을 넘어 자연과 본성을 정복하려는 프로메테우스적 충동이기에 수긍하기 어렵다고 주장하며, 그러한 허용의 이론적 기반인 자기 소유 이론을 대신해서 '선물론'을 주장한다. 그의 주장의 핵심은 다음과 같다. "이 관점에 따르면, 강화는 인간의 주체적 행위를 훼손하기 때문에 인간성을 위협한다. 궁극적으로 보면 인간의 행위를 전적으로 기계적으로 이해하는 것은 인간의 자유 및 도덕적 책임과 상치된다는 관점이다. 이러한 설명에는 꽤 타당성이 있지만, 나는 강화와 유전공학에 따른 주요한 문제는 그것이 인간의 노력과 주체성을 훼손한다는 점은 아니라고 생각한다. 그보다 더욱 위험한 것은 그러한 기술이 일종의 과도한 행위 주체성을, 다시 말해, 우리의 목적과 욕구를 충족시키기 위해 인간 본성을 비롯한 자연을 개조하려는 프로메테우스적 열망을 대표한다는 사실이다. 그리고 그런 태도는 인간의 능력과 성취가 우리 각자에게 주어진 선물이라는 관점을 놓치고 있으며 심지어 그런 관점을 파괴할 수도 있다. 삶을 주어진 선물로 인정하는 것은 우리의 재능과 능력이 전적으로 우리의 행동의 결과는 아니며 완전히 우리의 소유도 아니라는 점을 인정하는 것이다. 물론 그 능력을 개발하거나 발휘하기 위해 노력을 기울이기는 해도 말이다. 또한 세상의 모든 것을 우리가 원하는 용도로 사용할 수 있는 것은 아님을 인정하는 것이다. 삶을 주어진 선물로 인정하면 프로메테우스적 열망을 제한하고 어느 정도 겸손함을 가질 수 있다. 이런 관점은 부분적으로 종교적 감수성에 해당하지만, 그것의 울림은 종교라는 영역을 뛰어넘는다."-마이클 샌델, 《완벽에 대한 반론》(와이즈베리), 44-45쪽.

39 마이클 샌델, 《민주주의의 불만》(동녘), 26쪽.

40 이에 대해서는 "이 원리에 따르면 어떤 경우에는 사람들에게 부를 창조할 수 있는 능력을 가진 사람들에게 고수익을 보장하여 이들이 그 능력을 발휘하도록 하는 것이 빈곤층을 포함한 모두에게 도움이 되므로 정당화된다"는 비판이 제기된다.-로널드 드워킨, 《정의론》(민음사), 540쪽.

41 "자유주의는 소극적 자유에만 집착함으로써 '한 개인은 타인에게 해를 끼치지 않는 한 무엇이든 할 자유가 있다'는 가치의 무정부 상태를 초래했다. 개인의 자유와 자율성에 대한 각성은 근대인을 중세적 억압으로부터 해방시켰지만, 소극적 자유에 대한 지나친 탐닉은 결국 인간을 고립시키고 공동선의 추구를 불가능하게 만들었다. 17-18세기의 근대 사회가 '이성의 시대' 혹은 '계약의 시대'였다면, 19세기의 시대적 염원은 공동체성의 회복에 있었다. 데카르트의 '나는 생각한다. 고로 나는 존재한다(Cogito ergo sum)'라는

명제가 18세기적 개인주의를 대변하는 것이었다면, 19세기에 나온 '우리는 함께 존재한다(Nous sumus)'라는 명제는 공동체적 삶에 대한 강렬한 열망을 표현하는 것이었다. 19세기에는 공동체적 삶에서 유리된 '고독한 군중'이나 '표류하는 개인'들을 공동체 안으로 다시 귀속시키고자 하는 강렬한 열망이 있었지만, 이러한 열망은 나치즘이나 파시즘 같은 전체주의의 형태로 왜곡되고 말았다. 19세기의 공동체에 대한 열망은 두 차례의 세계 대전을 거치면서 식어 버렸지만, 20세기 후반에 들어 냉전 체제가 종식되고 전 세계가 거대한 자유주의의 우산 아래로 재편되면서 자유주의의 문제점을 지적하는 공동체주의의 목소리가 새롭게 터져 나오게 되었다."-이승환, '공동체주의적 자유주의는 가능할까'-김교빈, 김시천 공저, 《가치 청바지》(웅진지식하우스), 121쪽.

42 이에 대한 해결책은 '관용과 용서'다. 이 점과 관련해 라인홀드 니버는 다음과 같이 주장한다. "이 세대의 문명이 건강을 되찾기 위해서는 반드시 겪어야 하는 투쟁들에서는 중립의 섬들을 추구하는 것보다 용서의 정신을 지키는 것이 더 중요한 일이 될 것이다. 기술 사회 체제가 지닌 사회 통합의 폭은 이러한 섬들을 매우 협소하게 만들었으며, 따라서 그 섬들은 주기적으로 밀려드는 당파 싸움의 파도 앞에 별다른 보호를 제공하지 못한다."-라인홀드 니버, 《기독교 윤리의 해석》(종문화사), 276쪽.

43 존 롤스, 《정의론》(이학사), 399쪽.

44 같은 책, 654쪽.

45 자유주의자들 중에는 자신들이 정립한 정의의 원칙을 가족의 영역에 대해서는 일관되게 적용하기가 어렵게 되자 '가족 붕괴주의'에 이끌리는 경향을 보이기도 한다.-마이클 왈쩌, 《다원적 정의론》(철학과 현실사), 456쪽. 롤스가 "비록 (지금까지 규정되어 온) 공정한 기회가 만족되는 경우일지라도 가족은 결국 개인들 간의 불평등한 기회의 원인이 될 것으로 생각된다. 그러면 가정(家庭)도 없애야 할 것인가? 그 자체만을 생각하여 어떤 우위성을 인정할 경우 평등한 기회라는 이념은 이러한 방향으로 기울어질 것"이라고 언급한 것도 같은 맥락에서 이해할 수 있다.-존 롤스, 《정의론》(이학사), 654-655쪽.

46 마이클 왈쩌, 《정의와 다원적 평등》(철학과 현실사), 358쪽.

47 "자유주의와 공동체주의를 서로 융합이 불가능할 만큼 배타적인 주장으로 간주할 필요는 없다. 지나치게 개인의 분리성과 자율성에만 초점을 맞추는 자유주의는 공동체적 삶속에서 실현이 가능한 미덕과 헌신 그리고 연대와 협력의 가치에 눈을 돌릴 필요가 있다. 자유주의가 강조하는 소극적 자유는 개인을 부당한 억압이나 간섭으로부터 보호해 줄 수 있다는 장점을 지닌다. 그러나 간섭이나 억압에서 벗어난 소극적 자유의 공간에는 구체적인 내용이 채워지지 않은 자율성의 영역이 공백으로 남아 있게 된다. 이러한 빈 공간에 바람직한 가치나 추구할 만한 의미 등을 채워 넣지 않는다면, 소극적 자유는 그저 타인으로부터 분리시키는 담장으로만 남을 것이다. 자유주의와 공동체주의가 추

구하는 핵심적인 주장을 한데 묶어 공동체주의적 자유주의라는 이름으로 부를 수 있을 것이다. 이러한 '이념틀'은 현실 속에 존재하는 하나의 사회 체계를 가리키는 것이 아니라, 자유주의 사회에 존재하는 다양한 질병과 모순을 치유하기 위한 보완적 사고 유형으로 간주하는 것이 나을 것이다."-이승환, '공동체주의적 자유주의는 가능할까'-김교빈, 김시천 공저, 《가치 청바지》(웅진지식하우스),126-127쪽.

48 마이클 샌델, 《민주주의의 불만》(동녘), 166쪽.
49 같은 책, 166쪽.
50 같은 책, 170쪽.
51 같은 책, 169쪽.
52 낸시 피어시, 《네 몸을 사랑하라》(복 있는 사람), 75쪽.
53 같은 책, 241쪽.
54 같은 책, 242쪽.
55 같은 책, 294쪽.
56 조세 저항을 완화하는 최선책은 사회의 신뢰성 같은 '사회적 자본'의 확충이다. 로버트 D. 퍼트넘은 아래와 같이 설명한다. "사회적 자본은 정부에 여러 방식으로 영향을 끼친다. 우리는 모든 사람이 자기 몫의 세금을 납부할 때 나라가 더 좋아진다는 사실에 모두 동의한다. 자기만 제대로 세금을 납부해서 결과적으로는 고의적 탈세자에게 보조금을 지불하는 꼴을 보고 싶은 사람은 없다. 과세 체계의 정당성은 부분적으로는 우리 모두가 자기 몫을 올바르게 납부한다는 믿음에 달려 있다. 그러나 우리는 국세청이 모든 사람을 조사할 수는 없다는 것도 알고 있다. 따라서 합리적 시민이라면 자기 몫을 제대로 납부하면, 실제로는 명예롭지 못하게 의무를 지키는 사람들에게 보조금을 지불하게 된다고 믿을 충분한 타당한 이유가 있다. 국세청과 과세 체계에 대한 일반에 대한 환멸은 이래서 생긴다."-로버트 D. 퍼트넘, 《나 홀로 볼링》(페이퍼로드), 577쪽.
57 짐 월리스, 《가치란 무엇인가》(IVP), 220쪽.
58 하워드 제어, 《회복적 정의 실현을 위한 사법의 이념과 실천》(KAP), 26쪽.
59 "소년법은 용서와 관용을 전제로 한다. 소년 보호 처분의 근거가 되는 소년법의 주된 목적은 비행을 저지른 소년을 '처벌'하는 데 있지 않고, '환경 조정과 품행 교정을 통하여 건전하게 육성'시키는 데 있다. 여기에서 '소년의 건전한 육성'이란 소년을 비행 또는 범죄에서 벗어나게 하여 자립적인 사회인이 되도록 돕는 것을 뜻한다. 때문에 소년 재판은 여느 일반 재판과는 다른 색채를 띨 수밖에 없다."-천종호, 《아니야 우리가 미안하다》(도서출판 우리학교), 26쪽.

3부

1 샤를 루이 드 스콩다 몽테스키외, 《법의 정신》(문예출판사), 21-22쪽.

2 신의 존재를 부정하거나 회의하는 사람들은 신법을 인정하지 않는데, 그중에는 신법을 '자연법'으로 대체하는 사람들(이른바 '자연법론자')이 있는가 하면, '자연법'의 개념조차도 부정하는 사람들(이른바 '법실증주의자')도 있다. 자연법이라는 관념은 범신론자인 스토아학파의 영향을 받은 것으로 이 학파는 자연법의 포섭 영역에 인간과 자연을 아우르고 있고, 중세에서는 자연법이 모두가 복종해야 할 신법 중 하나로 들어가 있었다.-알랭 쉬피오, 《법률적 인간의 출현》(글항아리), 104-105쪽.

3 같은 책, 113쪽.

4 티머시 R. 제닝스, 《뇌, 하나님 설계의 비밀》(CUP), 146쪽.

5 박영돈은 '하늘의 뜻을 바꾸는 기도의 위력'이라는 소제목으로 다음과 같이 설명한다. "하나님은 우리의 기도에 따라 자신의 뜻을 얼마든지 변경하는 분이십니다. … 하나님이 우리의 기도에 따라 뜻을 바꾸기도 하는 것은, 우리를 자신과 함께 세상을 다스리는 왕적 존재로 대우하고 훈련하시는 것입니다. 기도를 통해 우리를 그분의 친구로 삼으시는 것입니다. 하나님이 그분의 뜻을 이 땅에 이르시기 위해 우리의 기도에 의존하시는 것은, 우리를 파트너로 지극히 높이시고 그만큼 자신을 낮추시는 행위입니다. 자신의 자유를 제한하시는 행위입니다."-박영돈, 《밥심으로 사는 나라》(IVP), 296쪽.

6 "헌법에 유효성을 부여하는 규범은 이전의 헌법일 수도 있으며, 이 경우 이 이전의 헌법 조항에 따라서 새 헌법이 확립되었다. 그런 일련의 헌법들에서 하나는 역사적으로 첫 번째 헌법이지 않으면 안 된다. 그리고 이 첫 번째 헌법의 '아버지'들에게 그들의 권위를 준 규범, 즉 우리로 하여금 그들이 결정한 대로 마땅히 행동하도록 만든 규범은 그 자체 어떤 입법적 행위에 의해서 만들어지는 실정법 규범일 수는 없다. 그것은 첫 번째 헌법의 확립을 고려한 사람들이 전제하고 있는 규범이며, 이 사람들은 이 규범에 따라서 수행한 행동들을 법을 제정하는 행동이라고 생각한다. 법 과학은 법학 사상에 대한 분석을 통해서 이런 존재를 드러낸다. 이 분석의 귀결은 다음의 진술이다. 역사적으로 첫 번째의 헌법이 그리고 이 헌법에 기초해서 나온 규범들이 법적으로 구속력 있는 규범으로 간주되기 위해서는 우리는 역사적으로 첫 번째인 헌법에 따라서 행동해야 마땅하다는 취지를 가진 하나의 규범이 전제되지 않으면 안 된다. 이 규범은 한 국가의 법질서의 기본 규범이다. 우리는 이 규범(실정법의 규범은 아니다)을 전제하는 한에서만 법적으로 구속력을 가진 질서에 대해서 이야기할 수 있기 때문에, 그것을 가설적 규범(a hypothetical norm)이라 부를 수 있다. 이 기본적인 규범은 주어진 국가의 법질서의 틀 안에서 가능한 모든 법률적 가치 판단의 기초가 된다."-한스 켈젠, 《정의란 무엇인가》(울산대학교출판부), 348쪽.

7 토마스 아퀴나스는 법의 유형을 영구법(永久法), 신법(神法), 자연법(自然法), 인정법(人定法) 네 가지로 구분했다. 먼저, 영구법(또는 영원법)은 만물의 창조주인 신 안에 발견되는 창조주의 이념 또는 신의 예지의 계획이다. 두 번째로 신법은 신이 성경 등을 통하여 인간에게 직접 계시한 법을 의미한다. 세 번째로 자연법은 '이성의 피조물(인간)에 있어 영원법의 분유'로 인간에게 가장 근본적인 법이다. 자연법은 실천 이성의 제1원리로서 '선은 행하고 추구해야 하며 악은 피해야 한다'는 법의 제1규정에 의해 실천 이성이 본성적으로 행해야 할 것이나 피해야 할 것을 일종의 추론에 의거하여 받아들이는 것을 내용으로 한다. 끝으로 인정법은 인간에 의해 제정된 법으로 요즘의 용어로 '실정법'이라고 할 수 있다. 인정법은 모두 자연법에서 나오므로 자연법에 위배되어 일탈한 부분이 있으면 그것은 법이 아니라 법의 파괴다.-이나가키 료스케, 《토마스 아퀴나스 신학대전 새로 알기》(가톨릭출판사), 189-191쪽 요약.

8 대법원 2019. 1. 24. 선고 2016다264556 전원 합의체 판결.

9 대법원 1991.12.10. 선고 91다3802 판결.

10 대법원 1986. 10. 14. 86다카204 판결.

11 로널드 드워킨, 《정의론》(민음사), 619쪽.

12 같은 책, 620쪽.

13 알랭 쉬피오는 "법은 신에 의하여 계시되거나 과학에 의하여 발견되는 것이 아니라 순전히 인간에 의해 이뤄지는 일이다"라고 한다.-알랭 쉬피오, 《법률적 인간의 출현》(글항아리), 31쪽.

14 로널드 드워킨, 《정의론》(민음사), 620쪽.

15 "법리적 실증주의는 법 명제의 진리 조건에 도덕적 사실이, 적어도 근본적으로 등장할 수 없다고 주장한다. 하트(H. L. A. Hart)는 《법의 개념》에서 법리적 실증주의를 옹호했다. 그는 말했다. '내 이론에 따르면 (…) 법의 존재와 내용은 법의 사회적 원천(예를 들어. 입법, 사법부의 판결, 사회적 관습)을 준거로 하여, 이렇게 식별된 법 자체가 도덕적 기준을 법의 식별을 위하여 통합시킨 경우를 제외하고는 도덕을 준거로 삼지 않고서, 식별될 수 있다.' 사회학적 실증주의는 도덕 테스트가 사회 조직이나 정치조직의 다른 형태로부터 법을 구분하는 적절한 테스트에 속하지 않는다고 주장한다. 분류학적 실증주의는 도덕적 원리들과 법적 원리들이 서로 구별되는 고유한 것이고, 따라서 법은 그 어떤 도덕적 원리도 포함하지 않는다고 주장한다."-로널드 드워킨, 《법복 입은 정의》(도서출판 길), 42쪽.

16 "판사들이 큰 그림을 가지고 결론을 선택한다는 것은 원래 사법부가 의도하지 않은 일이다. 그러나 판결의 결과들을 분석하여 보면 어떤 성향이 드러나는 것도 사실이다."-김영란, 《판결과 정의》(창비), 226쪽.

17 공법과 사법의 구별 기준은 이익설(공익의 보호를 목적으로 하는 법이 공법, 사익의 보호하는 법은 사

법), 성질설(불평등 관계, 권력 복종의 수직적 관계를 규율하는 법이 공법, 평등·대등의 수평적 관계를 규율하는 법이 사법), 주체설(국가 기타 공공 단체 상호 간의 관계 또는 이들과 개인과의 관계를 규율하는 법이 공법, 개인 상호 간의 관계를 규율하는 법이 사법), 생활 관계설(국민으로서의 생활 관계를 규율하는 법이 공법, 인류로서의 생활 관계를 규율하는 법이 사법)이 있다.-곽윤직, 《민법총칙, 전정 증보판》(박영사), 3-4쪽.

18 하지만 근래에 이르러 계약 자유의 원칙을 수정 내지 제한하기 위해 등장했던 사회법의 영역에 오히려 계약 자유의 원칙을 확대 적용하려는 조류가 흐르고 있다고 분석된다. 김영란은 "사회법 영역에서의 계약주의의 확대는 결국 자유방임주의가 지배하던 초기 자본주의로의 회귀로 이어질 수밖에 없을 것이다. 또는 이미 세계에 널리 퍼진 신자유주의가 단체법의 해석에도 반영된 것이라고 해야 할지 모르겠다"고 한다.-김영란, 《판결과 정의》(창비), 92쪽.

19 "많은 학자들이 지적했듯이 그리스인들은 사적 영역을 공적인 것이 '결여'된 곳으로 간주했고, 사적 영역 안에서는 어떤 가치도 발견하지 못했다. 가치를 형성하기 위해서는 삶의 자유가 필연적인데 경제적 필연성이 지배하는 사적 공간에서는 자신의 삶을 스스로 결정할 자유가 허용되지 않았기 때문이다. 일반적으로 가치와 좋음은 삶의 계획과 이상과 관련되며 이는 자유가 허용된 공적 영역에서 가능한 것이었다. 사적 영역에 비해 자유인들이 상호 의사소통과 토론을 통해 만나는 공적 영역은 가치와 규범이 형성되기에 충분한 공간이었다. '공동선의 정치'라는 공적 영역에서의 생활 방식은 자유인의 이상적 생활 방식으로 자리 잡으며 공동체의 목적뿐만 아니라 삶의 이상적 방식에 대한 대화와 타협에 기초한다. '공동선'을 지향하는 이러한 삶의 방식은 정치적 참여 그 자체를 본질적 가치로 가지며 이로부터 가치와 규범이 귀결된다."-이상형, '가치와 규범, 그 대립과 종합' <사회와 철학 제29집>, 280-281쪽.

20 "따라서 정치사상은 두 가지 이념을 분명히 하고 이것들을 하나의 공통된 가치 체계로 엮는 문제가 되었다. 즉 그 하나는 순수한 개인적·사적 생활과 관계있는 인간성에 관한 뚜렷한 한 항목인 개인에 관한 이념이었고, 또 하나는 공통된 인간 본성이 부여하는 범세계적 규모의 인간성, 즉 보편성의 이념이었다. 첫 항목인 개인에 관한 이념은, 그러한 개개 인간은 다른 개인이 존경할 어떤 가치를 가졌다는 전제에 입각하여 윤리적 의미를 지닐 수가 있었다. 이와 같은 전제는 도시 국가의 윤리 속에서는 작은 역할밖에 못 한 가정이었으며, 도시 국가에서는 개인은 하나의 시민으로 표상되었고, 개인의 중요성은 그의 지위나 기능에 달려 있었다. 거대한 세계 속에서는 어떤 한 개인이 어떤 기능을 가지고 있다고 말하기는 어려웠으나-어떤 종교적 의미로서가 아닌 한-그 개인은 말하자면 자신의 하찮음을 잘 견뎌 낼 수도 있는 것이다. 그는 모든 여타 가치가 그것으로부터 생겨나는 근원으로서의 자신의 쪼갤 수 없는 내면생활을 주장할 수도 있다. 바꾸어 말하면, 그는 자신의 개인적 인격을 존중할 어떤 고유한 권리를 주장하게 되었다. 그러나

이것은 그 자체가 보편성의 이념에 윤리적 의미를 상응하게 첨가시킬 것을 필요로 한다고 할 것이다."-조지 세이빈·토머스 솔슨,《정치사상사 I》(한길사), 243쪽.

21 "이런 변화에서 결정적으로 중요한 사실은 사적 영역이 확대됨으로써 다양한 가치가 발생했지만, 이는 사적 영역에만 머문 관심이기에 주관적, 상대적일 수밖에 없다는 것이다. 그 대신에 공적 영역은 각 구성원의 가치들이 일정한 기대에 머물며 상호 조화롭기 위해 수많은 다양한 규칙들을 부과한다. 이것들 모두는 구성원을 표준화시켜 행동하도록 하는 경향성이 있으며 보다 큰 가치나 의미를 가지기 어렵게 만든다. 근대 세계에서 평등의 승리는 '사회'가 공적 영역을 정복하도록 했으나, 이제 삶의 의미와 가치의 문제가 개인의 사적 문제가 되었다는 사실을 다만 정치적, 법적으로 인식시켜 줄 뿐이다. 사적 공간과 사적 자유의 확대는 필연적으로 다양한 가치를 만들어 내며 이런 가치의 증가와 충돌에 따라 규범은 가치 대립의 해소를 담당하는 정치적 공간의 중요 기능이 되었다."-이상형, '가치와 규범, 그 대립과 종합' <사회와 철학 제29집>, 282-283쪽.

22 "사적 영역이 공적 영역을 잠식함에 따라 공적 영역에서 공동체 구성원들은 누구보다 절박하게 되었다. 스스로 절박해진 공적 영역 구성원들은 비록 권리의 주체이지만, 이 권리는 사적 소유물에 대한 권리로 축소되며 이 권리의 보호를 위해 규범에 매달리게 된다. 이런 상황에서 공동체 구성원들이 형성하는 가치는 주관적 이해관계로 환원되고, 공동의 가치는 절박함 속에서 사라지게 된다. 공적 가치가 사라진 곳에서 개인들의 삶은 천박해진다. 따라서 오늘날 공화주의자나 공동체주의자에 의해 주장된 공적 삶에 대한 강조와 공동선에 대한 참여는 공적 영역을 부활하고자 하는 기획이라 할 수 있다."-같은 글, 283쪽.

23 "도덕에 대한 이러한 상이한 견해는 한편에서는 권리와 의무를 규정하는 규범의 보편 타당성을 중시하며, 다른 한편에서는 역사적이고 사회적인 전통과 문화에 내재된 가치를 중요시하게 된다. '도덕의 이론'과 '윤리의 역사'로 대변될 수 있는 이런 상이한 입장은 결국 오늘날 자유주의와 공동체주의의 논쟁을 유발한다. 이 논쟁에서 규범을 강조하는 자유주의 진영과 가치를 우선시하는 공동체주의 진영은 서로 대립적 입장에서 도덕의 내용을 구성하고자 한다."-같은 글, 288쪽.

24 최봉철, '권리의 개념에 관한 연구-의사설과 이익설의 비교-'《권리와 인권의 법철학》(세창출판사), 3쪽.

25 알랭 쉬피오는 서양 사회에서의 '인간은 존엄하다'는 사상의 뿌리는 '이마고 데이(Imago Dei, 신의 형상)'에 있고, 비록 서양의 제도가 신의 존재를 부정하며 세속화됨으로써 인간 존엄의 근거를 '이성'에 두게 되었지만, 이마고 데이에서 비롯되는 논리적 필연성은 사라지지 않았다고 한다. 그의 설명을 보자. "서구 사회에서는 인간을 기본적으로 이마고 데이, 즉 '신의 형상'을 본떠 만든 인간으로 보고 있는데, 이에 따라 인간은 스스로 자연

의 주인이 되도록 부름 받은 존재로 여겨진다. 신과 마찬가지로 인간은 불가분의 유일한 존재이며, 말씀의 권능을 가진 절대적 주체이고, 육체를 부여받은 영혼, 즉 '인격'을 부여받은 개별적 존재다. 하지만 신의 모습을 본떠 만든 인간은 신이 아니다. 인간의 특별한 존엄성은 그 자신으로부터 나오는 것이 아니라 창조자에 기인하며, 인간은 이 존엄성을 다른 모든 인간과 함께 공유한다. 개별적이고 주체적이며 인격적이라는 인간의 세 가지 속성이 갖는 이중성이 바로 여기에서 비롯된다. 개인으로서 인간은 유일하지만, 동시에 다른 모든 사람과 닮았다. 주체로서 인간은 절대적이지만, 동시에 공통의 법에 종속된다. 인격적 존재로서 인간은 영혼이지만, 동시에 물질이다. 이 복합적인 특성의 인간은 서양의 제도가 세속화된 이후에도 살아남았으며, 인류의 이 세 가지 속성은 그 양면성과 함께 인권 선언 속의 인간에게서도 재발견된다. 오늘날 대인법(對人法)에서는 더 이상 신을 기준으로 삼고 있지 않지만, 모든 인간의 정체성을 담보하고 인간을 사물로 취급하는 것에 대한 금기를 상징하는 최고 심급 기관을 기준으로 삼는 논리적 필연성은 사라지지 않았다."-알랭 쉬피오, 《법률적 인간의 출현》(글항아리), 57-58쪽.

26 이상돈, 《인권법》(세창출판사), 122쪽.

27 같은 책, 122-123쪽.

28 아마르티아 센, 《정의의 아이디어》(지식의 날개), 404쪽.

29 로널드 드워킨, 《정의론》(민음사), 519쪽.

30 같은 책, 623쪽.

31 헌법 재판소 2015. 2. 26. 선고 2011헌가31, 2014헌가4, 2009헌바17, 2009헌바205, 2010헌바194, 2011헌바4, 2012헌바57, 2012헌바255, 2012헌바411, 2013헌바139, 2013헌바161, 2013헌바267, 2013헌바276, 2013헌바342, 2013헌바365, 2014헌바53, 2014헌바464(병합) 결정.

32 로널드 드워킨, 《정의론》(민음사), 471쪽 이하 참조.

33 존 롤스, 《정의론》(이학사), 166쪽.

34 같은 책, 168쪽.

35 같은 책, 163쪽.

36 마이클 샌델, 《정의란 무엇인가》(김영사), 314쪽.

37 이사야 벌린은 '모든 법은 자유의 일부를 가로막는다'고 주장한다. "니콜스는 … 내가 벤담의 '모든 법은 자유에 대한 침범'이라는 말을 우호적으로 인용한 것을 자가당착이라고-왜냐하면 한 사회에서 자유의 총량을 증진하는 법률도 있으니까-여기고 있다. 이 반론이 내 논지의 어떤 부분을 손상시키는지 나는 잘 모르겠다. 내가 보기에 모든 법은 자유의 일부를, 비록 그것이 다른 자유를 증진하는 수단이 될 수는 있더라도 가로막는다. 어떤 법이 가능한 자유의 총량을 증진하는가의 여부는 물론 그 특정 상황에 달려 있는

문제다. 주어진 영역 안에서 어느 누구도 다른 사람을 강제해서는 안 된다고 규정하는 법마저도 명백하게 다수의 자유를 증진하는 한편으로 잠재적 깡패 또는 경찰의 자유에 대한 '침범'이 된다. 그 침범이 방금 이 사례에서와 같이 매우 바람직할 수는 있겠지만, 그래도 그것은 여전히 '침범'인 것이다. 법치를 옹호하는 편에 섰던 벤담의 말에 이 이상의 의미가 있으리라고 생각해야 할 까닭은 전혀 없다."-이사야 벌린, 《자유론》(아카넷), 135쪽. 그는 또 아이들에 대한 교육은 아이들을 '일시적 노예'로 만드는 것으로 자유의 제한에 해당한다고 했다. 하지만 아이들을 교육할 필요성 자체는 부정하지 않았고, 다만 그것이 일시적인 필요악이라고 했다. "이에 대하여 우리는 만약에 인간이 태어날 때부터 선택의 능력과 세계를 이해할 수단을 가졌다면, 모든 '빚어내기'는 틀림없이 악이고, 사람을 주조한다는 것은 범죄라고 대답해야 할 것입니다. 그런데 이 아이들은 그런 능력과 수단을 가지고 있지 않으므로, 우리가 일시적으로 노예로 만듭니다. 그렇게 하지 않는다면 자연과 다른 사람들로부터 더 나쁜 불운을 겪게 될 터이기 때문이지요. 이 '일시적인' 노예화는 그들이 스스로 선택할 능력이 생기는 날이 올 때까지는 필요악입니다. '노예화'의 목적은 복종심을 주입하는 것이 아니라 정반대로 자유로운 판단과 선택의 힘을 계발하기 위함입니다. 하지만 이것이 설령 필요하다고 할지라도 악인 것은 여전합니다."-이사야 벌린, 《자유론》(아카넷), 626쪽.

38 이종은은 공화주의적 자유에는 비간섭, 비지배, 자치라는 요소가 포함된다고 말한다.-이종은, 《평등, 자유, 권리》(책세상), 296쪽.

39 루소는 "오로지 욕망의 충동에만 따르는 것은 노예나 다름없는 예속 상태이며, 스스로 정한 법을 지키는 것은 자유이기 때문"이라고 말한다.-장 자크 루소, 《사회 계약론》(문예출판사), 34쪽.

40 "우리는 새로운 사회적 계약, 더 나아가 사회적 언약을 만들어 갈 방법을 모색해야 한다. 계약은 당사자 간의 합의로서 부나 권력의 이전을 요구한다. 그러나 언약은 그보다 더 심층적이며 더 근본적이다. 언약은 관계를 정의(定義)한다. 미국 독립선언서는 미국인과 모국의 영국인 사이에 그리고 미국인 자신들 사이에 새로운 관계가 수립되었다고 선언하는 언약이었다. 또한 신생국인 미국을 이끌어 갈 가치와 원칙도 선언되었다. 미국 헌법은 법적 의무를 규정한 계약에 더 가깝다. 그러나 독립선언서의 언약이 없었다면 헌법의 계약은 미완성처럼 보였을 것이고, 심지어는 공허하게 보였을 것이다."-짐 월리스, 《가치란 무엇인가》(IVP), 215쪽.

41 라인홀드 니버는 다음과 같이 주장한다. "도덕의 상대성에도 불구하고 모든 도덕 규범과 도덕 철학은 다른 이들의 삶과 안녕을 고려할 것을 요구하며, 다른 이들에 대해 자아의 이해관계를 무조건적으로 행사하는 사태를 억제하려고 한다. 따라서 도덕의 일반적인 원칙들이 구체적으로 적용된 기준은 시간과 장소에 따라 크게 차이 나지만, 모든 도덕

체계는 일반적으로 이웃의 생명과 재산을 취하는 것을 잘못으로 본다는 점에서 일치한다. 이와 같은 도덕적 행위의 최소기준은 사랑의 율법에 바탕을 두고 있으며, 사랑의 율법을 궁극적인 성취로 지목한다."-라인홀드 니버, 《기독교윤리의 해석》(종문화사), 154쪽.

42 존 스튜어트 밀, 《자유론》(책세상), 42쪽.

43 왈쩌는 '복지에 대한 권리'는 공동체에서 모종의 상호 부조 정책을 택한 이후에야 비로소 권리로서 인정되지, 그 이전에는 일군의 가치를 요구할 수 있는 권리로서 인정되지 않는다고 한다. 그의 주장은 다음과 같다. "복지와 안전의 영역에서 분배적 정의는 이중의 의미를 갖는다. 즉 분배적 정의는 첫째로 필요를 인정하는 것을 의미하며, 둘째로, 성원권을 인정하는 것을 가리킨다. 가치들은 그것들을 필요로 하는 성원들에게 그들의 필요 때문에 제공되어야 하며, 또한 그들이 성원권을 유지할 수 있는 방식으로 제공되어야 한다. 하지만 이것은 개인이 특정한 일군의 가치들에 대해 요구할 수 있는 권리를 가지고 있다는 주장이 아니다. 복지에 대한 권리는 공동체에서 모종의 상호 부조 정책을 택할 때만 정립된다. 특정한 역사적 조건에서는 이런저런 정책을 반드시 채택해야만 한다는 강력한 논변이 전개될 수 있다. 그러나 이런 논변들은 개인의 권리들에 대한 논변이 아니다. 이 논변들은 개별 정치 공동체의 특성에 관한 논변이다."-마이클 왈쩌, 《정의와 다원적 평등》(철학과 현실사), 145-146쪽.

44 "만약 사람들이 인도적인 후원자들에게 지속적으로 매달릴 수밖에 없다면, 분명 그들에게 의존할 것이고, 이는 지배에 시달리는 것이다. 자원의 제공을 누군가에게 기대하게 되면, 이러한 변화는 후원자에게 사람들의 삶을 간섭할 수 있는 효과적인 권력을 제공할 것이다."-필립 페팃, 《왜 다시 자유인가》(한길사), 156쪽.

에필로그

1 로널드 드워킨, 《정의론》(민음사), 319쪽.